2023年度中国语言文学与文化传承创新省级优势特色学科群开放基金项目
「《黄侃日记》引「四部文献」考论（XK23004）」成果

《黄侃日记》引『四部文献』考

孙德贤 著

武汉大学出版社
WUHAN UNIVERSITY PRESS

图书在版编目(CIP)数据

《黄侃日记》引"四部文献"考/孙德贤著.—武汉：武汉大学出版社，2023.10(2024.12 重印)

ISBN 978-7-307-23886-2

Ⅰ.黄…　Ⅱ.孙…　Ⅲ.黄侃(1886-1935)—日记—研究　Ⅳ.K825.5

中国国家版本馆 CIP 数据核字(2023)第 143334 号

责任编辑:蒋培卓　　责任校对:鄢春梅　　版式设计:马　佳

出版发行：**武汉大学出版社**　(430072　武昌　珞珈山)

(电子邮箱：cbs22@ whu.edu.cn　网址：www.wdp.whu.edu.cn)

印刷：武汉邮科印务有限公司

开本:720×1000　1/16　印张：21.5　字数:308 千字　插页:1

版次:2023 年 10 月第 1 版　2024 年 12 月第 2 次印刷

ISBN 978-7-307-23886-2　定价:95.00 元

凡　　例

1. 本书以黄侃著，黄延祖重辑的《黄侃日记》(中华书局2007年版)为底本，并参考了江苏教育出版社2001年出版的《黄侃日记》。

2. 凡引自《黄侃日记》之内容，标点均以原书为准，略有更改。

3. 本书引书考，是狭义上的引书，凡是《黄侃日记》里对“四部文献”原文有钞录的部分均在本书考察之列。《黄侃日记》中有关石经竹简文字对比、书信中引文及诗词中化用前人句子的部分，均不在本书考察范围。另外，附录中的“书目索引”包括了《黄侃日记》全书中涉及的书目。

4.《黄侃日记》对清翟灏的《通俗编》三十八卷均有钞录，其引书近千条，经笔者对比发现与原文一致，因而本书不录，仅对其书版本、内容、作者进行介绍。

目　　录

绪　论

第一节　黄侃的生平与著述

一、黄侃的生平

黄侃(1886—1935)，原名乔馨，字梅君，中年改名侃，字季刚，晚年自号量守居士。在其生活、创作中，也曾使用过乔鼐、信川、病蝉、病婉、旷处士、奇谈、盛唐山民等笔名。① 黄侃的籍贯为湖北蕲春，出生于成都，6岁跟家人返蕲春。黄侃父亲名云鹄(1819—1898)，字祥云，又字翔云、祥人、缃芜、藏云。他是咸丰三年(1853年)进士，以学行著称于世，为官数十年，历任雅州、成都知府，永宁道、建昌兵备道、四川盐茶道、按察使等职务，在任期间不畏权贵、清正廉洁，有"黄青天"之称。② 晚年致仕后，先后任江宁尊经书院山长，湖北两湖、经心、江汉等书院山长。黄云鹄著述颇丰，在经、史方面均有研究，尤以文章出名，主要著作有《群经引诗大旨》(二卷)、《学易浅说》(十四卷)、《祥人诗》(十八卷)、《实其文斋文钞》(八卷)、《花潭集咏》(一卷)等。③ 黄云鹄六十七岁时，

---

① 潘重规：《黄季刚之笔名》，见程千帆、唐文《量守庐学记》，生活·读书·新知三联书店2006年版，第188页。

② 陆敬：《黄季刚先生革命事迹纪略》，见程千帆、唐文《量守庐学记》，生活·读书·新知三联书店2006年版，第9页。

③ 司马朝军、王文晖：《黄侃年谱》，湖北人民出版社2005年版，第25页。

黄侃出生，黄侃虽十三而孤，然其父学行对他一生都有重要影响。黄侃性格上的刚直，学行上的精苦，均从其父亲那里继承。

黄侃幼时聪明异常，四岁进私塾，“九岁时，即每日诵经过千字，早慧，人呼为神童”①，先后师从江瀚、范晋卿等学习四书五经及文史诸书。1903年，“黄侃考入武昌文普通学堂，为第一期学生”②。当时，资本主义民主思想正在兴起，武昌得此风气之先，后黄侃在此思想影响下走向革命。

1905年，黄侃因讥讽监学被学堂除名，因湖广总督张之洞与黄父交好，便资助其留学日本早稻田大学。1905—1911年，是黄侃留日生活的六年，也是黄侃人生最关键的时期。1906年，黄侃在日本遇到当时革命先驱、学界巨擘章炳麟(字太炎)，自此后，其在革命思想、学术上都得到了迅猛发展。革命方面，黄侃积极参加推翻清政府的革命活动，并加入中国同盟会，在章太炎主持的《民报》上先后发表《专一之驱满主义》《哀贫民》《哀太平天国》《释侠》《论立宪党人与中国国民道德前途之关系》，且起草《讨满洲檄》等文章，③ 积极宣传反清民主革命思想。在学术方面，黄侃为章太炎的入室弟子，章授其小学、经学，二人也常有诗词唱和。1908年，黄侃生母周孺人病危，慈母田氏电召其还家侍奉母亲。当时，清政府正在到处捕捉革命党人士，黄侃不得不再次潜走日本。1910年国内革命形势日渐成熟，黄侃归国，积极从事革命活动。

1912年，南京临时国民政府建立，黄侃满怀热情投入政治工作中，在上海办《民声日报》，大力宣传新政府。1913年出任赵秉均政府秘书长，面对各派军阀争权夺利的现状，黄侃对新政府很失望，加上他本刚正不阿，于是弃政从学。

从1914年起，黄侃先后任教于北京大学、武昌高师、中华大学、山西大学、北京师范大学、东北大学、金陵大学和中央大学，“凡二十年，弟

① 陆昕：《黄侃》，黄山书社2012年版，第3页。

② 司马朝军、王文晖：《黄侃年谱》，湖北人民出版社2005年版，第34页。

③ 司马朝军、王文晖：《黄侃年谱》，湖北人民出版社2005年版，第36~40页。

子至四五传”①。1935年10月8日逝世于南京。

二、黄侃著作整理及研究概述

黄侃1905年留学日本时，即在东京师事章太炎，为章氏门下大弟子。黄侃长于小学，对文学、经学亦颇有研究，人们将黄侃与章太炎称为“乾嘉以来小学的集大成者”。黄侃著述颇丰，但“谨于立说，自言五十岁后方始著书。可惜他还未满五十周岁，病酒中毒，溘然长逝”②，因而其生前出版著作甚少。黄侃生前出版的论著主要有以下几种：1912年上海开明书店出版黄侃的词集《纗华集》；1927年黄侃学生坚持出版了其在北大教授《文心雕龙》的讲义，即《〈文心雕龙〉札记》，由北平文化学社出版。

黄侃去世第二年，即1936年，上海开明书店出版了其《集韵声类表》。此后，黄侃著述由后人相继整理出版，分为港台和大陆两个系统：

1. 港台方面。在台湾，1977年学生书局出版了《黄季刚先生手写日记》，文史哲出版社出版了《文选黄氏学》；1980年台北石门图书公司出版了《黄季刚先生遗书》。在香港，1974年黄念容编次出版了《量守居士遗墨》。

2. 大陆方面。1962年，中华书局出版了《文心雕龙札记》。1983年，武汉大学出版社出版了黄念华编次，黄焯校对的《字正初编》。1985年至1986年间，上海古籍出版社陆续出版了《黄侃论学杂著》《黄侃手批说文解字》《说文笺识四种》《文字声韵训诂笔记》《黄侃手批白文十三经》《尔雅音训》《广韵校录》《文选平点》《日知录校记》《日知录集释》；同时，武汉大学出版社也出版了《黄侃声韵学未刊稿》《黄侃手批尔雅正名》《量守庐群书笺识》；湖北人民出版社出版了《黄季刚诗文钞》；湖北图书馆影印《黄侃批点南宋四家律选》。1990年，上海古籍出版社出版了《春秋穀梁传注疏》《春秋公羊传注疏》和《周易正义》。1993年，武汉大学出版社出版了《蕲春黄

---

① 章太炎：《黄季刚墓志铭》，见司马朝军、王文晖《黄侃年谱》，湖北人民出版社2005年版，第19页。

② 殷孟伦：《谈黄侃先生的治学态度和方法》，见程千帆、唐文《量守庐学记》，生活·读书·新知三联书店2006年版，第42页。

氏文存》。2006年，上海古籍出版社也出版《文心雕龙札记》。2001年，江苏教育出版社出版了《黄侃日记》。2006年，黄侃诞辰一百二十周年之际，中华书局出版社陆续出版了大型丛书——“黄侃文集系列”。此系列包括《文心雕龙札记》《文选平点》(重辑本)、《黄侃国学讲义录》《说文笺识》《广韵校录》《黄侃国学文集》《黄侃手批说文解字》《黄侃手批尔雅义疏》《黄侃手批广韵》《黄侃手批白文十三经》《黄侃日记》(重辑本)、《尔雅音训》等。

黄侃著述研究方面，目前整理出版黄侃遗著比较多，关于黄侃研究著述相对较少。笔者将所见著述分为以下五类：

第一，着重研究黄侃生平事迹的著作，主要有《黄侃年谱》，司马朝军编次，湖北人民出版社2004年出版；《黄侃传》，叶恩贤著，湖北人民出版社2006年出版；《黄侃》，陆昕著，黄山出版社2013年出版。

第二，从总体上或单一方面评价黄侃的学术成就和地位、带有概述性质的著作，主要是《黄侃小学述评》，黄孝德著，武汉大学出版社2005年出版；《现代国学大师学记》的黄侃部分，卞孝萱著，中华书局2006年出版。

第三，黄侃的学生、朋友和后来学者写的回忆、怀念性质的短篇文章结集，主要是《量守庐学记》，程千帆、唐文编次，生活·读书·新知三联书店1985年出版；《量守庐学记续编》，张晖辑，生活·读书·新知三联书店2006年出版。

第四，针对黄侃某一本书进行研究的著作，主要是《〈黄侃手批说文解字〉字词关系研究》，韩琳著，中央民族大学出版社2007年出版。

第五，对三次大规模会议收到的论文的结集，这些论文研究内容比较广泛，涉及黄侃的爱国主义、民主革命思想和在文字学、声韵学、训诂学、哲学、经学、史学、文学以及文艺批评等许多领域的成就。三部论著分别为：《黄侃纪念文集》，武汉老龄科学研究院、武汉成才大学主编，湖北人民出版社1989年出版；《中国海峡两岸黄侃学术研讨会论文集》，中国海峡两岸黄侃学术研讨会筹备委员会编，华中师范大学出版社1993年出版；《黄侃学术研究》，郑汉远编次，武汉大学出版社1997年出版。

第二节 《黄侃日记》研究现状及意义

一、《黄侃日记》研究现状

(一)《黄侃日记》概述

《黄侃日记》(下文简称《日记》)是黄侃记录其日常生活、交游、读书等内容之文本，在其逝世后由后人整理出版。目前，《日记》有三个版本：一是由潘重规整理，1977年台湾学生书局出版的《黄季刚先生手写日记》；二是由黄侃学生程千帆先生、唐文等人整理，2001年江苏教育出版社出版的《黄侃日记》；三是由黄侃之子黄延祖重辑，2007年中华书局出版的《黄侃日记》(重辑本)。1977年版《日记》开始于民国十年九月(1921年11月12日)，止于民国二十四年九月(1935年10月7日)，2001年与2007年版《日记》日期均始于民国二年五月(1913年6月20日)，止于民国二十四年九月(1935年10月7日)，后两版本《日记》存缺情况如下：

表一 《黄侃日记》存在、缺失情况统计

存在日记	缺失日记
1913年6月20日—1913年12月31日	1914年1月1日—1921年11月11日
1921年11月12日—1922年5月4日	1922年5月5日—1922年9月11日
1922年9月12日—1922年11月21日	1922年11月22日—1924年12月31日
1925年1月1日—1925年2月22日	1925年2月23日—1926年10月14日
1926年10月15日—1926年11月15日	1926年11月16日—1927年11月23日
1927年12月24日—1927年12月19日	1927年12月20日—1928年1月22日
1928年1月23日—1928年1月31日	1928年2月1日—1928年5月17日
1929年5月18日—1930年11月19日	1930年11月20日—1931年2月16日
1931年2月17日—1935年10月7日	

三版《日记》的不同之处在于：1977 年版《日记》为影印本，缺失 1922 年 9 月 12 日以前部分，1922 年以后存缺部分与 2001 年、2007 年版《日记》相同；2001 年版、2007 年版《日记》为整理标点本。2007 年重辑本《日记》比 2001 年《日记》多出 1919 年 4 月 15 日和 16 日两天的《残叶日记》，但这两天日记不全。1977 年版《日记》前有潘重规所写的《序》。2001 年版《日记》书前有陆宗达《序》，书后有黄焯的《黄季刚先生年谱》、程千帆先生和吴永坤分别写的《后记》。

2007 年重辑本《日记》较之 1977 年、2001 年版《日记》更全面、有条理，且更清晰，因此本书写作时以 2007 年重辑本《日记》为主要文本进行分析。全《日记》分为上、中、下三册，主要由以下几个部分构成：第一，《癸丑日记》一卷，主要记载了 1913 年 6 月 20 日至 1913 年 12 月 31 日之间黄侃个人起居活动，读书甚少。第二，《感鞠庐日记》三卷，记载了 1922 年 9 月 12 日至 1922 年 11 月 21 日期间黄侃慈母田太夫人去世、安葬以及宾客往来情况，主要是黄侃悼念其慈母、生母和父亲的文字。第三，《楚秀庵日记》一卷、《六祝斋日记》五卷、《已巳日记》六卷、《寄勤闲室日记》二十三卷、《量守庐日记》二十一卷等，是《日记》的重要组成部分，这些部分记录了黄侃的读书、交友、出游、日常生活起居情况。

（二）《黄侃日记》研究现状

对于《日记》专门性的研究著作，目前还是学界的一个空白。司马朝军编次的《黄侃年谱》、叶恩贤的《黄侃传》、陆昕的《黄侃》、卞孝萱的《现代国学大师学记》中的黄侃部分，只是大量参考了《日记》的资料，并非专门性的研究著作。

笔者将专门研究以及涉及《日记》的论文进行统计，并将其分为以下四类：

第一，侧重考察黄侃个人生活习惯和性格。张志强《黄侃日记——国学大师的心迹流露》（《中国教育报》，2002（1）），主要对《日记》的内容作了大致介绍，介绍了黄侃嗜书的性格；程章灿《黄季刚先生与酒》（《文史知识》，2002(5))，主要研究《日记》中黄侃饮酒的部分，认为黄侃有魏晋名士风格；张晖《性情与学问：读新版〈黄侃日记〉》(《东方文化》，2002(2))，主要是对《日记》的出版情况加以介绍，并且重点讲了黄侃的“真性情”主要表现在其对待书、对待老师和对待学术的态度；童岭《读〈黄侃日记〉随札》(《古典文学知识》，2004(2))，主要讲了黄侃尊师、对日态度以及一些逸闻趣事；袁津琥《从〈黄侃日记〉分析其早逝的原因》(《文汇读书周报》，2004(10))，主要考察了《日记》中黄侃生活习惯，认为黄侃的早逝与其不好的生活习惯密切相关；黎章春《黄侃政治思想论》(《湖北社会科学》，2008(1))，主要引用了《日记》中几个时事的部分，并对时事进行分析，认为黄侃是一个有远见和谋略的人。

第二，着重考察黄侃的交游。桑兵《章太炎晚年北游讲学的文化象征》(《历史研究》，2002(4))，主要引用了《日记》中1932年黄侃与章太炎交往的内容；卞孝萱《读〈黄侃日记〉》(《南京师范大学学报》，2004(2))，研究了《日记》中部分有关黄侃的交往、治学等内容，展现黄侃律己、尊师、敬友、爱生的学术风貌；卞孝萱《蕲春黄氏与仪征卞氏的关系——〈黄侃日记〉研究之一》(《鄂州大学学报》，2006(1))，主要考察了《日记》中与卞氏交往的内容；朱元曙《章太炎接受国民党部馈赠一万元事辨析》(《南京师范大学学报》，2009(2))，主要引用了《日记》里1935年1月8日到4月1日之间黄侃与章太炎的交往之事；张亚权《汪辟疆先生藏九教授结社题诗扇面考论》(《中国典籍与文化》，2009(7))，主要考证了《日记》中黄侃与汪辟疆等人的交往和赠诗情况；赵玉琦《九一八事变蒋介石发飙事件考》(《历史教学》，2012(7))，重点引用1931年9月23日日记与蒋介石当天的日记进行对比分析。

第三，着重考察黄侃的读书、治学特点和方法。徐有富《黄侃读书法管窥》(《山西大学学报》，2006(11))，主要根据《日记》总结出黄侃的读书方法，将黄侃的读书分成了买书、从目录入手、藏书、计划读书等六部分；徐有富《黄侃与目录学》(《古典文献研究》，2009(20))，引用了《日记》中关于目录介绍的内容；任新《〈黄侃日记〉中所见治学方法略说》(《内蒙古大学学报》，2011(4))，考察了《日记》中黄侃的读书习惯，总结出黄侃重师承、博学和谨慎立说、触类发明的治学精神。

第四，主要探讨黄侃的学术观点。孔仲温《从〈黄季刚先生手写日记〉论黄先生治古文字学》(《黄侃学术研究》，武汉大学出版社，1997年)，主要考察了《日记》中古文字的部分；复旦大学李婧2011年博士毕业论文《黄侃文学观念》，重点引述了《日记》中有关黄侃阅读、钞录、点校的"集部"书目，总结出黄侃"转益多师""依文立解"的文学观念。

二、《黄侃日记》研究意义

在《日记》中，黄侃详细记录其每天活动，其中引书(注：本书"引书"指广义上之引书，包括点、校、翻、钞、评书内容)、报刊部分占很大比例，或是围绕某一观点，大段钞录相关资料；或是读有所感，旁征博引以论证自己学术观点；或是钞录每天与国事、时事相关之新闻；或是钞录其与师友之通信稿；或是写下自己创作之诗文。因此，本书之研究意义主要体现在以下三个方面：

第一，对《日记》中引书部分进行全面整理，可弥补黄侃其他学术遗著观点之不足。黄侃自言五十岁后方著书，但其未及五十而逝，生前出版学术著作极少，后人根据黄侃在书上点、批之内容整理出版黄侃学术遗著，《日记》内容则很少参考。然黄侃很多心得保留在其《日记》中，正如黄侃告诉学生陆宗达"记日记是很好的方法，既能留下心得，又能练手笔"。《日记》中有许多黄侃的钞书内容，并对所钞内容进行评价，留下了很多在黄侃学术遗著中看不到的心得。因而，对《日记》的引书作全面整理就显得极其重要。

第二，《日记》中引书部分与黄侃学术思想密切相关，因而考察《日记》之引书部分为将来研究者进一步全面了解黄侃学术思想打下了基础。

据初步统计，《日记》中黄侃引书近1000种，其中《日记》里明确钞、评之书目具体如下(古籍按经史子集分，部内按黄侃阅读顺序排列)：

经部47种：《周易正义》《孙氏周易集解》《周易集解纂疏》《尚书正义》

《尚书今古文注疏》《尚书孔传参正》《毛诗正义》《韩诗外传》《大戴礼记》《仪礼注疏》《大戴礼记解诂》《周礼正义》《陆氏周易注》《春秋左传正义》《春秋穀梁传注疏》《春秋公羊传注疏》《春秋经解》《春秋经解》《春秋繁露》《春秋繁露义证》《春秋左氏疑义答问》《经典释文汇校》《汉魏石经考》《四书章句集注》《方言》《干禄字书》《五经文字》《九经字样》《尔雅释地四篇注》《尔雅逸文》《尔雅新义》《尔雅郑注》《尔雅翼》《尔雅义疏》《宋本广韵》《通俗编》《小学考》《抱经堂丛书》《说文解字注》《孤儿编》《古籀拾遗》《古籀余论》《恒言录》《经籍籑诂》《清仪阁所藏古器物文》《说文解字注考证》《通俗编》。

史部50种：《史记》《汉书》《三国志》《魏书》《后汉书》《南齐书》《隋书》《旧唐书》《新唐书》《辽史》《蒙兀儿史记》《汉书补注》《明史》《清史稿》《旧五代史笺注》《建炎以来系年要录》《续资治通鉴长编》《明通鉴》《续资治通鉴》《建康实录》《宋史翼》《战国策》《贞观政要》《国语三君注辑存》《国语正义》《湘绮楼日记》《越缦堂日记》《越绝书》《十六国春秋》《马氏南唐书》《陆氏南唐书》《南唐书注》《水经注》《王笺水经注》《大清一统志》《小方壶斋舆地丛钞》《通典》《历代钟鼎彝器款识法帖》《绍兴内府古器评》《湖北金石存佚考》《金石萃编》《金石萃编补正》《攈古录》《积古斋钟鼎彝器款识》《愙斋集古录》《郡斋读书志》《四库总目提要》《郑堂读书记》《古诗存目录》《史通》。

子部43种：《法言》《盐铁论》《司马法》《管子》《本草衍义》《本草图经》《本草拾遗》《本草经》《太玄集》《五行大义》《淮南鸿烈》《白虎通义》《懒真子》《老学庵笔记》《困学纪闻》《七修类稿》《香祖笔记》《白虎通疏证》《黄氏逸书考》《陔余丛考》《癸巳类稿》《吕氏春秋》《日知录》《北堂书钞》《和名类聚抄》《初学记》《太平御览》《山堂考索》《册府元龟》《记纂渊海》《玉海》《博物典汇》《韵府拾遗》《山海经》《鸡肋编》《清波杂志》《山海经笺疏》《瑜伽师地论》《道藏》《高僧传》《续高僧传》《道德经阴符经注》《道德经》。

集部31种：《震川集》《樊南文集补编》《鲒埼亭集》《苏诗编注集成》《铁桥漫稿》《文选》《唐文粹》《朝野新声太平乐府》《古乐府》《唐文粹补遗》

《全唐诗》《曹子建文集》《南北朝文钞》《郑珍全集》《全上古三代秦汉三国六朝文》《古谣谚》《元诗选》《文心雕龙》《宋六十名家词》《宋诗纪事》《白茅堂集》《临川集》《辽文存》《列朝诗集》《历代诗话》(何文焕)、《历代诗话》(吴景旭)、《历代诗余》《孟襄阳诗》《山中白云词》《文镜秘府论》《片玉词》。

近人著述7种:《流沙坠简》《增订殷墟书契考释三卷》《殷墟书契》《殷墟书契菁华》《三代吉金文存》《贞松堂集古遗文》《清代文字狱档》。

报刊4种:《不忍》《学衡》《汉口大报》《东方杂志》。

如上所列,《日记》中明确记载黄侃钞录、评论之书有经部47种,史部50种,子部43种,集部31种,近人著述7种,报刊4种,凡182种。后人整理出版的遗著仅是黄侃某一方面学术成果之集中体现,但黄侃阅书范围极广,涉及古籍之经、史、子、集,近人之著述、报刊等,钞书、评书内容针对性极强,引用十分广泛,常为考证一个字或一句话引近十本书之相关词条进行具体分析,最后总结自己观点。因此,对《日记》中引书内容进行全面整理有助于将来研究者全面了解黄侃学术思想。

第三,对《日记》中引书部分进行全面整理有助于我们更详细地了解黄侃的治学方法。《日记》中用大量篇幅记录了黄侃与书之联系:制订买书计划,与书商联系、买书、制订读书计划、读书。读书又分为翻书、加墨、点书、校书、钞书、评书。黄侃读书很有特点:首先,将自己认为有用的资料钞写下来;其次,将个人读书心得写在书眉、页脚或《日记》中;最后,善于总结知识规律。徐有富先生结合《日记》,从宏观上论述了黄侃的治学方法,因此对《日记》引书进行全面整理可以从微观上更加细致地了解黄侃的治学方法。

综上所述,黄侃作品的出版越来越多,关于黄侃的研究亦日渐增多。自从2001年《日记》在大陆出版以来,研究《日记》的学者越来越多,越来越多的论文对《日记》进行了征引。但是,利用《日记》来研究黄侃学术思想的论文中研究黄侃性格、交游内容的居多,研究黄侃治学方法和学术的内容不多,目前可见的有五篇。这五篇论文都是从一个方面作出富有启发性的研究,没有对《日记》从整体上进行把握,取了其中一部分:南京大学徐有富先生立足《日记》探讨了黄侃的读书方法；任新探讨了黄侃的治学方法；孔仲文探讨了《日记》中黄侃的小学部分；复旦大学的李婧结合《日记》主要论述黄侃的文学思想。《黄侃读书法管窥》和《〈黄侃日记〉中所见治学方法略说》，宏观上研究了黄侃读古籍的方法、治学方法，没有对其读古书的方法进行详细探讨，且引用、总结也不够全面；《黄侃与目录学》，只将《日记》中有关黄侃买书目录进行分析以及针对黄侃对目录的看法进行了探讨；《从〈黄季刚先生手写日记〉论黄先生治古文字学》，只是探讨了《日记》中的古文字的部分；《黄侃文学观念》，只是引用了集部书名，并没有对《日记》中黄侃的集部观点进行深入探讨。这些研究，涉及《日记》中引书、治学方法的内容较少，因此进一步全面整理、研究《日记》引书的空间较大。

第一章 《黄侃日记》引经部文献考

黄侃是民国时期著名的经学、小学家，其在日常读书中非常注重经学、小学文献的阅读。1929年至1933年，黄侃主攻经学，特别注重《十三经注疏》，常常阅读、点校。对于《十三经注疏》，黄侃又特别重视《周易正义》《尚书正义》《毛诗正义》及“三礼”的阅读、点校。1922年至1931年，黄侃比较重视小学研究，研究重点有《说文解字》《广雅》《经典释文》《恒言录》。尤其是《通俗编》《恒言录》，黄侃对这两本几乎全部钞录。本章将对《日记》中所引经部文献作详细考证。

第一节 《黄侃日记》引阮刻《十三经注疏》考

黄侃在1929年1月7日之前已将阮元刻《十三经注疏》阅、点一遍。1929年4月15日至1933年3月13日之间常阅、钞、点、校此书，期间虽有间隔，但仍然坚持多次翻阅。他对十三本书用力不同，下面将作详细介绍。

案：《十三经注疏》，阮元在嘉庆二十一年(1816年)初刻成，藏版于南昌。该书包括《周易正义》《尚书正义》《毛诗正义》《周礼注疏》《仪礼注疏》《礼记正义》《春秋左传正义》《春秋公羊传注疏》《春秋穀梁传注疏》《论语注疏》《孝经注疏》《尔雅注疏》《孟子注疏》，凡十三本。

一、《周易正义》

黄侃于1922年1月4日至2月11日，阅、校《周易正义》，并将其与清李道平的《周易集解纂疏》互看，参阅宋王应麟的《周易郑康成注》；1928年11月26日至1929年2月9日，钞《周易正义》，并参看清孙星衍的《孙氏周易集解》、其父黄云鹄的《易集解》、清李富孙《李氏易解賸义》、清陈寿熊的《读易汉学私记》、唐李鼎祚《周易集解》；1933年7月18日至30日，续钞《周易正义》，参看清阮元辑的《周易经疑》。

引文

1. 1922年1月1日　第43页

乾九干注曰："忧深思远，朝夕匪解，仰忧嘉会之不序，俯惧义和之不逮，反复天道，谋始反终，故曰：'终日乾乾。'"

侃案：年已三十有七，身弱家贫，仰惟门户之计，下顾儿女之爱，不得不摄身自保，积精养神，先集未刊行，微学未成立，不得不努力篇籍，发奋求明。

案：此文引自唐李鼎祚《周易集解》卷一，其文载："干宝曰：爻以气表，繇以龙兴，嫌其不关人事，故著君子焉。阳在九三，正月之时，自泰来也。阳气始出地上，而接动物。人为灵，故以人事成天地之功者，在于此爻焉。故君子以之忧深思远，乾夕匪懈。仰忧嘉会之不序，俯惧义和之不逮。反复天道，谋始反终。故曰'终日乾乾'。"①引文与原文一致。

人到中年，家贫难持，儿女成行，学业未立，事业未成，面对现状，黄侃内心充满忧虑，欲发奋图强，因而在此处引"君子终日乾乾"以勉励自己努力向上。

2. 1922年1月9日　第47页

故賁之"柔来文刚，分刚上而文柔"，仍以自泰来为说；随彖传，注随释刚来而下柔为震，刚而兑柔，然又云"时异而不随，否之道

① （唐）李鼎祚：《周易集解》，上海古籍出版社1969年版，第7页。

也”，是以随自否来。疏乃云“是否塞之道”，此欲掩王、周卦变之迹也。王亦不废取象。故释随上六“西山”云：“兑为西方”；小畜初九注云：“处乾之时，以升巽初四”；九二注云：“乾坤之中，以升巽五”是王氏亦言升降也。

案：以上引文作如下整理：

(1)“柔来文刚，分刚上而文柔”，此句引自《周易》卷三，其文载：“贲‘亨’，柔来而文刚，故‘亨’。分刚上而文柔，故‘小利有攸往’。刚柔不分，文何由生？故坤之上六来居二位，‘柔来文刚’之义也。柔来文刚，居位得中，是以‘亨’。乾之九二，分居上位，分刚上而文柔之义也。刚上文柔，不得中位，不若柔来文刚，故‘小利有攸往’。”①

(2)“兑为西方”，此句引自《周易》卷三，其文载：“王用亨于西山。”注曰：“兑为西方，山者，途之险隔也。”②

(3)“处乾之时，以升巽初四”，此文引自《周易》卷二，其文载：“初九：复自道，何其咎？吉。”注曰：“处乾之始，以升巽初，四为已应，不距已者也。以阳升阴，复自其道，顺而无违，何所犯咎，得义之吉。”③

(4)“乾坤之中，以升巽五”，此文引自《周易》卷二，其经文曰：“九二：牵复吉。”注曰：“处乾之中，以升巽五，五非畜极，非固已者也。虽不能若阴之不违，可牵以获复，是以吉也。”④

此处黄侃将王弼对《周易》注的一些内容相比较，认为王弼是通过讲升降来解释卦象。总结王弼解释卦象之特点。

3. 1922 年 1 月 10 日　第 47 页

孔氏云：“处困求济，在于身心修德。若巧言能辞，人所不信，

① （清）阮元：《十三经注疏》，中华书局 1980 年影印版，第 37 页。
② （清）阮元：《十三经注疏》，中华书局 1980 年影印版，第 35 页。
③ （清）阮元：《十三经注疏》，中华书局 1980 年影印版，第 27 页。
④ （清）阮元：《十三经注疏》，中华书局 1980 年影印版，第 27 页。

则其道逆穷。故诫之以有言不信也。”

案：此文引自《周易正义》卷五，其经文曰：“有言不信。”孔颖达正义曰：“处困求济，在于正身修德。若巧言能辞，人所不信，则其道弥穷，故诫之以‘有言不信’也。”①

引文“身心修德”与原文“正身修德”略有所不同。

黄侃此时事业、家庭经济均处于困顿状态，心有所感而引此文。

4. 1922 年 1 月 13 日　第 49~50 页

夜翻王伯厚辑周易郑注，序称辅嗣注睽六二曰：“始虽受困，终获刚助。”睽自动至五成困，此用互体也。

侃案：弼袭前儒之说至多，不必定须言互体。至王氏此条则甚误。睽六二无此注，而九三有其文，一误也；原文作“受困”，以释经之“无动”，非作“授”，而以为互困，二误也；初自至五有节象，非困象；即云困象，亦不可云互体，三误也；率然信用以讥辅嗣，则误而又误矣。夜校易，更佐以孙、袁二书讫蒙象传。孙书至便翻寻，惜多错讹，又正义所引前世疏家褚氏、庄氏、张氏之伦，并从蹇采。然则何不并载孔疏也(李著作书，则王、孔并在，所采故无可议)。

案：“‘始虽受困，终获刚助。’睽自动至五成困，此用互体也。”此文引自南宋朱震撰的《汉上易传丛说》，其文载：“‘始虽受困，终获刚助。’睽自初至五成困，此用互体也。”②

引文“自动至五”与原文“自初至五”略有不同。

宋王应麟辑《周易郑注》“湖海楼从书”本，此本前有卢文弨所作的序，里面并无黄侃所说的内容，笔者难以找寻到黄侃当年所读版本。

① (清)阮元：《十三经注疏》，中华书局 1980 年影印版，第 59 页。
② (宋)朱震：《汉上易传丛说》，见《摛藻堂四库全书荟要》卷七十二，第 90 页。

序称辅嗣注睽六二曰："始岁受困，终获刚助。"此说法有误。

5. 1922年1月17日 第53页

郑众云："乐耽于酒，则有沈酗之凶；志累于乐，则有伤性之患。所以君子乐之美者，莫过于诗、书，习道义；教之盛矣，乐在斯焉。"

案：此文引自唐史征的《周易口诀》卷六，其文载："郑众云：'乐耽于酒，则有沈酗之凶；志累于乐，则有伤性之患。所以君子乐之美者，莫过于尚诗、书，敦习道义；教之盛矣，乐在斯焉。'"①

引文"莫过于诗、书，习道义"，原文"莫过于尚诗、书，敦习道义"，引文与原文有所不同。

6. 1935年8月9日 第1095~1096页

易文言称：亢，知进而不知退，知存而不知亡，知得而不知丧。此即圣人，故云亢龙。

侃案：王肃不悟，以为愚人；孔疏不悟，以圣人属下知进退存亡而不失其正者。岂知乾健不息？至于亢虽有悔，亦不可息。唯圣法天，故唯知进存得而不知退亡丧，惟其不知，乃所以为不失其正也。乾六爻不但无愚人，亦岂有凡人哉！曰盈、曰穷、曰极，圣所遭也；知进、知存、知得，不失其正也。

案：此文引自《周易正义》卷一，其文载："亢之为言也，知进而不知退，知存而不知亡，知得而不知丧。其唯圣人乎！知进退存亡，而不失其正者，其唯圣人乎！"②

---

① （唐）史征：《周易口诀议》，影印文渊阁《四库全书》本第8册，台湾"商务印书馆"1983年版，第94页。

② （清）阮元：《十三经注疏》，中华书局1980年影印版，第17页。

王弼疏："亢之为言也"至"其唯圣人乎"。①

孔颖达正义曰："此明上九之义也。'知进而不知退，知存而不知亡，知得而不知丧'者，言此上九所以亢极有悔者，正由有此三事。若能三事备知，虽居上位，不至於亢也。此设诫辞。庄氏云：'进退据心，存亡据身，得丧据位。''其唯圣人乎，知进退存亡'者，言唯圣人乃能'知进退存亡'也。何不云得丧者，得丧轻於存亡，举重略轻也。'而不失其正者，其唯圣人乎'者，圣人非但只知进退存亡，又能不失其正道，其唯圣人乎！此经再称'其唯圣人乎'者，上称'圣人'为'知进退存亡'发文，下称'其唯圣人乎'者，为'不失其正'发文，言'圣人'非但'知进退存亡'，又能'不失其正'，故再发'圣人'之文也。"②

引文"亢，知进而不知退"与原文"亢之为言也，知进而不知退"有所不同。

黄侃认为王弼注解未参悟到"圣人"之意，而孔颖达之解并不全面，真正的圣人不仅仅知进退，也知自强不息。

二、《尚书正义》

黄侃于 1922 年 1 月 24 日至 5 月 4 日，阅阮刻本《尚书正义》，并参阅《尚书孔传参正》；1929 年 2 月 11 日至 4 月 1 日，阅毕《尚书正义》，并用《汉书·翟方进传》中王莽的《大诰》与《尚书·大诰》文相比较；1929 年 8 月 5 日至 13 日，读《尚书大传》，并与《尚书正义》对看；1930 年 2 月 12 日至 18 日，读《尚书骈枝》，认为其"伪字甚多"③；1932 年 5 月 13 日至 6 月 5 日，重温《尚书正义》。

引文

1. 1922 年 1 月 31 日　第 71 页

① (清)阮元：《十三经注疏》，中华书局 1980 年影印版，第 17 页。
② (清)阮元：《十三经注疏》，中华书局 1980 年影印版，第 17 页。
③ 黄侃著，黄延祖重辑：《黄侃日记》，中华书局 2007 年版，第 621 页。

(1)校书益稷至"日奏罔功"史记诂之曰："帝即不时布同善恶，则无功。"

侃案：以"帝即不时布同善恶"释"帝不时敷同"，言帝不以时布同好恶于诸臣；以"则无功略"释"日奏罔功"。日进于无功，即无功明矣，不烦更诂日奏之义。

案："日奏罔功"句，引自《尚书·益稷》，其文载："帝不时敷同，日奏罔功。"①黄侃从《史记》中引相似之句来解释"日奏罔功"。

"帝即不时布同善恶，则无功"句，引自《史记·夏本纪》，其文载："帝即不时，布同善恶则毋功。"②意为，若好人坏人混而不分，那就成就不了大事。

(2)"在治忽"

侃案："在治忽"三字，歧义殊多。郑康成忽作曶，史记作"来使滑"，汉志作"七始咏"，隋志作"七始训"(此即承用汉志，则汉志本作训)，索隐引今文作"采乎政"。郑以曶为臣见君所秉，未知据何师说(疑郑用今文作采政曶，故云君亦有焉，以出内政教于五官，盖为听声而书之于笏，以其政告五官。官五，故言五也)。窃谓孔传之义不谬。忽当训乱，故史记作滑；来者，采之讹文。杨慎说为黍之误，非也。采者，在之通借；始者，治之借字；政则与字声训兼通。是史记今文、古文只用通借，并无异解。汉志作"七始咏"，隋志作"七始训"。书大传说六律、五声、八音、七始之义，此乃今文末师据讹文以为说也(大传本非伏生自作)。采讹为七者，盖先讹为黍，而后改为七。忽讹为训者，盖曶通作忽(孙云忽当为曶则非)，亦通作曶，曶字曰旁作川，则似咏字之口旁作永；咏正篆从，复讹为训矣。七始起于周

① (清)阮元：《十三经注疏》，中华书局1980年影印版，第143页。

② (汉)司马迁撰，(刘宋)裴骃集解，(唐)司马贞索隐，张守节正义：《史记》，中华书局1956年版，第80页。

时，虞安得有七音哉？大底他经字异，多由声转；唯此经今古文之异，多由字讹……“采治曶”讹为“七始咏”，无足怪而。

案：以上引文作如下整理：

(1)“在治忽”，此句出自《尚书·益稷》，其文载：“予欲闻六律五声八音，在治忽，以出纳五言。”①

(2)“忽作曶”，此句出自阎若璩的《尚书古文疏证》卷七，其文载：“在治忽，郑本忽作曶。注曰：曶者，臣见君所秉书，思对者也。”②

(3)“七始咏”，此句出自《汉书·律例志上》，其文载：“书曰：‘予欲闻六律、五声、八音、七始咏，以出内五言，女听。’”③

(4)“七始训”，此句出自《隋书·音乐志下》，其文载：“长孙绍远引国语泠州鸠云‘武王伐殷，岁在鹑火’。自鹑及驷，七位故也。既以七同其数，而以律和其声，于是有七律。又引尚书大传‘谓之七始’，其注云‘谓黄钟、林钟、太簇、南吕、姑洗、应钟、蕤宾也’。”④

黄侃考证“在治忽”，引用了《尚书》《尚书古文疏证》《汉书》《隋书》相关内容。

2. 1922 年 2 月 4 日　第 81~82 页

禹贡：“徐州厥土赤埴坟。”孔曰：“土黏曰埴。”

侃案：前儒有谓古文尚书孔传出王肃，实有不尽然者，如前举日月星辰孔义，及粉米黼黻孔义，皆不同王肃矣……此传不尽同王之明证，而皮锡瑞乃云孔传多袭今文，由王肃兼通今文，惟此则不可皆。疑皇甫谧辈又间窜乱，或肃为参差。侃以为疑事无质。孔传虽伪，毋

① （清）阮元：《十三经注疏》，中华书局 1980 年影印版，第 142 页。

② （清）阎若璩：《尚书古文疏证》，影印文渊阁《四库全书》本第 66 册，台湾“商务印书馆”1983 年版，第 445 页。

③ （汉）班固撰，（唐）颜师古注：《汉书》，中华书局 1964 年版，第 972 页。

④ （唐）魏徵等：《隋书》，中华书局 1974 年版，第 354 页。

为蔽罪子雍①。

案：此文引自《尚书·夏书·禹贡》，其文载：“海、岱及淮惟徐州。淮、沂其乂，蒙、羽其艺，大野既猪，东原底平。厥土赤埴坟，草木渐包。”注曰：“土黏曰埴。”②

3.1929年2月16日 第499~501页

以王莽大诰勘周书大诰，得文字异同如下：

(1)书：“猷，大诰尔多邦。”莽曰：“大诰道诸侯王三公。”

侃案：莽以“道”释“猷”，此尚书“猷”字原在“诰”字下。

案：“猷，大诰尔多邦”句，引自《尚书·周书·大诰》，其文载：“猷，大诰尔多邦，越尔御事。传曰：周公称成王命，顺大道以诰天下众国，及於御治事者尽及之。”正义曰：“猷音由，道也。邦，马本作‘大诰繇尔多邦。’”③

“大诰道诸侯王三公”句，引自《汉书·翟方进传》，其文载：“大诰道诸侯王三公列侯于汝卿大夫元士御事。”应劭曰：“言以大道告于诸侯以下也。御事，主事也。”④意为，用大道告诉所有主事之人。

(2)书：“予不敢闭于。”莽曰：予岂敢比于前人乎。

侃案：莽读“闭”为“比”，“于”为“乎”，以“于”字绝句。

案：“予不敢闭于”句，引自《尚书·周书·大诰》，其文载：“予不敢闭于天降威用。”传曰：“天下威用，谓诛恶也。言我不敢闭绝天所下威用

① 黄侃著，黄延祖重辑：《黄侃日记》，中华书局2007年版，第81~82页。

② (清)阮元：《十三经注疏》，中华书局1980年影印版，第148页。

③ (清)阮元：《十三经注疏》，中华书局1980年影印版，第198页。

④ (汉)班固撰，(唐)颜师古注：《汉书》，中华书局1964年版，第3420页。

而不行，将欲伐四国。”①

“予岂敢比于前人乎”句，引自《汉书·翟方进传》，其文载：“予岂敢比于前人乎。”师古曰：“前人谓周公。”②

(3)书：“诞敢纪其叙。”莽曰：“诞敢犯祖乱宗之序。”

侃案：此莽所见古文“纪”作“犯”也。

案：“诞敢纪其叙”句，引自《尚书·周书·大诰》，其文载：“殷小腆，诞敢纪其叙。”传曰：“言殷后小腆腆之禄父，大敢纪其王业，欲复之。”③

“诞敢犯祖乱宗之序”句，引自《汉书·翟方进传》，其文载：“诞敢犯祖乱宗之序。”师古曰：“诞，大也。”④

(4)书：“予复反鄙我周邦。”莽曰：“是天反复右我汉国也。”

侃案：是古文“鄙”作“啚”，莽之所见则作叹，“叹”“啚”隶书形相近。

案：“予复。反鄙我周邦”句，引自《尚书·周书·大诰》，其文载：“予复。反鄙我周邦。”传曰：“禄父言我殷当复，欺惑东国人，令不安，反鄙易我周家。道其罪无状。”⑤

“是天反复右我汉国也”句，引自《汉书·翟方进传》，其文载：“是天反复右我汉国也。”⑥

---

① (清)阮元：《十三经注疏》，中华书局1980年影印版，第198页。
② (汉)班固撰，(唐)颜师古注：《汉书》，中华书局1964年版，第3420页。
③ (清)阮元：《十三经注疏》，中华书局1980年影印版，第198页。
④ (汉)班固撰，(唐)颜师古注：《汉书》，中华书局1964年版，第3430页。
⑤ (清)阮元：《十三经注疏》，中华书局1980年影印版，第198页。
⑥ (汉)班固撰，(唐)颜师古注：《汉书》，中华书局1964年版，第3430页。

(5)书："王害不违卜。"莽曰："帝不违卜。"

侃案：无"害"字。以"帝"代"王"而义属下，疑书本无"害"字也。

案："王害不违卜"句，引自《尚书·周书·大诰》，其文载："越予小子，考翼不可征，王害不违卜。"传曰："於我小子先卜敬成周道，若谓今四国不可征，则王室有害，故宜从卜。"①

"帝不违卜"句，引自《汉书·翟方进传》，其文载："帝不违卜。"师古曰："卜既得吉，天命不违。"②

(6)书："大投艰于朕身。"莽曰："大解难于予身。"

侃案：此莽读"投"为"殊"，故训分解。

案："大投艰于朕身"句，引自《尚书·周书·大诰》，其文载："予造天役，遗大投艰于朕身。"传曰："我周家为天下役事，遗我甚大，投此艰难於我身。言不得已。正义曰：予造，为也。马云：遗也。"③

"大解难于予身"句，引自《汉书·翟方进传》，其文载："予遭天役遗，大解难于予身，以为孺子，不身自卹。"师古曰："言天以汉家役事遗我，而令身解其难，故我征伐以为孺子除乱，非自忧己身也。"④

(7)书："不敢替上帝命。"莽曰："予不敢僭上帝命。"

侃案：此古文本作"朁"，与"替"之或体"朁"极相似，因误为"替"也。

案："不敢替上帝命"句，引自《尚书·周书·大诰》，其文载："予惟

① (清)阮元：《十三经注疏》，中华书局1980年影印版，第198页。
② (汉)班固撰，(唐)颜师古注：《汉书》，中华书局1964年版，第3430页。
③ (清)阮元：《十三经注疏》，中华书局1980年影印版，第198页。
④ (汉)班固撰，(唐)颜师古注：《汉书》，中华书局1964年版，第3429页。

小子，不敢替上帝命。”传曰：“不敢废天命，言卜吉当必征之。”①

“予不敢僭上帝命”句，引自《汉书·翟方进传》，其文载：“予不敢僭上帝命。”师古曰：“僭，不信也。言顺天命而征讨。”②

(8)书：“呜呼天明畏，弼我丕丕基！”莽曰：“呜呼！天明畏辅汉始而大大矣。”

侃案：此以“始”训“基”，疑古文“基”在“丕丕”上。

案：“呜呼天明畏，弼我丕丕基”之句，引自《尚书·周书·大诰》，其文载：“呜呼！天明畏，弼我丕丕基！”传曰：“叹天之明德可畏，辅成我大大之基业。言卜不可违也。”③

“呜呼！天明畏辅汉始而大大矣”之句，引自《汉书·翟方进传》，其文载：“呜呼！天明畏辅汉始而大大矣。”师古曰：“言因此难更以强大。”④

(9)书：“尔丕克远省。”莽曰：“尔不克远省。”

侃案：此古文作“不”。

案：“尔丕克远省”之句，引自《尚书·周书·大诰》，其文载：“尔惟旧人，尔丕克远省，尔知宁王若勤哉！”传曰：“特命久老之人，知文王故事者，大能远省识古事，汝知文王若彼之勤劳哉！目所亲见，法之又明。”⑤

“尔不克远省”之句，引自《汉书·翟方进传》，其文载：“尔有惟旧人泉陵侯之言，尔不克远省，尔岂知太皇太后若此勤哉！”师古曰：“言尔当

① (清)阮元：《十三经注疏》，中华书局1980年影印版，第198页。
② (汉)班固撰，(唐)颜师古注：《汉书》，中华书局1964年版，第3429页。
③ (清)阮元：《十三经注疏》，中华书局1980年影印版，第199页。
④ (汉)班固撰，(唐)颜师古注：《汉书》，中华书局1964年版，第3429页。
⑤ (清)阮元：《十三经注疏》，中华书局1980年影印版，第199页。

思久旧之人泉陵侯所言，尔不克远省识古事，岂知太后之勤乎？”①

(10)书：“天闭毖我成功所。”莽曰：“天毖我劳成功所。”

侃案：古文宜作：“天毖勤我成功所”，故莽以“劳”诂“勤”，今作“闭毖”，误也。

案：“天闭毖我成功所”句，引自《尚书·周书·大诰》，其文载：“天閟毖我成功所，予不敢不极卒宁王图事。”传曰：“閟，慎也。言天慎劳我周家成功所在，我不敢不极尽文王所谋之事。谓致太平。”②

“天毖我劳成功所”句，引自《汉书·翟方进传》，其文载：“天毖我劳成功所。”孟康曰：“天慎劳我国家成功之所在。”③

(11)书：“其考我民。”莽曰：“天其累我以民。”

侃案：考之为累，未闻。

案：“其考我民”之句，引自《尚书·周书·大诰》，其文载：“天棐忱辞，其考我民。”传曰：“言我周家有大化诚辞，为天所辅，其成我民矣。”④

“天其累我以民”之句，引自《汉书·翟方进传》，其文载：“天其累我以民，予害敢不于祖宗安人图功所终？”师古曰：“累，托也。言天以百姓托我，我曷敢不谋终祖宗安人之功也。”⑤

黄侃对王莽将“考”字解释为“累”字存疑。

---

① (汉)班固撰，(唐)颜师古注：《汉书》，中华书局1964年版，第3429页。
② (清)阮元：《十三经注疏》，中华书局1980年影印版，第199页。
③ (汉)班固撰，(唐)颜师古注：《汉书》，中华书局1964年版，第3429页。
④ (清)阮元：《十三经注疏》，中华书局1980年影印版，第199页。
⑤ (汉)班固撰，(唐)颜师古注：《汉书》，中华书局1964年版，第3429页。

(12)书："予曷敢不于年宁人攸受休毕。"莽曰："予害敢不于祖宗所受休辅。"

侃案：莽读"毕"为"弼"。

案："予曷敢不于年宁人攸受休毕"之句，引自《尚书·周书·大诰》，其文载："予曷敢不于前宁人攸受休毕？"传曰："天欲安民，我何敢不於前文王所受美命终毕之？"①

见上(11)条。

(13)书："日思若考作室。"莽曰："予思若考作室。"

侃案：此古文"日"原作"曰"，故莽以为语词，而代之以"予"。

案："日思若考作室"之句，引自《尚书·周书·大诰》，其文载：王曰："若昔朕其逝，朕言艰日思。若考作室，既厎法，厥子乃弗肯堂，矧肯构？"②

"予思若考作室"之句，引自《汉书·翟方进传》，其文载："予思若考作室，厥子堂而构之。师古曰：父有作室之意，则子当筑室而构棼橑以成之。"③

(14)书："若兄考，乃有友伐厥子，民养其劝弗救？"莽曰："若祖宗乃有效汤、武伐厥子，民句长其劝弗救？"

侃案：古文"友"本作"交"，故莽读之为"效"，兄考莽意为武王、文王，书之所谓"效"者，见效尧、瞬之于朱、均也。

案："若兄考，乃有友伐厥子，民养其劝弗救"之句，引自《尚书·周

① (清)阮元：《十三经注疏》，中华书局1980年影印版，第199页。
② (清)阮元：《十三经注疏》，中华书局1980年影印版，第199页。
③ (汉)班固撰，(唐)颜师古注：《汉书》，中华书局1964年版，第3429页。

书·大诰》。传曰："若兄弟父子之家，乃有朋友来伐其子，民养其劝不救者，以子恶故。以此四国将诛而无救者，罪大故。"①

"若祖宗乃有效汤、武伐厥子，民句长其劝弗救"之句，引自《汉书·翟方进传》，其文载："若祖宗乃有效汤武伐厥子，民长其劝弗救。师古曰：譬有人来伐其子，而长养彼心，反劝助之，弗救其子者，正以子恶故也。言汤武疾恶，其心亦然，今所征讨不得避亲，当以公义。"②

引文与《汉书》原文不同，少"句"字。

(15)书："爽帮由哲。"莽曰："其勉助国道明。"

侃案：此莽诂"爽"为"贰"，故代以"助"字。

案："爽帮由哲"之句，引自《尚书·周书·大诰》，其文载："爽邦由哲，亦惟十人，迪知上帝命。传曰：言其故，有明国事、用智道十人蹈知天命。谓人献十夫来佐周。"③

"其勉助国道明"之句，引自《汉书·翟方进传》，其文载："诸侯王公列侯卿大夫元士御事，其勉助国道明！师古曰：道，由也。言当由于明智之事，以助国也。"④

(16)书："尔时罔敢易法。"莽曰："尔不得易定。"

侃案：古文本作"金"，故今文改之作"法"，而莽所见则作"金"也。

案："尔时罔敢易法"之句，引自《尚书·周书·大诰》，其文载："越天棐忱，尔时罔敢易法，矧今天降戾于周邦？传曰：于天辅诚，汝天下是

① (清)阮元：《十三经注疏》，中华书局1980年影印版，第199页。
② (汉)班固撰，(唐)颜师古注：《汉书》，中华书局1964年版，第3430页。
③ (清)阮元：《十三经注疏》，中华书局1980年影印版，第199页。
④ (汉)班固撰，(唐)颜师古注：《汉书》，中华书局1964年版，第3430页。

知无敢易天法，况今天下罪于周，使四国叛乎？”①

“尔不得易定”之句，引自《汉书·翟方进传》，其文载：“粤天辅诚，尔不得易定！”师古曰：“粤，辞也。天道辅诚，尔不得改易天之定命。”②

(17)书：“惟大艰人诞邻胥伐于厥室。”莽曰：“惟大艰人翟义、刘信大逆欲相伐于厥室。”

侃案：此书本作“遴”。“遴”，行难也。故莽诂为“逆”。

案：“惟大艰人诞邻胥伐于厥室”之句，引自《尚书·周书·大诰》，其文载：“惟大艰人，诞邻胥伐于厥室，尔亦不知天命不易。”传曰：“惟大为难之人，谓三叔也。大近相伐于其室家，谓叛逆也。若不早诛汝，天下亦不知天命之不易也。”③

“惟大艰人翟义、刘信大逆欲相伐于厥室”之句，引自《汉书·翟方进传》，其文载：“况今天降定于汉国，惟大艰人翟义、刘信大逆，欲相伐于厥室，岂亦知命之不易乎？师古曰：言义、信不知天命不可改易，乃大为艰难以干国纪，是自相谋诛伐其室也。”④

(18)书：“予曷其极卜，敢弗于从。”莽曰：“予害其极卜，害敢不于从。”

侃案：书文敢上原有“曷”字。

案：“予曷其极卜，敢弗于从”之句，引自《尚书·周书·大诰》，其文载：“天亦惟休于前宁人，予曷其极卜，敢弗于从？传曰：天亦惟美于文王受命，我何其极卜法，敢不于从？言必从也。”

① （清）阮元：《十三经注疏》，中华书局1980年影印版，第199页。
② （汉）班固撰，（唐）颜师古注：《汉书》，中华书局1964年版，第3431页。
③ （清）阮元：《十三经注疏》，中华书局1980年影印版，第199页。
④ （汉）班固撰，（唐）颜师古注：《汉书》，中华书局1964年版，第3431页。

"予害其极卜，害敢不于从"之句，引自《汉书·翟方进传》，其文载："天亦惟休于祖宗，予害其极卜，害敢不于从？"师古曰："言天美祖宗之事，我何其极卜法，敢不往从，言必从也。"①

(19) 书曰："率宁人有指疆土。"莽曰："率宁人有旨疆土。"

侃案：书原作"旨"。

案："率宁人有指疆土"之句，引自《尚书·周书·大诰》，其文载："率宁人有指疆土，矧今卜并吉？传曰：循文王所有指意以安疆土则善矣，况今卜并吉乎？言不可不从。"②

"率宁人有旨疆土"之句，引自《汉书·翟方进传》，其文载："率宁人有旨疆土，况今卜并吉！师古曰：言循祖宗之业，务在安人而美疆土，况今卜并吉乎！言不可不从也。"③

三、《毛诗正义》

黄侃于1922年11月7日，阅阮刻本《毛诗正义》；1928年6月1日至19日钞毛诗经文，并与《经典释文·毛诗音义》、巾箱本《诗经传笺》互看，分别标出毛诗中的经、传、笺；1931年11月19日至24日，点毛诗竟。

引文

1. 1925年1月10日　第272页

诗序："丝衣，绎宾尸也。高子曰：'零星之尸也。'"

侃案：续汉书祭祀志云："高帝令天下立零星祠，祠后稷。谓之零星者，以后稷配食天田星也。"高子所云零星，盖即后稷。

---

① (汉)班固撰，(唐)颜师古注：《汉书》，中华书局1964年版，第3431页。
② (清)阮元：《十三经注疏》，中华书局1980年影印版，第199页。
③ (汉)班固撰，(唐)颜师古注：《汉书》，中华书局1964年版，第3431页。

案：此文引自《诗·周颂·丝衣》序。其文载："丝衣，绎宾尸也。高子曰：'零星之尸也。'"①

2. 1933年10月10日　第929页

晨诵《沔水》之诗，凄然泣下。

侃案：10月10日为中华民国国庆节，学校为庆国庆放假，黄侃认为：此时中国正处于内忧外患情况下不应庆祝，"此日纵可记，此时未可遽庆也"。

案：此诗出自《诗·小雅·沔水》，反映了诗人对诸侯相互侵伐、谣言四起国家命运的担忧。②

黄侃认为，国家并未安定，仍然处于内忧外患的境地，所以不应该过早相庆。

3. 1933年10月27日　第934页

"淇则有岸，隰则有泮。"

侃案：人心要有所拘束，否则淇、隰不如。

案：此句出自《诗·卫风·氓》，其文载："淇则有岸，隰则有泮。"③意为：淇无论多宽也有岸，低洼的地方无论多大也有边缘。

4. 1933年12月16日　第946页

"彼汾沮茹，言采其莫。"义疏云："有毛刺，令人缫以取卵绪。始可以生为羹。五方通谓之酸迷。"

① （清）阮元：《十三经注疏》，中华书局1980年影印版，第603页。
② （清）阮元：《十三经注疏》，中华书局1980年影印版，第432页。
③ （清）阮元：《十三经注疏》，中华书局1980年影印版，第325页。

侃案：似吾州之米荠也。

案：此文引自《诗·魏风·汾且沮》，其文载："彼汾沮茹，言采其莫。"①

5. 1934年2月16日 第963页

诗南有嘉鱼疏云："人臣事君，多在专利。以文仲之贤，尚称窃位；知贤不妒，自古所稀。假有举荐，或事不获已，至诚者寡。"

侃案：唐人经疏，多熟悉世情语。此类是也。

案：此句出自《诗·南有嘉鱼》之疏，其引文与原文一致。② 意为：臣子是为了利益来侍奉君王的，像文仲这样的贤者，别人仍然认为他在窃取权力；不嫉妒有才之士的人，自古以来就很少。如果有人举荐，但是国君不用此人，那么这种忠诚的人就更少了。

黄侃认为唐代人给经作疏时，多用人情世态之语。

6. 1934年10月9日 第1027页

瞻卬曰："舍尔介狄，维予胥忌。"传曰："狄，远也；忌，怨也。王曰：舍尔大道远虑，反与贤者怨乎？笺云："舍女被甲夷狄来侵犯中国者，反与我相怨。"

案：此句引自《诗·大雅·瞻卬》，其文载："舍尔介狄，维予胥忌。"③传曰："狄，远也；忌，怨也。笺云：介，甲也。王之为政，既无过恶，天何以责王见变异乎？神何以不福王而有灾害也？王不念此而改修德，乃舍女被甲夷狄来侵犯中国者，反与我相怨。"与引文有异。

① (清)阮元：《十三经注疏》，中华书局1980年影印版，第356页。
② (清)阮元：《十三经注疏》，中华书局1980年影印版，第419页。
③ (清)阮元：《十三经注疏》，中华书局1980年影印版，第578页。

王(肃)曰："舍尔大道远虑，反与贤者怨乎?"则出自同篇第六章注文。① 其文载"反与我贤者怨乎?"与本引文略有出入。

四、"三礼"

1919年4月15日、16日翻"三礼"；1921年11月16日至1922年1月6日再阅《周礼》；1922年10月28日至11月11日点《礼记》《仪礼》；1930年9月10日至1932年12月24日续读、点"三礼"，中间偶有几天间隔。

引文

1.1922年1月1日　第42页

周礼太祝，六祝：顺祝，顺丰年；年祝，求永贞；吉祝，祈福祥；化祝，弭灾兵；瑞祝，逆时雨、宁旱风；荚祝，远罪疾。

侃案：侃遭逢衰乱，亲老身羸，方适四方，以营禄养。岁时之始，陈辞祷先，非唯善其一身，亦欲民命皆活，爰采吉祥之语，以傍乔旅云居。

案：此文引自《周礼·大祝》，其文载："大祝掌六祝之辞，以事鬼神示，祈福祥，求永贞。一曰顺祝，二曰年祝，三曰吉祝，四曰化祝，五曰瑞祝，六曰筴祝。永，长也。贞，正也。求多福，历年得正命也。"②

郑司农云："顺祝，顺丰年也。年祝，求永贞也。吉祝，祈福祥也。化祝，弭灾兵也。瑞祝，逆时雨、宁风旱也。筴祝，远罪疾。"③

黄侃生活的年代内忧外患，战乱频繁，民不聊生，自己也是辗转迁徙，难有安定之所，所以在新年伊始采吉祥之语以祝天下及个人。

---

① (清)阮元:《十三经注疏》，中华书局1980年影印版，第579页。

② (清)阮元:《十三经注疏》，中华书局1980年影印版，第808页。

③ (清)阮元:《十三经注疏》，中华书局1980年影印版，第808页。

2. 1922 年 1 月 4 日　第 44 页

偶思今博局所谓彩注及五木。所谓采字皆当为菑。考工记："轮人察其菑蚤不龋"。先郑云："菑读如杂厕之厕。谓建辐也。泰山平原所树立物为菑，声如截。博立枭旗，亦为菑。"释文曰："菑，侧吏反。"疏曰："博立枭旗者，谓博戏时，立一子於中央，谓之枭旗，云为菑，亦是树立为菑之义。"

侃案：菑古音如灾；采古音如猜，声类相近。今之所谓采，正汉人所谓菑矣。文字集略云："枭、樗蒲，采名也。"是采亦古语。

案：上文引自《周礼·冬官考工记·轮人》，其经文载："察其菑蚤不齵，则轮虽敝不匡。"先郑云："'菑读如杂厕之厕'者，读从史游章'分别部居不杂厕'义，取不参差意也。云'博立枭棋'者，谓博戏时，立一子於中央，谓之枭棋。云'为菑'，亦是树立为菑之义也。"①

"菑，侧吏反"，此文引自《经典释文》卷七《毛诗音义下》，其文载："菑，侧吏反。"②

黄侃在赌博馆看见博彩，所以回来考证"采"字。

3. 1922 年 2 月 6 日　第 44 页

周官萍氏注："备波洋卒至沉溺也。"

侃案："洋"应该是"漾"字。

案：此文引自《周礼·秋官·萍氏》，其文载：（萍氏）"掌国之水禁、几酒、谨酒，禁川游者。"汉郑玄注："水禁谓水中害人之处及入水捕鱼鳖不时；苛察沽买过多及非时者；使民节用酒也；备波洋卒至沉溺也。"③引文意为：禁止游泳是为了防止人溺死。

① （清）阮元：《十三经注疏》，中华书局 1980 年影印版，第 908 页。
② （唐）陆德明：《经典释文》，中华书局 1983 年版，第 92 页。
③ （清）阮元：《十三经注疏》，中华书局 1980 年影印版，第 885 页。

黄侃认为“洋”应该是“漾”字。

4. 1922 年 4 月 12 日 第 145 页

礼表记注：唯当为虽。少仪注：虽或为唯。

侃案：虽然之虽与古唯通。往以为雉字之借，以虽有纵义也，今晨思说文有豙字，从意也。从八豕声。凡遂、肆、虽诸字皆以是为本字。凡言虽然者，犹言从其如此耳。左传言从其有皮，亦谓虽其有皮耳。唐宋人诗用从字，如从教之类，正与左传从字同。纵又从字通也（纵，一曰舍也。引申为纵放）。

案：以上引文作如下整理：

（1）“唯当为虽”句，引自《礼记·表记》，其经文载：“子曰：‘唯天子受命于天，士受命于君。言皆有所受，不敢专也。’”注曰：“唯天子，唯音虽，出注。”①

（2）“虽或为唯”，引自《礼记·少仪》，其文载：“虽有君赐肃拜”，郑注：“虽或为唯。”②

5. 1922 年 4 月 28 日 第 154 页

记曰：“教学相长。”

侃案：今之诸生初无能质正疑难者，余不敢以其不质正而随废所以待问也。

案：此文引自《礼记·学记》，其文载：“是故学然后知不足，教然后知困。知不足然后能自反也，知困然后能自强也。故曰教学相长也。”③

此句反映了黄侃谨慎的教学态度。

① （清）阮元：《十三经注疏》，中华书局 1980 年影印版，第 1643 页。
② （清）阮元：《十三经注疏》，中华书局 1980 年影印版，第 1513 页。
③ （清）阮元：《十三经注疏》，中华书局 1980 年影印版，第 1521 页。

6. 1929 年 9 月 14 日 第 574 页

礼记王制疏引郑君释废病云："孔子虽有圣德，不敢显然改先王之法，以教授于世，若其所欲改，具阴书于纬藏之，以传后王。"诗大雅生民疏引郑志云："天下之事，以前验后，其不可合者，何可悉信？是故，悉信亦非，不信亦非。"

案：以上引文作如下整理：

(1)"孔子虽有圣德，不敢显然改先王之法，以教授于世，若其所欲改，具阴书于纬藏之，以传后王。"此句引自《礼记·王制》孔颖达的注释部分，其文载："自孔子虽有圣德，不敢显然改先王之法，以教授于世。若其所欲改，其阴书于纬，藏之以传后王。"①

(2)"天下之事，以前验后，其不可合者，何可悉信？是故，悉信亦非，不信亦非。"此句引自《诗·大雅·生民》郑注部分，其文载："天下之事，以前验后，其不可合者，何可悉信？是故，悉信亦非，不信亦非。"②

7. 1931 年 2 月 25 日 第 685 页

周礼地官遗人："市有候馆。"注："候馆，楼可以观望者也。"国语周语："疆有寓望。"盖即"候馆"。又，司市先郑注："次，市中候楼也。"

案：以上引文作如下整理：

(1)"市有候馆。"注："候馆，楼可以观望者也。"此文引自《周礼·地官·遗人》，其经文曰："五十里有市，市有候馆，候馆有积。"注曰："候馆，楼可以观望者也。"③

---

① (清)阮元：《十三经注疏》，中华书局 1980 年影印版，第 1333 页。
② (清)阮元：《十三经注疏》，中华书局 1980 年影印版，第 529 页。
③ (清)阮元：《十三经注疏》，中华书局 1980 年影印版，第 728 页。

(2)“疆有寓望。”盖即“候馆”。此文引自《国语》卷二之《周语中》，其文载：“国有郊牧，疆有寓望，薮有圃草，囿有林池，所以御灾也。”韦昭注曰：“疆，境也。境界之上，有寄寓之舍、候望之人也。”①

(3)“次，市中候楼也。”此文引自《周礼·地官·司市》，其经文载：“上旌于思次以令市。”郑司农注曰：“次，市中候楼也。”②

8. 1932 年 4 月 7 日 第 790 页

曲礼上：“礼不讳嫌名。”注“嫌名，谓音声相近，若禹与雨、丘与区也。”释文：“禹与雨并与矩反，一读雨音于许反。丘与区并去求反，一读区音羌虬反，又丘于反。”

案：以上引文作如下整理：

(1)此文引自《礼记·曲礼上》，其文载“礼不讳嫌名，二名不偏讳。”郑玄注曰：“嫌名，谓音声相近，若禹与雨、丘与区也。”③引文意为：臣子避讳君父名讳时，不避讳音近字。

(2)“禹与雨并与矩反，一读雨音于许反。丘与区并去求反，一读区音羌虬反，又丘于反。”此文引自《经典释文》卷十一之《礼记音义》，其文载：“禹与雨，并与矩反，一读雨，音于许反。丘与区，并去求反，一读区，音羌虬反，又丘于反。”④

黄侃引此文是为了查“禹与雨”“丘与区”在《经典释文》中的音。

9. 1932 年 4 月 21 日 第 795 页

曾子问注：“敦，设于西北隅。”释文：“敦，一音东敦反。”

---

① (春秋)左丘明撰，(三国)韦昭注：《国语》，商务印书馆 1935 年版，第 23 页。

② (清)阮元：《十三经注疏》，中华书局 1980 年影印版，第 734 页。

③ (清)阮元：《十三经注疏》，中华书局 1980 年影印版，第 1251 页。

④ (唐)陆德明：《经典释文》，中华书局 1983 年版，第 165 页。

案："敦，设于西北隅"句，引自《仪礼·有司》之郑注，其文载："尸谡之后，彻荐、俎、敦，设于西北隅，是阳厌也。"①引文意为：敦，设置在家的西北方向。

"敦，一音东敦反。"此文引自《经典释文》卷十二之《仪礼音译》，其文载："敦，一音东敦反。"②

黄侃引此文是查"敦"在《说文解字》中的注音。

10. 1932年4月27日　第795~796页

(1)郊特牲注"诸侯祀五庙，于曾祖以上，称曾孙而已"。

侃案：此齐衰三月章有曾祖父母之故。

案：此文引自《周礼·郊特牲》，其经文载："曾孙某，谓国家也。"正义曰："谓诸侯事五庙也，于曾祖以上，称曾孙而已。"③

(2)礼器记蘧伯玉曰："君子之人达，故观其器知其工之巧；观其发而知其人之知。故曰：君子慎其所以与人者。"

侃案：注及疏皆认为"君子之人达"五字为蘧伯玉的言语，后面是后世人总结之语，黄侃认为这种说法是错误的，而是"君子以下卅五字，皆蘧伯玉之言，引之以证成上文"。④

案：此文出自《礼记·礼器》，其文载："君子之人达，故观其器知其工之巧；观其发而知其人之知。故曰：君子慎其所以与人者。"⑤意为：君子是否明达可以通过观察其用的礼器跟送他人的东西来判断，因此赠送他

① (清)阮元：《十三经注疏》，中华书局1980年影印版，第1215页。
② (唐)陆德明：《经典释文》，中华书局1983年版，第180页。
③ (清)阮元：《十三经注疏》，中华书局1980年影印版，第1457页。
④ 黄侃著，黄延祖重辑：《黄侃日记》，中华书局2007年版，第796页。
⑤ (清)阮元：《十三经注疏》，中华书局1980年影印版，第1441页。

人器物一定要谨慎。

11. 1932 年 5 月 1 日　第 797~798 页

少仪“不旁狎”。注曰：“妄相服习，终或争讼。”

案：此文出自《礼记·少仪》，其文载：“不旁狎。”注曰：“妄相服习，终或争讼。”①意为：不可以轻易与人嬉戏，这样可能导致诉讼案件。

12. 1932 年 5 月 3 日　第 798 页

乐记正义讥崔氏、皇氏背经违注曲为杂说，言及于数，非关义理，又无明文。又讥崔氏浮虚，体例不等，上下混杂。

案：此两句间接引自《礼记·乐记》孔颖达疏的部分。②

前句经文为：“鼓鼙之声讙，讙以立动，动以进众。君子听鼓鼙之声，则思将帅之臣。闻讙器，则人意动作。讙或为欢，动或为勋。”孔疏曰：“是声能感动于人也。如郑此言，则五者之器，皆据其声。声各不同，立事有异，事随声起，是声能立事也。皇氏用崔氏之说，云‘钟声为兑，石声为乾，丝声为离，竹声为震，鼓鞞为坎’，妄取五方之义，弃其五器之声，背经违注，曲为杂说。言及于数，非关义理，又无明文，今并略而不用也。”孔氏认为皇氏、催氏的注解违背了经本意，没有义理，因而不用。

后句经文为：“君子之听音，非听其铿枪而已也，彼亦有所合之也。”孔疏曰：“崔氏云：‘但释五音。八卦属四方四维之音，所以皆应，与四方同。所以应同者，四维处四方之间，四方皆五行相生……乾为天，坤为地。天既不属人，坤所以不别出者，为坤卑故也。’今按：崔氏此说浮虚，体例不等，上下混杂，记人之意，不应如此。”孔氏认为崔氏的说法不切实

① （清）阮元：《十三经注疏》，中华书局 1980 年影印版，第 1512 页。
② （清）阮元：《十三经注疏》，中华书局 1980 年影印版，第 1514 页。

际，过于虚夸，混杂了个人之意。

13. 1932 年 5 月 9 日　第 801 页

(1)“将欲发言能豫前思定，然后出口，则言得流行，不有踬蹶。”

案：此文引自《礼记·中庸》，其文载：“言前定则不跲。”孔氏疏曰：“将欲发言能豫前思定，然后出口，则言得流行，不有踬蹶。”①意为：说话前仔细准备就不会理屈词穷站不住脚。

(2)“不考文”，亦不得考成文章、书籍之名也。

案：此文引自《礼记·中庸》，其文载：“非天子不议礼，不制度，不考文。”②

黄侃认为，不考文的意思是不考证书籍、文章的名字，这涉及目录学内容。

(3)“殷民之蔽，荡而不静。”注曰：“以本怢于鬼神虚无之事，令其心放荡无所定。”

案：此文引自《礼记·表记》，其文载：“其民之敝，荡而不静，胜而无耻。”③意为：殷商人的弊端在于放荡而没有廉耻之心。

引文中的“殷”“蔽”与原文略有出入。

(4)“大鸟姜姜于上，小鸟贲贲于下。”

案：此文出自《礼记·表记》，其文载：“大鸟姜姜于上，小鸟贲贲于

① (清)阮元:《十三经注疏》，中华书局 1980 年影印版，第 1630 页

② (清)阮元:《十三经注疏》，中华书局 1980 年影印版，第 1634 页。

③ (清)阮元:《十三经注疏》，中华书局 1980 年影印版，第 1642 页。

下。”郑注曰：“言我以恶人为君亦使我恶，如大鸟姜姜于上，小鸟贲贲于下。”①意为：大鸟在天上飞翔，小鸟也会跟着大鸟飞翔，就如同国君是恶人，那么臣民也会变成恶人。

(5)《缁衣》：“言有物而行有格。”注曰：“物谓事验，格，旧法也。”

案：此文引自《礼记·缁衣》，其文载：“言有物而行有格也。”②意为：说话实在，办事有规矩。

引文与原文略有差别。

五、“春秋三传”

黄侃于 1928 年 8 月 27 日至 10 月 24 日，阅并点《公羊》《穀梁》，与宋孙觉《春秋经解》参看，且与《经典释文》中有关“三传”的音义对看；1931 年 12 月 22 日至 1932 年 4 月 3 日，朱点、墨点《左传》和《公羊》。

引文

1. 1922 年 2 月 5 日　第 83 页

昭四年“楚沈尹射奔命于夏汭”，注：“汉水曲入江，今夏口也。”夏水注作夏口。

案：此句出自《左传·昭公四年》③。引此文侧重与《荆州记》《水经注》中有关“夏口”的解释相比较。

---

① (清)阮元：《十三经注疏》，中华书局 1980 年影印版，第 1643 页。
② (清)阮元：《十三经注疏》，中华书局 1980 年影印版，第 1650 页。
③ (清)阮元：《十三经注疏》，中华书局 1980 年影印版，第 2036 页。

2. 1928 年 10 月 5 日　第 474 页

穀梁传注：“肠汙泡”。

侃案：汙泡即溺脬也。

案：此句出自《穀梁传・桓公元年至七年》范宁注，其文载：“下杀中肠污泡，死最迟”①，与引文“肠汙泡”不同。

黄侃对“污泡”进行解释，认为是膀胱。

3. 1932 年 1 月 16 日　第 767 页

左传襄公廿六：子产曰：“夫小人之性，衅于勇，啬于祸。以足其性而求名焉者，非国家之利也。”今观此言，则陈友仁是，马占山非矣。

案：此句出自《左传・襄公廿六》，其文载：“子产曰：‘夫小人之性，衅于勇，啬于祸。以足其性而求名焉者，非国家之利也。’”②意为：小人的本性是想表现勇气，挑起祸端，以满足其出名的欲望，这对国家没有好处。

黄侃认为陈友仁处理国事的建议正确，而马占山不过是在求名。

4. 1932 年 1 月 23 日　第 768 页

史皇谓子常“安求其事，难而逃之，将何所入？子必死之。初罪必尽说”。

案：此句出自《左传・定公四年》，其文载：“史皇谓子常‘安求其事，难而逃之，将何所入？子必死之。初罪必尽说。’”③此语背景为：吴国攻

① （清）阮元：《十三经注疏》，中华书局 1980 年影印版，第 2374 页。
② （清）阮元：《十三经注疏》，中华书局 1980 年影印版，第 1192 页。
③ （清）阮元：《十三经注疏》，中华书局 1980 年影印版，第 2036 页。

打楚国，子常认为吴国难以战胜而打算撤退，勝史皇而说此话。意为：你不可以在国家有难的时候逃走，你必须战斗到死，只有这样才可以澄清当年别人说你私通吴国的谣言。

5. 1933 年 5 月 23 日　第 900 页

左传曰："城下之盟，有以国毙，不能从也。"

侃案：古与今异，故其言云尔。

案：此文引自《左传·宣公十五年》，背景为：楚庄王派人长期包围宋国都城，逼迫其投降，宋君派人告诉楚将子反"非我无信，女则弃之，速则尔刑。虽然。城下之盟，有以国毙，不能从也。去我三十里，唯命是听"①。意为：兵临城下签订条约，即使国家毁灭，也不会答应。

黄侃于 5 月 22 日晚听说中国政府向日本求和之事②，并于 23 日重读"靖康之变"，内心悲愤而写下此语。

六、《论语注疏》

黄侃于 1928 年 10 月 2 日至 26 日间，钞《论语》，并参看皇侃疏及陆德明《经典释文·论语音义》；1931 年 11 月 17、18 日，分别用朱笔、青笔点经文部分。

引文

1922 年 1 月 21 日　第 57 页

"多闻阙疑，慎言其余。"

侃案：心即不疑，而犹慎之，其斯以为上慎哉！

① （清）阮元：《十三经注疏》，中华书局 1980 年影印版，第 1887 页。

② 黄侃著，黄延祖重辑：《黄侃日记》，中华书局 2007 年版，第 900 页。

案：此文引自《论语·为政》，其文载："多闻阙疑，慎言其余，则寡尤；多见阙殆，慎行其余，则寡悔。言寡尤，行寡悔，禄在其中矣。"①

七、《尔雅注疏》

黄侃于1928年5月31日至11月14日，略翻清严元照的《尔雅匡名》，钞阮刻本《尔雅》，并与《经典释文·尔雅音义》对看；1929年3月7日至11日，看《尔雅新义》；1931年6月10日至26日，重温阮刻本《尔雅》。

引文

1. 1928年10月5日　第473页

(1)《尔雅》之"菟蘸，豕首也"。郭注云："江东呼豨首，可以烛蚕蛹。"

案：此文引自《尔雅·释草》，其文载："菟蘸，豕首。"疏云："今江东呼豨首，可以烛蚕蛹。"②

黄侃认为今人作为食物吃的蚕蛹，并没有听说它还有"豨首"这样一个名字。

(2)尔雅释草"出队，遽蔬"注曰"生菰草中"。

案：此文引自《尔雅·释草》，其文载："出队，遽蔬"疏云："邃蔬似土菌生菰草中。"③

黄侃认为：现今菌即为菰子。

① （清）阮元：《十三经注疏》，中华书局1980年影印版，第2462页。
② （清）阮元：《十三经注疏》，中华书局1980年影印版，第2626页。
③ （清）阮元：《十三经注疏》，中华书局1980年影印版，第2627页。

第二节 《黄侃日记》引小学文献考

黄侃除了重视“十三经”的阅读、点校外，也重视其他经部文献阅读，尤其是小学部分，《方言》《说文解字》《广雅》《经典释文》《一切经音义》《通俗编》《恒言录》都是他常读之书。黄侃对于这些书，有的是词句引用、考证；有的则是全文、全书钞录。

一、《方言》

《方言》全称为《輶轩使者绝代语释别国方言》，简称《方言》，西汉扬雄撰。这是我国最早的一部方言著作。今存13卷，共六百六十九条，一万一千九百多字，其中一部分为汉、魏学者所增。全书基本上是按内容分类编排的，释词一般是先列举一些不同方言的同义词，然后用一个通行地区广泛的词来加以解释，以下大都还要说明某词属于某地方言。也有时先提出一个通名，然后说明在不同方言中的不同名称。

引文

1922年1月23日　第59页

方言十：“湘潭之原、荆之南鄙，谓何为曾。”

侃案：今俗语谓何为怎，唐人作争字，实当作曾。

案：此文引自《方言》十，其文载：“曾，訾何也。湘潭之原、荆之南鄙，谓何为曾或谓之訾，若中夏言何为也。”①

二、《说文解字》

黄侃于1922年1月22日至4月18日，详细阅读、校勘《说文解字》，

① （汉）扬雄撰，（晋）郭璞注：《方言》，商务印书馆1935年版，第87页。

并给黄念容讲解此书；1928 年 5 月，再次翻阅此书。

案：《说文解字》由汉许慎撰。全书收录九千三百五十三个篆文，归纳为五百四十部，分为十四篇，加末叙一篇，凡十五卷。这是我国第一部以六书理论系统地分析字形、解释字义的字典，是中国语言史上的一部巨著。历史上有不少人给此书作过注，但清代段玉裁的注本尤为出名，段注本被小学家王念孙推为“千七百年来无此作矣”①。

引文

1. 1922 年 1 月 30 日　第 70 页

说文：“鼷，水虫也。薉貉之民食之。”

侃案：䵷鼷属，头有两角，出辽东。今奉天、吉林有哈士马者，形如鼃，而后足特长，头骨隆起如角。然曝干以致远方，剖腹取其脂，黄白如牛胶，以水浸之，良久倍其故，白如帛。和蔗糖煮食，略有腥气，房中家食之，即䵷鼷也。哈士马，盖女真语读蛤蟆不正而为此，汉人又效女真语也。

案：此文引自《说文解字·黽部》，其文载：“鼷，水虫也。薉貉之民食之。从黽奚声。”②

黄侃认为鼷为今人所食的蛤蟆。

2. 1933 年 12 月 25 日　第 948 页

说文臾曳连言，而娄有喉音，与臾同部。然则诗之“弗曳弗娄”，犹言“弗曳弗臾”耳。连文而分言，诗多之矣。

① （汉）许慎撰，（清）段玉裁注：《说文解字注》序，上海古籍出版社 1981 年版。
② （汉）许慎撰，（清）段玉裁注：《说文解字注》，上海古籍出版社 1981 年版，第 679 页。

案：此文引自《说文解字·申部》："臾，束缚捽抴爲臾曳。"①"曳，臾曳也。"②

黄侃认为臾、曳二字连言。

三、《广雅》

1922年1月22日 第58页

篆无猫字，以苗为之。然今家畜之猫，即狸之转声。广雅释兽曰："狸，猫也。"方言："貔，关西谓之狸。"字林："狸，伏兽，似貙。"周礼射人："狸步。"注："狸，善搏者也。行则止而拟度焉，其发必获。"仪礼大射仪注："狸之伺物，每举足则止，视远，为发必中也。"

侃案：目验今猫捕物皆然，固知猫由狸驯扰。今语直以家畜者为猫，而别称狸为野猫云。

案：以上引文作如下整理：

（1）"广雅释兽曰：'狸，猫也。'"此文引自《广雅·释兽》，其文载："狸，猫也。"③

（2）"方言：'貔，关西谓之狸。'"此文引自《方言》卷八，其文载："貔，关西谓之狸。"④

（3）"字林：'狸，伏兽，似貙。'"此文引自《字林·豸部》，其文载：

① （汉）许慎撰，（清）段玉裁注：《说文解字注》，上海古籍出版社1981年版，第747页。

② （汉）许慎撰，（清）段玉裁注：《说文解字注》，上海古籍出版社1981年版，第747页。

③ （魏）张揖撰，（清）王念孙疏证：《广雅疏证》，商务印书馆1929年版，第1460页。

④ （汉）扬雄撰，（晋）郭璞注：《方言》，商务印书馆1935年版，第73页。

“狸，伏兽，似貙。”①

(4)“周礼射人：‘狸步。’注：‘狸，善搏者也。行则止而拟度焉，其发必获。’”此文引自《周礼·夏官·射人》篇，其经文载：“若王大射，则以狸步张三侯。”注曰：“狸，善搏者也。行则止而拟度焉，其发必获。”②

(5)“仪礼大射注：‘狸之伺物，每举足则止，视远，为发必中也。’”此文引自《仪礼·大射》注文，其文载：“狸之伺物，每举足则止，视远，为发必中也。”③

黄侃经过观察猫捕食的敏捷动作，认为猫与狸的属科密切相关。

四、《经典释文》

黄侃于1928年6月12日至9月23日校、钞及考证唐陆元朗的《经典释文》，工作未做完；1931年5月5日至11月17日继续校、钞此书并青笔、墨笔点此书。

案：陆元朗，生于梁大宝元年(550年)，卒于贞观三年(630年)，字德明，苏州吴县人。其早年受业于齐名士周弘正。后在南朝陈任国子助教。陈灭亡后，陆德明归于乡里。隋炀帝继位，以陆德明为秘书学士。唐时其被秦王李世民召为文学馆学士，教中山王李承乾经典，任太学博士。转国子博士，封吴县男。事详见《旧唐书·列传》第一百三十九卷及《新唐书·列传》第一百二十三卷《儒学上·陆德明传》。《经典释文》约成书于唐初④，在清代有徐乾学的《通志堂经解》本和卢文弨的抱经堂本，这两个刻本同出于明末叶林宗的影钞，而叶氏影钞是以钱谦益的绛云楼所藏宋本移写。徐本既出，清代大儒惠东、段玉裁、臧镛堂、顾千里等都对徐本作过校勘，“孙星衍、钮树玉、袁廷梼、陈奂、王筠辈等兼及宋刻诸经传，并

① (晋)吕忱撰，(清)任大椿辑：《字林考逸》卷五，江苏广陵古籍刻印社1897年版，第17页。

② (清)阮元：《十三经注疏》，中华书局1980年影印版，第856页。

③ (清)阮元：《十三经注疏》，中华书局1980年影印版，第1028页。

④ 孙玉文：《〈经典释文〉成书年代新考》，《中国语文》1998年第4期。

多所改正，徐本勘误和改正的字很多”①。现通行本为中华书局 1983 年本，该书以清内府所藏的宋本为底本，更接近其书原貌，其底本清诸大儒并未见。②

该书为解释儒家经典文字音义之书。全书具体内容为：《周易》一卷、《古文尚书》二卷、《毛诗》三卷、《周礼》二卷、《仪礼》一卷、《礼记》四卷、《春秋左氏传》六卷、《公羊传》一卷、《穀梁传》一卷、《孝经》一卷、《论语》一卷、《老子》一卷、《庄子》三卷、《尔雅》二卷及卷首，凡三十卷。此书保存了许多唐前的音读，为后人研究唐前声音变迁作出了十分重要的贡献。③

引文

1928 年 6 月 18 日　第 313~314 页

竟日以校勘记与卢本毛诗音义对看，讫，复以朱笔作志于所摘传笺字左，俾不与经相混。陆君条例故云："墨书经本，朱字辩注"矣。

案：此文引自《经典释文》序文。其文载："墨书经本，朱字辩注。"④

五、《一切经音义》

黄侃于 1928 年 9 月 9 日略翻慧琳的《一切经音义》。

案：慧琳，生于唐玄宗开元二十四年(736 年)，卒于元和十五年(820 年)，俗姓裴，疏勒国人，即为今新疆之喀什噶尔地区。⑤ 慧琳"师事不空三藏，内持密藏，印度声明，支那训诂，无不精奥"⑥。事详见于《宋高僧

① (唐)陆德明：《经典释文》，中华书局 1983 年版，第 4 页。
② (唐)陆德明：《经典释文》，中华书局 1983 年版，第 4 页。
③ (唐)陆德明：《经典释文》，中华书局 1983 年版，第 3 页。
④ (唐)陆德明：《经典释文》序，中华书局 1983 年版。
⑤ 陈垣：《中国佛教史籍概论》，中华书局 1962 年版，第 69 页。
⑥ (宋)赞宁：《宋高僧传》，中华书局 1987 年版，第 108 页。

传》卷五。

此书在《宋高僧传》中称作“大藏音义”。① 有关《一切经音义》1924年以前的版本、流变，陈垣先生在《中国佛家史籍概论》中有详细论述：元和二年(807年)成书，元和三年献给皇上入存并小规模刊印；公元880年黄巢入长安，《慧琳音义》存京师者亡佚，民间有少数流传；《宋高僧传》成书的年代，即公元988年，此时该书在中国已全部亡佚，但有本流入高丽与日本；清光绪初年，中国使者从日本舶来此书。1921年频伽精舍据日本狮谷白莲社本复印《慧琳音义》；1924年丁福保在频氏底本基础上进行广泛考订，刊行《正续一切经音义》，并撰《重刊正续一切经音义序》。② 1986年，上海古籍出版社根据日频氏本影印《正续一切经音义》。这是到目前为止最易见到且方便使用的本子。1984年，《中华大藏经》收录的《慧琳音义》，以丽藏本(宋时传朝鲜的本子)，与频氏本略有出入，难分上下。③ 该书是佛经音义的集大成之作，全书一百卷，引《字林》《声类》《字统》等诸经杂史，对佛家书籍进行音义。④ 其书价值，“自贵不待言”⑤。

引文

1. 1928年9月9日　第471页

一切经音义引说文“秘书说日月为易”。

案：此文引自慧琳《一切经音义》第六，其文载“无易，《说文》贾秘书说日月为易字”⑥。

---

① (宋)赞宁：《宋高僧传》，中华书局1987年版，第108页。
② 陈垣：《中国佛教史籍概论》，中华书局1962年版，第70~72页。
③ 姚永铭：《慧琳〈一切经音义〉研究》，江苏古籍出版社2003年版，第4页。
④ (宋)赞宁：《宋高僧传》，中华书局1987年版，第108页。
⑤ 陈垣：《中国佛教史籍概论》，中华书局1962年版，第68页。
⑥ (唐)释慧琳、(辽)释希麟：《正续一切经音义》，上海古籍出版社1986年版，第225页。

近人丁福保认为当作“贾秘书说”，认为“秘书”是贾逵的官职，朋友胡小石将丁氏说法告诉黄侃。黄侃认为此种说法有误，贾逵活跃于汉明帝时期，而“秘书”的职位设置于东汉末桓帝时，进而认为“贾逵校《秘书》，而秘书不得为官称”①，推论出丁氏说法有误。

2. 1929 年 4 月 14 日　第 542 页

慧琳音六十七之七页“刀鞘”(江南音啸，关中音笑)。

侃案：此唐时萧、宵不同读之确证，等韵家合而一之，不可以说唐韵。

案：此文引自慧琳《一切经音义》卷六十七，其文载：“削关东谓之削，关西谓之鞞，音饼，说文刀鞞也，江南音啸，关中音笑。”②

六、《通俗编》

黄侃于 1922 年 9 月 27 日至 1922 年 10 月 24 日，详阅清翟灏撰的《通俗编》，并且详细钞录该书中三十八种类别里有关诗词的部分。

案：翟灏，卒于 1788 年，字大川，亦仁和人。翟灏是乾隆十九年进士，《清史》记载其主要著作有《尔雅补郭》二卷、《四书考异》七十二卷、《家语发覆》《通俗篇》《湖山便览》《无不宜斋诗文藁》等书，这些书“皆贯串精审，为世所推”③。《清史・儒林二》有其小传。

《通俗编》采摭汉语中的俗语、方言(包括词、词组、基本词汇和成语)分为天文、地理、时序、伦常、仕进、政治、文学、武功、仪节、祝诵、品目、行事、交际、境遇、性情、身体、言笑、称谓、神鬼、释道、艺术、妇女、货财、居处、服饰、器用、饮食、兽畜、禽鱼、草木、俳优、

① 黄侃著，黄延祖重辑：《黄侃日记》，中华书局 2007 年版，第 471 页。

② (唐)释慧琳撰，(辽)释希麟：《正续一切经音义》，上海古籍出版社 1986 版，第 2681 页。

③ 赵尔巽等：《清史稿》，中华书局 1977 年版，第 13294 页。

数目、语辞、状貌、声音、单字、故事、识馀，三十八类，每类一卷，凡三十八卷，计五千四百五十六条。“每条之下，皆考辨语义，探索源流，征引颇为详赡。”①其书举出例子，指明出处，通过考证解释意义，探索考察了所收词语的语源和演变，为后人研究汉语词汇史和汉语语源作出了重要贡献，“对于民间风俗、名物制度等的研究也很有参考价值”②。

关于该书版本，杭州师范大学教授颜春峰在其论文《〈通俗编〉版本考略》中有详细考证：分为无不宜斋本和《函海》本两种，其中无不宜斋刻本三十八卷，武林竹简斋藏版，前有乾隆十六年(1751年)周天度序；《函海》本《通俗编》则有十五卷、二十五卷的不同。1935年商务印书馆《丛书集成初编》出版的《通俗编》采用的是《函海》本，该书卷数不全、条例不是很清晰，应是未定之本；1958年及续修四库均以“无不宜斋”本为底本。

黄侃将此书诗词部分全部钞录了下来。经过笔者详细比对，黄侃引文来自“无不宜斋”本。

七、《恒言录》

黄侃于1922年9月22日、23日，详读清钱大昕的《恒言录》，并钞录。

案：钱大昕(1728—1804)，字晓徵，嘉定人。“大昕幼慧，善读书”，其学术贯通中西法，早年以文章著名，中晚年在历史学、方志学、经学、语言文字学、文献学、金石学、天文历法等方面都卓有成就。代表作有《唐石经考异》一卷、《经典文字考异》一卷、《廿二史考异》一百卷、《唐书史臣表》一卷、《唐五代学士年表》二卷、《宋学士年表》一卷、《元史氏族表》三卷、《元史艺文志》四卷、《三史拾遗》五卷、《诸史拾遗》五卷、《通鉴注辨证》三卷、《四史朔闰考》四卷、《潜揅堂文集》五十卷、《潜揅堂诗集》二十卷、《潜揅堂金石文跋尾》二十五卷、《养新录》二十三卷、《恒言录》六卷等

① (清)翟灏：《通俗编》，商务印书馆1958年版，第1页。

② 颜春峰：《〈通俗编〉版本考略》，《语言研究》2012年第10期。

书。《清儒学案》卷八十三及《清史·列传》卷二百六十八有其略传。①

《恒言录》为清代研究俗语的著作。目前由以下三个版本：一是嘉庆十年(1805)的阮元初刻本，收入《文选楼丛书》，1935年商务印书馆的《丛书集成初编》即以此为底本进行刊印；二是光绪十年长沙龙氏的阮本移刻本，收入《潜孳堂丛书》；三是1958年商务印书馆根据阮本重排校订本，跟清陈鳣的《恒言广证》一起出版，收入"丛书集成初编"。通行版本为江苏古籍出版社1997年出版，由陈文和点校的《嘉定钱大昕全集》。《恒言录》在首版时，即带有阮元嗣子阮常生和学生张鉴所作注释，所以以后历次出版均有此二人注。

全书解释词语七百五十一个、熟语一百五十三条，凡六卷。该书分为吉语类、人身类、交际类、毁誉类、常语类、单字类、叠字类、亲属称谓类、仕宦类、选举类、法禁类、货财类、俗仪类、居处器用类、饮食衣服类、文翰类、方术类、成语类和俗谚有出类，共计十九类。每一条注明出处，还引用经、史、诗文内容加以阐释。

笔者经过比对发现，上述三个版本内容一致，并无明显区别。

黄侃在1922年9月22日、23日，重点钞录《恒言录》中所采的唐、宋人诗。

黄侃凡钞录唐宋人诗凡120条，其中指出注释不正确处一条。

引文

钱大昕曰引文曰："一色杏花三十里，新郎君去马如飞。"阮常生注曰：苏和仲诗也。张鉴案曰：一作苏子瞻《送张师厚赴殿试诗》。

侃案：苏和仲即为苏轼。

案：此处黄侃指出张鉴不知苏和仲为苏轼，犯了常识性错误。

---

① 赵尔巽等：《清史稿》，中华书局1977年版，第13193页。

第二章 《黄侃日记》引史部文献考

黄侃除了重视经学、小学学习外，对史部文献也十分重视，无论是二十五部正史，还是编年史、别史、传记、载记、地理等皆有所涉猎，但对每类文献重视程度不同：对于有的史书，黄侃对其正文、注释逐字逐句推敲，如《史记》《汉书》；有的则是大致翻阅，如《明史》《清史稿》等正史；有的则是有选择地看一部分，如《越绝书》《马氏南唐书》《陆氏南唐书》等。本章就其所引史部文献进行详细考证。

第一节 《黄侃日记》引《史记》《汉书》考

黄侃高足徐复在其《师门忆往》中书言，黄侃给学生列出二十五本必读书目，为学生治学规范。其中《史记》《汉书》被黄侃着重强调。① 黄侃要求学生重视《史记》《汉书》二书，其实他对二书也很重视，常将两书相同内容进行比较，并对正文、注文进行仔细推敲。

一、《史记》

黄侃于 1925 年 2 月 14 日至 2 月 22 日，阅、点汉司马迁撰的《史记》，并且每天记录当天所读之标题。

---

① 徐复：《师门忆往》，见武汉老龄科学研究院、武汉成才大学编《黄侃纪念文集》，湖北人民出版社 1989 年版，第 4 页。

引文

1. 1922年2月4日 第82~83页

“织皮西倾，因桓是日来。”马曰：“治西倾山因桓水是来，言无余道也。”王肃同。见桓水注引孔氏曰：“西倾，山名。桓水，自西倾山南行，因桓水是来浮于潜。”

侃案：以桓为桓水始于马季长，而桓水出蜀郡蜀山(即岷山)西南，行羌中入南海(汉书地理志)，去西倾既远，又无缘可浮于潜。故郦道元云：岷山西倾具有桓水，以弥缝马义之隙，而西倾之桓水今竟无以实之。案文校义，必当从郑。其注曰(桓水注引)：“织皮，谓西戎之国也；西倾，雍州之山也。雍、戎二野之间人有事于京师者，道当由此州而来。桓是陇坂名，其道盘桓旋曲而上，故名曰桓，是。今其下民谓是坂，曲为盘也。”

织皮三国在西倾之西，西倾又在陇阪之西。西倾在今甘肃临潭县西南。陇山则跨今甘肃清水、笔亭、陕西陇县三县。由陇山而东则达于冀州矣。必言于梁州者，以西倾之南即梁州之域也。下文浮于潜，逾于沔，入于渭，乱于河，自是禹行之道，不关上文。江声创奇论，乃云织皮、西倾有事于京师，不必迂道南折而由梁也。且经于梁州言来，明是来于梁州，不悟织皮三国及西倾皆在梁州之北西北，陇山在梁州之东北。果来梁州，何必经陇乎！且经冀来者，恐谓织皮、西倾同于浮潜，逾沔，必别举之。梁非帝都，何必备记耶？所以记于梁者，正因西倾之南即梁之土耳。迂道来梁，皆所未安。郑不可驳。

案：对以上引文作以下整理：

(1)“织皮西倾，因桓是日来”句，引自《史记·夏本纪》，其文载：“贡璆、铁、银、镂、砮、磬，熊、罴、狐、貍、织皮。西倾因桓是来，浮于潜，踰于沔，入于渭，乱于河。”①

① (汉)司马迁撰，(刘宋)裴骃集解，(唐)司马贞索隐，张守节正义：《史记》，中华书局1956年版，第63~64页。

此文与中华书局本相较，少“日”字，且重辑本《日记》断句有误。

(2)“治西倾山因桓水是来，言无余道也。”此句引自《史记·夏本纪》“因桓是来”之注部分，其文载：“治西倾山因桓水是来，言无余道也。”①

(3)“西倾，山名。桓水，自西倾山南行，因桓水是来浮于潜。”此句引自《尚书·禹贡》，其文载：“西倾因桓是来，浮于潜，逾于沔。西倾，山名。桓水自西倾山南行，因桓水是来，浮于潜。”②

(4)“岷山西倾具有桓水，以弥缝马义之隙”，此句意引自《水经注》卷三十六之《桓水》部分，其文载：“桓水出蜀郡岷山，西南行羌中，入于南海。”③

黄侃引《尚书》《水经注》等相关内容考证“织皮”“桓”等相关内容。

> 2. 1928 年 9 月 9 日　第 471 页
>
> 史记作“能明驯德”。

案：此文引自《史记·五帝本纪》，其文载：“能明驯德，以亲九族。”④意为，尧帝能尊敬有善德的人，且能教化普通人，使同族和睦。

> 3. 1934 年 6 月 15 日　第 996 页
>
> 史记晋世家正义引夏后召孟。
>
> 侃案：未知何人，恐有讹字。

案：此文引自《史记·晋世家》张守节正义部分。正义其文载：“夏后

---

① (汉)司马迁撰，(刘宋)裴骃集解，(唐)司马贞索隐，张守节正义：《史记》，中华书局 1956 年版，第 64 页。

② (清)阮元：《十三经注疏》，中华书局 1980 年影印版，第 150 页。

③ (清)杨守敬、熊会贞：《水经注疏》，台湾中华书局 1971 年版，第 4285 页。

④ (汉)司马迁撰，(刘宋)裴骃集解，(唐)司马贞索隐，张守节正义：《史记》，中华书局 1956 年版，第 15 页。

召孟另封刘累之孙于大夏之墟为侯。”①意为，夏王召孟，另外封刘累的孙子到大夏故地为侯。

黄侃不知“夏后召孟”是何人，因而钞下存疑。

二、《汉书》

黄侃于1913年11月4日至20日，略读东汉班固的《汉书》；1921年11月16日至25日，继续读此书列传类，并加墨；1928年5月29日至6月7日，再读列传类；1928年12月27日至1929年2月27日，每日详读、点此书，钞每日所读篇目；1931年11月13日至1932年1月2日，再读此书；1932年11月17日至12月3日，黄侃将此书读完。

引文

1.1929年1月16日　第414页

苏林释汉书食货志“八岁入小学，学六甲五方书记之事”云：“五方之异书，如今秘书学外国书也。”

侃案：此说虽不为师古所取，而可以考见魏世秘书有学外国之事。

案：此文引自《汉书·食货志上》，其文载：“八岁入小学，学六甲五方书记之事。”颜师古对此注曰：“苏林曰：‘五方之异书，如今秘书学外国书也。’臣瓒曰：‘辨五方之名及书艺也。’师古曰：‘瓒说是也。’”②颜师古在解释“五方异同”之句时，赞同之语。

颜师古认为“五方之异书”不包括学习外国，但黄侃根据苏林的生活时间认为，魏时秘书已经开始学习外国之学。

---

① （汉）司马迁撰，（刘宋）裴骃集解，（唐）司马贞索隐，张守节正义：《史记》，中华书局1956年版，第1636页。

② （汉）班固撰，（唐）颜师古注：《汉书》，中华书局1964年版，第1122~1123页。

2. 1929 年 2 月 5 日　第 421~423 页

(1) 项籍传："轻重困辱秦卒。"与张骞传"轻重度汉兵远不能至，而禁其食物，以苦汉使"。

侃案：二"轻重"皆作今俗语"横竖"或"左右"解。

案："轻重困辱秦卒"句，引自《汉书·陈胜项籍传》，其文载："轻重折辱秦吏卒。"①意为，楚军故意找茬侮辱秦国投降的军人。"轻重度汉兵远不能至"句，引自《汉书·张骞传》，其文载："外国亦厌汉使人人有言轻重，度汉兵远，不能至，而禁其食物，以苦汉使。"②意为，外国人不喜欢汉朝使者，因而很多人说汉的坏话。

引文"折辱秦卒"与原文"折辱秦吏卒"略有差异。黄侃在此处将难读懂的古词语翻译为简单、易读的俗语。

(2) 萧何传：文无害。

侃案：笔下不错。

案：此文引自《汉书·萧何曹参传》，其文载："以文毋害为沛主吏掾。"③

(3) 季布传：计画无俚。

侃案：尤言主意靠不住。

案：此文引自《汉书·季布栾布传》，其文载："夫婢妾贱人，感慨而

① (汉)班固撰，(唐)颜师古注：《汉书》，中华书局 1964 年版，第 1807 页。
② (汉)班固撰，(唐)颜师古注：《汉书》，中华书局 1964 年版，第 2659 页。
③ (汉)班固撰，(唐)颜师古注：《汉书》，中华书局 1964 年版，第 2005 页。

自杀，非能勇也，其画无俚之至耳。”①意为，一些普通人为小节自杀的行为，并不是“勇”，而是很没有意义的。

引文“计画无俚”与原文“其画无俚”不同。

(4) 直不疑传：朝廷见人。

侃案：与汲黯传“见士亦此不附”。二“见”字皆读为“见在”之“见”，犹言“当时人”“当士人”也。

案：“朝廷见人”句，引自《汉书·万石卫直周张传》之《直不疑传》，其文载：“朝，廷见，人或毁不疑：‘不疑状貌甚美，然特无奈其善盗嫂何也？’”②意为，直不疑上朝，在庭上有人诋毁直不疑说：“长相太俊美，难怪与其嫂子通奸。”“见士亦此不附”句，引自《汉书·张冯汲郑传》，其文载：“合己善待之，不合者弗能忍见，士亦此不附。”③

(5) 江充传：及视鬼夜祠。

侃案：此亦胡巫所为，张、颜并误。意为，江充在祠堂见的情况实际上是胡巫所做，因而张晏、颜师古的注释不正确。

案：此文引自《汉书·蒯伍江息夫传》之《江充传》，其文载：“充将胡巫掘地求偶人，捕蛊及夜祠，视鬼，燃污令有处，则收捕验治，烧铁钳灼，强服之。”④

张晏对此注为：“充捕巫蛊及夜祠祭诅祝者，令胡巫视鬼，诈以酒辍地，令有处也。”⑤颜师古注为：“捕夜祠及伺鬼之人，而充遣巫污染地上，

① （汉）班固撰，（唐）颜师古注：《汉书》，中华书局1964年版，第1984页。
② （汉）班固撰，（唐）颜师古注：《汉书》，中华书局1964年版，第2202页。
③ （汉）班固撰，（唐）颜师古注：《汉书》，中华书局1964年版，第2202页。
④ （汉）班固撰，（唐）颜师古注：《汉书》，中华书局1964年版，第2202页。
⑤ （汉）班固撰，（唐）颜师古注：《汉书》，中华书局1964年版，第2178页。

为伺祭之处，以诬其人。”①

黄侃认为张晏、颜师古对《江充传》中“及视鬼夜祠”解释不正确。

(6)司马相如传：躬戚骿胝无胈，肤不生毛。

侃案：戚即膝之借，骿缘如注有此字，师古又为作音，以致窜入正文。此以“躬”字题下三事二句，与宣纪言“身足下有毛”以“身”字题目下事同。

案：前文引自《汉书·司马相如传下》。师古曰：“骿音步千反。胝足尸反。”②后文引自《汉书·宣帝纪》。原引文为：“身足下有毛，卧居数有光耀。”③意为，汉宣帝身体上、脚下有毛，睡觉时会发光。

黄侃当时所见书，师古的注文掺入了《汉书》正文，因此重点在此说明。

(7)使疏逖不闭曶爽，暗昧得耀乎光明。

侃案：爽字句，爽明为韵，曶爽、光明一也。

案：此文引自《汉书·司马相如传下》。引文为：“使疏逖不闭，曶爽暗昧得耀乎光明。”师古注：“曶爽，未明也。”④

黄侃认为颜师古将“曶爽”解释为“未明”不正确。

(8)张汤传：乾没与长安富贾田甲鱼翁叔之属交私。

侃案：乾没，不计成败而为之。今吾乡人言人妄行不择者，曰“泥裹一脚水裹一脚”，又曰：“干一脚湿一脚”，犹此语之遗矣。

① (汉)班固撰，(唐)颜师古注：《汉书》，中华书局1964年版，第2179页。
② (汉)班固撰，(唐)颜师古注：《汉书》，中华书局1964年版，第2585页。
③ (汉)班固撰，(唐)颜师古注：《汉书》，中华书局1964年版，第237页。
④ (汉)班固撰，(唐)颜师古注：《汉书》，中华书局1964年版，第2639页。

案：此文引自《汉书·张汤传》，其文载："始为小吏，乾没，与长安富贾田甲、鱼翁叔之属交私。"①服虔曰："乾没，射成败也。"如淳曰："豫居物以待之，得利为乾，失利为没。"师古曰："乾音干。"②

黄侃用今人语解释古书语，认为今语为古语之遗留。

(9)杜业传：无状子。

侃案：犹今言不成东西，或曰不成样子。

案：此文引自《汉书·杜业传》，其文载："后业坐法免官，复为函谷关都尉。会定陵侯长有罪，当就国，长舅红阳侯立与业书曰：'诚哀老姊垂白，随无状子出关，愿勿复用前事相侵。'"③意为，杜业为函谷关都尉，定陵侯淳于长有罪，其舅红阳侯给杜业写信望业放红阳侯出关，信内容是：姐姐年岁很大，还得跟随不孝子出关，希望放行。师古注："无状，尤言不孝。"④

无状，黄侃与颜师古意相同，均为不成器，不成样子。

(10)司马迁传：卒述陶唐以来，止于麟止。

侃案：陶唐以来，谓尚书也。麟止，谓春秋也。迁难言已卒述六经，故变其文，隐然以继春秋自居也。若解为其书自陶唐以来为始，则下云："自黄帝始"不可通矣。

案：此文引自《汉书·司马迁传》，其文载："卒述陶唐以来，至于麟止，自黄帝始。"⑤

① (汉)班固撰，(唐)颜师古注：《汉书》，中华书局1964年版，第2639页。
② (汉)班固撰，(唐)颜师古注：《汉书》，中华书局1964年版，第2639~2640页。
③ (汉)班固撰，(唐)颜师古注：《汉书》，中华书局1964年版，第2679页。
④ (汉)班固撰，(唐)颜师古注：《汉书》，中华书局1964年版，第2679页。
⑤ (汉)班固撰，(唐)颜师古注：《汉书》，中华书局1964年版，第2720页。

黄侃认为，“陶唐以来”指《尚书》，“麟止”指《春秋》，这是司马迁对“六经”的婉言，其实司马迁是以续《春秋》为己业。

3. 1929年2月6日 第423页

(1)张骞传：凿空。

侃案：即今云开路子也。

案：此文引自《汉书·张骞传》，其文载：“然骞凿空，诸侯使往者皆称博望侯，以为质于外国，外国由是信之。”①苏林曰：“凿，开也。空，通也。骞始开通西域道也。”师古曰：“空，孔也。犹言始凿其孔穴也。故此下言‘当空道’，而西域传谓‘孔道’也。”②

黄侃的“开路子”与苏林、师古之意思相同。

(2)朱买臣传：乞其夫钱。

侃案：北语予人曰给，其实即此字。

案：此文引自《汉书·张骞传》，其文载：“居一月，妻自经死，买臣乞其夫钱，令葬。”③意为，朱买臣衣锦还乡，其妻羞愧自尽，买臣给钱安葬其妻子。

黄侃用现在词“给”去解释《张骞传》中“买臣乞其夫钱”的“乞”字，认为现在北方人说的“给”，与此文中的“乞”意思相同。

(3)终军传：诗诵君德，乐舞君功，异经而同指。

侃案：明诗、乐各有经，云诗、乐同经非也。

---

① (汉)班固撰，(唐)颜师古注：《汉书》，中华书局1964年版，第2693页。

② (汉)班固撰，(唐)颜师古注：《汉书》，中华书局1964年版，第2693页。

③ (汉)班固撰，(唐)颜师古注：《汉书》，中华书局1964年版，第2693页。

案：此文引自《汉书·张骞传》，其文载："臣闻《诗》颂君德，《乐》舞后功，异经而同指，明盛德之所隆也。"①

黄侃认为由引文可推知诗、乐是独立成经，并不同经。

引文"乐舞君功"与原文"《乐》舞后功"略有差异。

(4)东方朔传：太公体行仁义七十有二乃设。

侃案：设字绝句，与下说绝为韵。

案：此文引自《汉书·东方朔传》，其文载："太公体行仁义，七十有二乃设用于文、武，得信厥说，封于齐，七百岁而不绝。"意为，姜子牙做仁义之事，七十二岁辅佐周文王、周武王，并让自己的主张得以实施，最终封为齐国侯，传国七百多年。

4. 1929年2月8日 第424~425页

(1)赵充国传：闻苦脚胫泄。

侃案：胫读为痉。

案：此文引自《汉书·赵充国辛庆忌传》之《赵充国传》，其文载："制诏后将军：闻苦脚胫、寒泄，将军年老加疾，一朝之变不可讳，朕甚忧之。"②意为，赵充国年老生病，皇帝给充国诏书说，听说其年老体病，十分担心。

黄侃认为，"胫"应读为"痉挛"之"痉"。

(2)疏广传：丈人所。

侃案：史、汉所字用法，约如今之底字，俗又书"的"。其正字作

① （汉）班固撰，（唐）颜师古注：《汉书》，中华书局1964年版，第2693页。
② （汉）班固撰，（唐）颜师古注：《汉书》，中华书局1964年版，第2984页。

足，足，记也，以为语词；犹迈读与记同，通书作其，亦为语词。皆别事词也，与者同意。足同声，者读为绪。“仙人者非有求于人，人主者求之”二者与丈人所之所正同。

案：此文引自《汉书·隽疏于薛平彭传》之《疏广传》，其文载：“居岁余，广子孙窃谓其昆弟老人广所爱信者曰：‘子孙几及君时颇立产业基址，今日饮食，费且尽。宜从丈人所，劝说君买田宅。’”①意为，疏广功成身退，皇帝、太子给了很多赏赐，广每日宴请宗族人，其子请广朋友劝广不应挥霍，应该为子孙多买田置地。

黄侃通过分析“丈人所”之“所”字，认为其为语助词，无实际意义。

(3)赵充国传：风流犹存耳。

侃案：风犹今之言癖气，流犹今之言派头。

案：此文引自《汉书·赵充国辛庆忌传》“赞”部分，其文载：“其风声气俗自古而然，今之歌谣慷慨，风流犹存耳。”②意为，峤西出将是历来的风气，直到汉朝时仍然如此。

5. 1929年2月11日 第490页

贡禹传“租铢之律”。

侃案：铢即上文所云五铢钱。师古注谓铢，两，非。

案：此文引自《汉书·食货志第四下》，其文载：“除其贩卖租铢之律，租税、禄、赐皆以布、帛及谷，使百姓壹意农桑。”师古曰：“租铢，谓计其所卖物价，平其锱铢而收租也。”③

① (汉)班固撰，(唐)颜师古注：《汉书》，中华书局1964年版，第3040页。

② (汉)班固撰，(唐)颜师古注：《汉书》，中华书局1964年版，第2999页。

③ (汉)班固撰，(唐)颜师古注：《汉书》，中华书局1964年版，第1176页。

黄侃认为，颜师古将“租铢之律”的“铢”解释为“两”不正确，应该解释为“五铢钱”。

6. 1929 年 2 月 12 日　第 490~492 页

(1)韩延寿传：“谣俗民所疾苦。”

侃案：谣俗尤言雅俗，言平素，史记货殖传‘所喜好谣俗’亦如此解。意为，“谣俗”即为雅俗，也是平素、平常的意思，史记货殖传中“所喜好谣俗”之“谣俗”也是此意。

案：“谣俗民所疾苦”，此文引自《汉书·赵尹韩张两王传》之《韩延寿传》，其文载：“延寿欲更改之，教以礼让，恐百姓不从，乃历召郡中长老为乡里所信向者数十人，设酒具食，亲与相对，接以礼意，人人问以谣俗，民所疾苦，为陈和睦亲爱、销除怨咎之路。”①意为，韩延寿打算教辖下民众礼仪道德，担心百姓不从，因而设酒宴招待郡中有威望的人，向他们问当地民俗、风情及百姓疾苦。

“所喜好谣俗”，此文引自《史记·货殖列传》，其文载：“皆中国人民所喜好，谣俗被服饮食奉生送死之具也。”②意为，外域商人的喜好与汉朝人一样，如俗谣、被子、衣服、饮食、养生送死之物。

(2)张敞传：“事即有业。”

侃案：业为端绪，师古注非。

案：此文引自《汉书·赵尹韩张两王传》之《张敞传》，其文载：“事即有业，所至郡条奏其所由废及所以兴之状。”师古注：“有业，言各得其

① (汉)班固撰，(唐)颜师古注：《汉书》，中华书局 1964 年版，第 2210 页。

② (汉)司马迁撰，(刘宋)裴骃集解，(唐)司马贞索隐，张守节正义：《史记》，中华书局 1956 年版，第 3254 页。

所。"①意为，渤海、胶东盗贼群起，张敞主动请缨平叛，言"事即有业"就给皇帝上书陈述情况。师古认为，"有业"为百姓各得其所。

黄侃认为《张敞传》中"事即有业"之"业"解释为端绪，头绪，颜师古解释为"各得其所"，颜氏之解不对。

(3)"辄傅吏"。

侃案："傅"读若"部"。

案：此文引自《汉书·赵尹韩张两王传》之《张敞传》，其文载："敞傅吏皆捕格断头，悬其头王宫门外。"②意为，张敞为太原郡守，太原盗寇流行，张敞部下逮捕其头目刘调，将其砍头，并悬头于城门外。

(4)夏侯胜传："胜从父子建字长卿，自师事胜及欧阳高，左右采获，又从五经诸儒问与尚书相出入者，牵引以次章句，具文饰说。胜非之曰：'建所谓章句小儒，破碎大道。'建亦非胜为学疏略，难以应敌。建卒自颛门名经。"

侃案：此可见今文之学所由，异说及诸家名家所由来。

案：此文引自《汉书·眭两夏侯京翼李传》之《夏侯胜传》，其文载："胜从父子建字长卿，自师事胜及欧阳高，左右采获，又从'五经'诸儒问与《尚书》相出入者，牵引以次章句，具文饰说。胜非之曰：'建所谓章句小儒，破碎大道。'建亦非胜为学疏略，难以应敌。建卒自颛门名经。"意为，夏侯胜堂弟夏侯建跟随胜和欧阳高学习，经常询问有疑义之处，又问学于研究"五经"的各位儒士，向他们询问与《尚书》不同之处，排列比次章句，并修饰其说，引起了夏侯胜的非议。

① (汉)班固撰，(唐)颜师古注：《汉书》，中华书局1964年版，第3219页。
② (汉)班固撰，(唐)颜师古注：《汉书》，中华书局1964年版，第3225页。

(5)翼奉传："易有阴阳，诗有五际，春秋有异。"

侃案：此明今文阴阳、灾异、谶纬同原。

案：此文引自《汉书·眭两夏侯京翼李传》之《翼奉传》，其文载："《易》有阴阳，《诗》有五际，《春秋》有灾异，皆列终始，推得失，考天心，以言王道之安危。"①意为，《周易》讲究阴阳，《诗经》讲究五际，《春秋》讲究灾异，皆列出结束开始，推求得失，考察天意，用来说明王道的安危。

引文"春秋有异"与"《春秋》有灾异"略有不同。

7. 1929 年 2 月 13 日 第 492~493 页

(1)张敞传："重轑。"

侃案：轑即今之橑簷，殿屋重簷也。师古以为廊舍，非。

案：此文引自《汉书·赵尹韩张两王传》之《张敞传》，其文载："敞自将郡国吏，车数百辆，围守王宫，搜索调等，果得之殿屋重轑中。"师古注："重轑，即今之廊舍也。"②意为，张敞任太原郡守，太原盗寇流行，张敞全力追捕其头目刘调，在宫殿之"重轑"中捕获。颜师古将"重轑"释为"廊舍"。

黄侃认为"轑"是"殿屋重簷"，与颜师古"廊舍"之解不同。

(2)王尊传："湖三老公乘兴。"

侃案：公乘，爵名。

案：此文引自《汉书·赵尹韩张两王传》之《王尊传》，其文载："湖三

① (汉)班固撰，(唐)颜师古注：《汉书》，中华书局 1964 年版，第 3172 页。
② (汉)班固撰，(唐)颜师古注：《汉书》，中华书局 1964 年版，第 3225 页。

老公乘兴等上书讼尊治京兆功效日著。”①意为，湖县三老公乘刘兴上书给王尊称其治理京兆的功绩。

(3)汉书翼奉传：“臣奉窃学齐诗，知日蚀、地震之效，犹巢居知风，穴处知雨，亦不足多，适所习耳。”

侃案：此言有“直而勿有”之风类。

案：此文引自《汉书·眭两夏侯京翼李传》，其文载：“臣奉窃学《齐诗》，闻五际之要《十月之交》篇，知日蚀、地震之效昭然可明，犹巢居知风，穴处知雨，亦不足多，适所习耳。”②意为，翼奉自己学习《齐诗》，知道五际的要点在于《十月之交》这篇，日食、地震的效验就知道得十分清楚了，就好像住在树上对风敏感，住在洞穴中对雨敏感一样，这也并不值得赞美，只是习惯罢了。

引文与比原文少“闻五际之要《十月之交》篇”“昭然可明”两句。

“直而勿有”句引自《礼记·曲礼上》，其文载：“疑事毋质，直而勿有。”郑注曰：“直，正也。己若不疑则当称师友而正之谦也。”③意为，即使有疑问，也莫与人相强辩，只陈说个人意见，听凭别人自己抉择。

黄侃认为《汉书·眭两夏侯京翼李传》翼奉之语仅陈述个人意见，有“直而勿有”之风。

(4)萧望之传：“露索去刀兵。”

侃案：去，藏也。

案：此文引自《汉书·萧望之传》，其文载：“吏民当见者，露索去刀

① (汉)班固撰，(唐)颜师古注：《汉书》，中华书局1964年版，第3234页。
② (汉)班固撰，(唐)颜师古注：《汉书》，中华书局1964年版，第3173页。
③ (清)阮元：《十三经注疏》，中华书局1980年影印版，第1230页。

兵，两吏挟持。”①意为，霍光害怕有人行刺汉宣帝，非常防备人，皇上要亲自接见的官吏百姓，都要脱衣搜身，去除兵器，由两个官吏挟持着去见。

(5)“侯年宁能父我耶？”

侃案：记曰：“年长以倍，则父事之。”此谓侯年宁能信我耶？诸解皆非。服说未能晰，刘攽、刘奉世解尤可笑也。

案：“侯年宁能父我耶”，此文引自《汉书·萧望之传》，其文载：“时议事不合意，望之曰：‘侯年宁能父我邪！’”服虔注曰：“宁能与吾父同年也？”②

“年长以倍，则父事之”，此句引自《礼记·曲礼上》，其文载：“年长以倍则父事之，十年以长则兄事之，五年以长则肩随之。”③意为：年龄与自己父母相仿的人，应该像对待自己父母一样敬爱他。对于年龄比自己大十岁左右的人，要像对自己兄长那样尊重他。与自己年岁相仿的人，可以比较随和地与他相处。

在此处黄侃否定了服虔、刘攽、刘奉世对“侯年宁能父我”的解释，通过考察侯年、萧望之的年龄，认为此句应解释为“侯年宁能信我”。

8. 1929 年 2 月 14 日 第 493~496 页

(1)冯奉世传：“且兵凶器也，必有成败者，患策不豫定，料敌不审也。”

侃案：宋祁于“患”处断句，非。

案：此文引自《汉书·冯奉世传》，其文载：“且兵，凶器也，必有成

① (汉)班固撰，(唐)颜师古注：《汉书》，中华书局 1964 年版，第 3272 页。
② (汉)班固撰，(唐)颜师古注：《汉书》，中华书局 1964 年版，第 3281 页。
③ (清)阮元：《十三经注疏》，中华书局 1980 年影印版，第 1233 页。

败者，患策不豫定，料敌不审也，故复遣奋武将军。”①意为，军队是武器，用兵一定有成功者、失败者，忌讳政策摇摆、对敌人判断不慎重，所以再次派遣奋武将军。

黄侃认为宋祁在“患”处断句是不正确的。

> (2)淮阳王钦传：“罪恶轻重，纵不伏诛，必蒙迁削贬黜之罪。”
>
> 侃案：此轻重与项羽传之轻重，张骞传之轻重皆同。

案：此文引自《汉书·宣元六王传》，其文载：“故事，诸侯王获罪京师，罪恶轻重，纵不伏诛，必蒙迁削贬黜之罪，未有但已者也。”②意为，依旧例，诸侯王在京师犯罪，无论轻重，即使不被杀，也一定会受到流放、撤职、贬谪、废黜等刑罚，没有不作追究的。

黄侃认为《王钦传》中“轻重”与《项羽传》《张骞传》里的“轻重”是一个意思。

> (3)张博称“驷先生蓄积道术，书无不有”。
>
> 侃案：驷先生它无所见，盖博妄称以诈取土财耳。

案：此文引自《汉书·宣元六王传》之《淮阳宪王刘钦传》，其文载：“驷先生蓄积道术，书无不有，愿知大王所好，请得辄上。”张博给淮阳宪王刘钦写信称，一个姓驷的人无所不通，希望知道大王的爱好等，可以向皇帝推荐你。

黄侃在此处考证书中之人是否存在。其认为，在别的地方没有见到有关驷先生的描述，大概是张博为了诈骗刘钦钱财而杜撰出来的人。

① (汉)班固撰，(唐)颜师古注：《汉书》，中华书局1964年版，第3298页。
② (汉)班固撰，(唐)颜师古注：《汉书》，中华书局1964年版，第3317页。

(4)匡衡传："天人之际，精祲有以相荡。"

侃案：在人曰精，在天曰祲。说文曰："祲，精气，感祥。"精、祲、祥皆双声也。

案："天人之际，精祲有以相荡"，此文引自《汉书·匡张孔马传》之《匡衡传》，其文载："天人之际，精祲有以相荡，善恶有以相推。"李奇注曰："祲，气也。言天人精气相动也。"师古曰："祲谓阴阳气相浸渐以成灾祥者也。"①

"祲，精气，感祥"，此文引自《说文解字·示部》，其文载："祲，精气，感祥。"②

黄侃认为，李奇、师古并未将精、祲而字意明确区分，他进一步区分，"祲"侧重指天，"精"侧重指人，并引《说文解字》以证。黄侃引《说文解字》之文，将李奇、师古对"精""祲"的解释更加详细。

(5)东方朔传曰："有诏谢主簪履。"匡衡传："天子使谒者诏衡冠履。"

侃案：二文同状。

案：前文引自《汉书·东方朔传》，其文载："有诏谢。主簪履起，之东厢自引董君。"③后文引自《汉书·匡张孔马传》之《匡衡传》，其文载："事发觉，衡免冠徒跣待罪，天子使谒者诏衡冠履。"④

(6)汉书高祖纪如淳注："蹻音如今作乐蹻行之蹻。"

---

① (汉)班固撰，(唐)颜师古注：《汉书》，中华书局1964年版，第3337页。

② (汉)许慎撰，(清)段玉裁注：《说文解字注》，上海古籍出版社1981年版，第8页。

③ (汉)班固撰，(唐)颜师古注：《汉书》，中华书局1964年版，第3337页。

④ (汉)班固撰，(唐)颜师古注：《汉书》，中华书局1964年版，第3345页。

侃案：今谓之躧蹻子，音翘。或曰：躧，高蹻，闾里儿童喜为之。

案：此文引自《汉书·高帝纪下》，其文载："大臣内畔，诸将外反，亡可蹻足待也。"如淳曰："蹻音如今作乐蹻行之蹻。"晋灼曰："许慎云'蹻，举足小高也'，音矫。"师古曰："晋说是也。"①

9. 1929 年 2 月 15 日　第 496~497 页

(1) 汉书武帝纪师古注引一说，"说汾阴脽上地名本鄈，音与葵同。彼土人呼葵如谁，故转而为脽字耳"。

侃案：由此悟尻、脽亦一字也。尻从九声。九声之字如杌、如轨，皆转入灰部。葵既可读谁，明尻可读脽矣。

案：此文引自《汉书·汉武帝本纪》，其文载："十一月甲子，立后土祠于汾阴脽上。"颜师古曰："一说此临汾水之上，地本名鄈，音与葵同，彼乡人呼葵音如谁，故转而为脽字耳，故汉旧仪云葵上。"②意为，脽上本名鄈，因音与葵相同，当地土音葵又与谁相同，所以转为"脽"字。

黄侃在此处考证"脽"的字音。

(2) 又能言鸟，注称开皇十八年以白鹦鹉赋试贡士。

侃案：明试士用赋，始自隋朝。

案：此文引自《汉书·汉武帝本纪》，其文载："夏，马生余吾水中。南越献驯象、能言鸟。"师古注曰："即鹦鹉也。今陇西及海南并有之……开皇十八年，林邑国献白鹦鹉，是以为异。是岁，贡士咸试赋之。"③

黄侃记录下历史上开创性的体制。

① (汉)班固撰，(唐)颜师古注：《汉书》，中华书局 1964 年版，第 81 页。
② (汉)班固撰，(唐)颜师古注：《汉书》，中华书局 1964 年版，第 183 页。
③ (汉)班固撰，(唐)颜师古注：《汉书》，中华书局 1964 年版，第 176 页。

(3)翟方进传："清河胡常，与方进同经。常为先进，名誉出方进下，心害其能，论议不右方进。方进知之，候伺常大都授时，遣门下诸生至常所问大义疑难，因记其说。如是者久之，常知方进之宗让己，内不自得，其后居士大夫之间，未尝不称述方进，遂相亲友。"

侃案：今知胡常亦不多得，然方进之所为非君子之道也。

案：此文引自《汉书·翟方进传》，原文与上引文一致。① 意为，清河人胡常，和方进研究相同的经术。胡常是前辈，名气却不如方进，心里却嫉妒方进的才能，议论时并不称重方进。方进知道后，等候胡常集合学生讲授的时候，派遣门下的诸生到胡常那里讨教经义的疑难之处，据此记录胡常的学说。如此很久后，胡常知道方进尊敬谦让自己，内心不安。以后，他在士大夫之间称赞方进，于是彼此亲近为友。

黄侃在此处一反正史中夸赞方进之语气，对史中人物重新品评。

10. 1929 年 2 月 16 日　第 501 页

(1)汉书谷永传："小子为君侯安此。"

侃案：尤云："予为君计，以是为宜。"

案：此文引自《汉书·谷永杜业传》之《谷永传》，其文载："愿君侯与博览者参之，小子为君侯安此。"②

(2)"掠立迫恐。"

侃案：立读为左传(襄二十六年)"乃立囚"之立。师古以为"立其罪名"，非。

① (汉)班固撰，(唐)颜师古注：《汉书》，中华书局 1964 年版，第 3411 页。
② (汉)班固撰，(唐)颜师古注：《汉书》，中华书局 1964 年版，第 3456 页。

案：此文引自《汉书·谷永杜业传》之《谷永传》，其文载："多系无辜，掠立迫恐。师古曰：掠笞服之，立其罪名。"①

黄侃认为师古将"掠立迫恐"之"立"解释为"立其罪名"，是不正确的。

(3)"天命去就，庶几可复。"

侃案："去就"连言，意只言去耳。

案：此文引自《汉书·谷永杜业传》之《谷永传》，其文载："天命去就庶几可复。师古曰：去就者，言去离无德而就有德。"②

(4)"建始元年以来二十载间，群灾大异，多于春秋所书。八世著记，久不塞除。"

侃案：此当从八世著纪句绝，谓二十年灾异多于春秋及前八世也。李奇以"八世著纪"连下读，大非。

案：此文引自《汉书·谷永杜业传》之《谷永传》，其文载："建始元年以来二十载间，群灾大异，交错锋起，多于春秋所书。八世着记，久不塞除。"李奇曰："高祖以来至元帝，着记灾异未塞除也。"③

引文"八世著记"之"著"与原文"八世着记"之"着"略有不同。笔者窃以为"著"与"着"形似而混淆。

(5)杜邺传"所白奥内。"

侃案："奥内"尤言"深隐"也。师古注非。

案：此文引自《汉书·谷永杜业传》之《杜邺传》，其文载："窃慕仓

① (汉)班固撰，(唐)颜师古注：《汉书》，中华书局1964年版，第3460页。
② (汉)班固撰，(唐)颜师古注：《汉书》，中华书局1964年版，第3464页。
③ (汉)班固撰，(唐)颜师古注：《汉书》，中华书局1964年版，第3488页。

唐、陆子之义，所白奥内，唯深察焉。”师古曰：“奥内，室中隐奥之处也。”①

黄侃认为“奥内”是“深隐”意思，师古注释为“室中隐奥之处”不正确。

(6)“疏贱独偏见，疑内亦有此类。”

侃案：“内”，不敢刺言天子也。“此类”谓上所云诗人、春秋所刺也。

案：此文引自《汉书·谷永杜业传》之《杜邺传》，其文载：“疏贱独偏见，疑内亦有此类。如淳曰：在外而贱举错有过失，为主上所疑也。”师古曰：“此说非也。言天子不自见其过。疏贱独偏见，邺自谓傍观而见之也。疑内亦有此类，谓后宫嬖幸非理宠遇，亦有如傅迁、郑业等妄受恩赏者。”②

(7)谷永传引书：“亦惟先正克左右。”

侃案：此文侯之命文，师古误以为君牙。齐召南不知发正，乃疑古文尚书；讼冤者又以此为坚证，真梦中说梦也。

案：此文引自《汉书·谷永杜业传》之《谷永传》，其文载：“经曰：‘亦惟先正克左右。’师古曰：‘周书君牙之辞也。言王者欲正百官，要在能先正其左右近臣也。’”③

黄侃指出师古注释《汉书》引文出处有误。

(8)王嘉传：“时见大夫无无可以使者。”

侃案：益明直不疑传之“朝廷见人”，汲黯传之“见士”，皆作见在

① (汉)班固撰，(唐)颜师古注：《汉书》，中华书局1964年版，第3474页。
② (汉)班固撰，(唐)颜师古注：《汉书》，中华书局1964年版，第3477页。
③ (汉)班固撰，(唐)颜师古注：《汉书》，中华书局1964年版，第3447页。

之见解。

案：此文引自《汉书·何武王嘉师丹传》之《王嘉传》，其文载：“欲遣大夫使逐问状，时见大夫无可使者。”师古曰：“谓见在大夫皆不堪为使也。”①

11. 1929年2月17日　第504~505页

(1)扬雄传：“何文肆而质⿰鼻隹。”

侃案：⿰鼻隹者𣦼之借。说文奴部：●●(𣦼𣦼，此复字篆文)，深(此字从小徐)坚意也。读若概(此即节概字，语出于介)。赋言屈子之文辞宏放而质性坚固不移也。应训⿰鼻隹为狭。独狭亦与坚固义近。

案：此文引自《汉书·扬雄传》，其文载：“何文肆而质⿰鼻隹。”②
黄侃引《说文解字》相关信息解释“⿰鼻隹”字。

(2)“钦吊楚之湘累”注文。

侃案：李奇以荀息、仇牧为。此用公羊义，独得其解。晋灼说非也。

案：此文引自《汉书·扬雄传》。李奇注曰：“诸不以罪死曰累，荀息、仇牧皆是也。屈原赴湘死，故曰湘累也。”③

(3)反离骚一篇，反复之，皆发明何必湛身一意耳。浅人不得其解，以子云讥诽屈子。子云读其文未尝不流涕，宁有讥诽事哉？

① (汉)班固撰，(唐)颜师古注：《汉书》，中华书局1964年版，第3491页。
② (汉)班固撰，(唐)颜师古注：《汉书》，中华书局1964年版，第3571页。
③ (汉)班固撰，(唐)颜师古注：《汉书》，中华书局1964年版，第3516页。

案：此文意扩《汉书·扬雄传》之《反离骚》文。班固将扬雄创《反离骚》文原因介绍如下："作离骚，自投江而死，悲其文，读之未尝不流涕也。"①扬雄感叹屈原为人正直，《离骚》之文过于悲伤，因而作此文。

(4)"恤胤锡羡。"

侃案："锡羡"谓锡福厥子民。

案：此文引自《汉书·扬雄传》之《甘泉赋》文。其文载："惟汉十世，将郊上玄，定泰畤，雍神休，尊明号，同符三皇，录功五帝，恤胤锡羡，拓迹开统。"②

黄侃解释"锡羡"之意思。

(5)"堪舆"，孟康曰："神名，造图宅书者。"

侃案：今世以相地相宅人为堪舆，由此也。

案：此文引自《汉书·扬雄传》之《甘泉赋》文。其文载："属堪舆以壁垒兮，梢夔魖而抶獝狂。"孟康注曰："神名，造图宅书者。"③

黄侃认为今人称呼相地相宅人为"堪舆"，是从此处来。

(6)"呹肸"。

侃案：萧该音义肸，别本作盻，灵乞反。案今汉书本盻或者肸，传写之误。不成字，当为肸字之误。灵乞当为虚乙，然集韵肸字无此音。

案：此文引自《汉书·扬雄传》之《甘泉赋》文。其文载："芗呹肸以棍

① （汉）班固撰，（唐）颜师古注：《汉书》，中华书局1964年版，第3515页。
② （汉）班固撰，（唐）颜师古注：《汉书》，中华书局1964年版，第3523页。
③ （汉）班固撰，（唐）颜师古注：《汉书》，中华书局1964年版，第3523页。

根兮，声駍隐而历钟。”①

黄侃认为“肸”可能在传写过程中有误。

(7)“跖魂负沴”，师古曰：“跖，蹈也。”服虔曰：“沴，河岸之坻也。”晋灼曰：“沴，渚也。”

侃案：跖，当为拓，拾也。魂魄惊散，故须拾之。沴，即坻之借，说文：沴训水不利，亦与坻训相近。坻重文汥又渚，皆从水，又畛致、胗胝相通假，明沴即坻也。又下与衰为韵，益明沴读为坻。

案：此文引自《汉书·扬雄传》之《河东赋》文。其文载：“秦神下詟，跖魂负沴；河灵矍踢，掌华蹈衰。”服虔曰：“沴，河岸之坻也。”晋灼曰：“沴，渚也。”师古曰：“跖，蹈也。”②

黄侃考证“跖”“沴”的意及音。

(8)“勤大禹于龙门。”

侃案：勤，劳苦之也。当读渠吝切。

案：此文引自《汉书·扬雄传》之《河东赋》文。其文载：“嗟文公而愍推兮，勤大禹于龙门，洒沈灾于豁渎兮，播九河于东濒。”③

黄侃注“勤”字意思及音。

(9)司马相如传：“双鸧下。”师古曰“鸧，鸹也。今关西呼为鸹鹿，鄙俗又谓鸹捋。捋音来夺反。鸹鹿、鸹捋，皆象其呼声也。”

侃案：蕲州有鸟曰“割赖”，有陈甲者，昔见予治尔雅，问予曰：“此何鸟也?”当时未有以应，今乃怳然。

---

① (汉)班固撰，(唐)颜师古注：《汉书》，中华书局1964年版，第3523页。
② (汉)班固撰，(唐)颜师古注：《汉书》，中华书局1964年版，第3536页。
③ (汉)班固撰，(唐)颜师古注：《汉书》，中华书局1964年版，第3538页。

案：此文引自《汉书·司马相如传》之《上林赋》文。其文载："双鸧下，玄鹤加。"颜师古曰："鸹也。今关西呼为鸹鹿，山东通谓之鸧，鄙俗名为错落。错者，亦言鸧声之急耳。又谓鸧鸹捋。捋音来夺反。鸹鹿、鸹捋，皆象其鸣声也。玄鹤，黑鹤也。《相鹤经》云：'鹤寿满二百六十岁则色纯黑。言弋射之妙，既中白鹄而连駕鹅，又下双鸧而加玄鹤也。鸧音仓。'"①

黄侃考证其家乡"割赖鸟"为《汉书》中的"鸧"。

(10)解难："天丽且弥，地广且深，昔人之辞，乃玉乃金，彼岂好为艰难哉，势不得已也。"

侃案：此言天地广大，乃以金玉比之，何以致然，以非喻不显。易曰："乾为玉为金，坤为釜"，釜亦金所为也。

案："天丽且弥，地广且深，昔人之辞，乃玉乃金，彼岂好为艰难哉，势不得已也。"此文引自《汉书·扬雄传》之《解难》文，其文载："天丽且弥，地普且深，昔人之辞，乃玉乃金，彼岂好为艰难哉，势不得已也。"②

引文"地广且深"与原文"地普且深"有所不同。

"乾为玉为金"，此文引自《周易正义》卷九《说卦》，其文载："乾为天，为圜，为君，为父，为玉，为金，为寒，为冰，为大赤，为良马，为老马，为瘠马，为驳马，为木果。"③

"坤为釜坤"，此文引自《周易正义》卷九之《说卦》，其文载："为地，为母，为布，为釜，为吝啬，为均，为子，母牛，为大舆，为文，为众，

① (汉)班固撰，(唐)颜师古注：《汉书》，中华书局 1964 年版，第 2524 页。

② (清)严可均：《全上古三代秦汉三国六朝文·全汉文》卷五十二，广雅书局 1893 年版，第 4 页。

③ (清)阮元：《十三经注疏》，中华书局 1980 年影印版，第 94 页。

为柄。其于地也为黑。”①

黄侃在此处指出了乾坤解释的矛盾之处。

(11)“宓羲氏之作易也，绵络天地，经以八卦，文王附以六爻，孔子错其象而彖其辞。”

侃案：此明言文王重卦，孔子作经，皮锡瑞不知引，何也？然子云说盖非。

案：此文引自《汉书·扬雄传》之《解难》文。其文载：“宓羲氏之作易也，绵络天地，经以八卦，文王附以六爻，孔子错其象而彖其辞。”②意为，伏羲氏作《易》，联络天地，统以八卦，文王附着六爻，孔子杂错卦象作彖辞。

黄侃由扬雄《解难》文中之句，分析出文王重卦、孔子作经，然而此观点并不被皮锡瑞接受，所以猜测扬雄的观点有可能是错误的。

(12)“胥靡为宰。”

侃案：谓传说也，李、张注并非。

案：此文引自《汉书·扬雄传》之《解难》文。其文载：“盖胥靡为宰，寂寞为尸。”李奇曰：“造化之神，宰割万物也。”张晏曰：“胥，相也。靡，无也。言相师以无为作宰者也。”③

黄侃认为“胥靡为宰”之语为传说，不可考证，李奇、张晏注释不对。

(13)“大语叫叫。”

侃案：叫为嗷。楚谓小儿泣不止曰嗷啫。此谓大语声反小也。

① (清)阮元：《十三经注疏》，中华书局1980年影印版，第95页。

② (汉)班固撰，(唐)颜师古注：《汉书》，中华书局1964年版，第3577页。

③ (汉)班固撰，(唐)颜师古注：《汉书》，中华书局1964年版，第3578页。

案：此文引自《汉书·扬雄传》之《解难》文。其文载："大语叫叫，大道低回。"①意为，至大的话传得远，大道纡曲。

(14)"弦者高张急徽，追趋逐耆，则坐者不期而附矣。试为之施咸池，揄六茎，发箫韶，咏九成，则莫有和也。"

侃案：此全袭宋玉对楚王问之意。

案：此文引自《汉书·扬雄传》之《解难》文。其文载："今夫弦者，高张急徽，追趋逐耆，则坐者不期而附矣。试为之施咸池，揄六茎，发箫韶，咏九成，则莫有和也。"②意为，现在弹琴，声调高急，迎合众好，那么大家就不期而至；如果弹奏《咸池》《六茎》《箫韶》《九成》，便没人应和了。

(15)莽曰："雄素不与事，何故在此？"

侃案：此谓此事，时子云盖亦入狱。

案：此文引自《汉书·扬雄传》，其文载："雄素不与事，何故在此？"③意为，扬雄一向不参与其事，为什么在此案中？

黄侃分析历史事件发生的时间。

(16)"欲谈者宛舌而固声。"

侃案：师古说是。文选固作同，非。既已宛舌，焉得同声？

案：此文引自《汉书·扬雄传》，其文载："是以欲谈者宛舌而固声，

---

① (汉)班固撰，(唐)颜师古注：《汉书》，中华书局1964年版，第3578页。
② (汉)班固撰，(唐)颜师古注：《汉书》，中华书局1964年版，第3578页。
③ (汉)班固撰，(唐)颜师古注：《汉书》，中华书局1964年版，第3584页。

欲行者拟足而投迹。”师古曰：“宛，屈也。固，闭也。擬，疑也。”①意为，想谈论的人曲舌不作声，想行路的犹豫止步。

黄侃认为颜师古对“宛舌固声”解释正确，而《文选》之注解不正确。

12. 1929 年 2 月 18 日　第 509~510 页

(1)汉书儒林传：“以治礼掌故以文学礼仪为宧。”

侃案：上“以”字作“以为”解，试作“谓”字解。“义”，古“威仪”字也。

案：此文引自《汉书·儒林传》，其文载：“以治礼掌故以文学礼仪为官。”②意为，(公孙弘为学官时，上奏给皇上说)治礼掌故之官本应懂得文学礼义，因此要迁擢留滞的人才。

引文“宧”与原文“官”字不同，恐形似所误。

(2)武帝曰：“吾始以尚书为朴学，弗好。”

侃案：此“朴学”二字之所出。武帝谓尚书为朴学，则不谓群经皆朴学。今谓治经学为朴学，失其本旨。今有谓古无朴学之名，朴学之名起于晚近，又非也。

案：此文引自《汉书·儒林传》，其文载：“武帝曰：‘吾始以尚书为朴学，弗好。’”③意为，倪宽向汉武帝讲《尚书》之后，武帝说《尚书》为朴学，自己才开始重视。

黄侃认为汉代所说的“朴学”与晚清之“朴学”意思不同。

① (汉)班固撰，(唐)颜师古注：《汉书》，中华书局 1964 年版，第 3570 页。
② (汉)班固撰，(唐)颜师古注：《汉书》，中华书局 1964 年版，第 3594 页。
③ (汉)班固撰，(唐)颜师古注：《汉书》，中华书局 1964 年版，第 3603 页。

(3)辕固曰："此家人言耳。"

侃案：家人亦谓诸子百家。太史公"旁采家人"，谯周云："家人诸子，皆是也。"师古说是僮隶，大非。

案：此文引自《汉书·儒林传》，其文载："窦太后好《老子》书，召问固，固曰：'此家人言耳。'"师古曰："家人言僮隶之属。"①意为，窦太后喜欢《老子》，问辕固其书，固回答"此为家人言"。颜师古注："家人"即为"僮隶"之类的人。

黄侃认为"此家人言耳"之"家人"是"诸子百家"之意，师古解释为"僮隶"是错误的。

(4)"司空城旦书。"

侃案：太后以儒家为官书。

案：引自《汉书·儒林传》，其文载："窦太后好《老子》书，召问固，固曰：'此家人言耳。'太后怒曰：'安得司空城旦书乎！'"②

(5)"方闻之事。"

侃案：不必从史记，此方读为"旁求"之"旁"。

案：此文引自《汉书·儒林传》，其文载："今礼废乐崩，朕甚愍焉，故详延天下方闻之士，咸登诸朝。"颜师古曰："方，道也。有道博闻之士也。"③

(6)"齐学者颇能言尚书。"

侃案：齐学即公羊齐学之齐学。齐召南以为衍"齐"字，又以为脱

① (汉)班固撰，(唐)颜师古注：《汉书》，中华书局1964年版，第3612页。
② (汉)班固撰，(唐)颜师古注：《汉书》，中华书局1964年版，第3612页。
③ (汉)班固撰，(唐)颜师古注：《汉书》，中华书局1964年版，第3594页。

“鲁”字，皆非也。

案：此文引自《汉书·儒林传》，其文载：“齐学者颇能言尚书。”①意为，齐地学者对《尚书》很有研究。

(7)循吏传：“此廪廪庶几德让君子之遗风矣。”

侃案：“廪”读为公羊“群公廪”，何休曰：“廪者连新于陈上，财令半相连耳。”此谓循吏诸人足以绍古君子之遗风也。

案：此文引自《汉书·循吏传》，其文载：“此廪廪庶几德让君子之遗风矣。”②意为，这样的风采也许就是仁德礼让的君子遗风吧。

中华书局本中无何休注文。

(8)酷吏传：“禹为人廉裾，为吏以来，舍无食客。公卿相造请，禹终不行报谢，务在绝知友宾客之请，孤立行一意而已。”

侃案：惟廉裾乃能若是，酷吏传中以赵禹为可人。

案：其文引自《汉书·酷吏列传》之《赵禹传》，其文载：“禹为人廉裾，为吏以来，舍无食客。公卿相造请，禹终不行报谢，务在绝知友宾客之请，孤立行一意而已。”③意为，赵禹为人廉洁清高，进入官场以来，家中没有一个食客。公卿们请他去做客，赵禹始终加以谢绝，并自称要断绝一切友人宾客的邀请，只想孤立独行而已。

黄侃对赵禹特立孤傲之行进行了高度赞扬。

① (汉)班固撰，(唐)颜师古注：《汉书》，中华书局1964年版，第3603页。
② (汉)班固撰，(唐)颜师古注：《汉书》，中华书局1964年版，第3624页。
③ (汉)班固撰，(唐)颜师古注：《汉书》，中华书局1964年版，第3652页。

13. 1929 年 2 月 19 日　第 510~514 页

(1) 汉书田延年传："通往就狱。"

侃案："通"，尤今言照例耳。

案：此文引自《汉书·酷吏列传》之《田延年传》。师古曰："通者，从公家通理也。"①意为，(犯了法)按照惯例是要送入监狱。

黄侃对"通往就狱"之"通"的解释与师古之意合。

(2) 田延年传"股弁"。

侃案：尤今云"子打架"矣。

案：此文引自《汉书·酷吏列传》之《田延年传》，其文载："夜入，晨将至市论杀之，先所按者死，吏皆股弁。"师古曰："股战若弁。"②意为，头一天夜里(赵秀)刚入狱，第二天一早就被押赴市中定罪斩首，死在了他所查究的人的前头，吓得官吏们都两腿发抖。师古注"股弁"为"两股颤抖像弁一样"。

黄侃对"股弁"的解释与师古意同，但更通俗。

(3)"虽子贡、冉有通艺。"

侃案：通六艺也。

案：此文引自《汉书·田延年传》，其文载："虽子贡、冉有通艺于政事。"③

① (汉)班固撰，(唐)颜师古注：《汉书》，中华书局 1964 年版，第 3666 页。
② (汉)班固撰，(唐)颜师古注：《汉书》，中华书局 1964 年版，第 3669 页。
③ (汉)班固撰，(唐)颜师古注：《汉书》，中华书局 1964 年版，第 3669 页。

(4)汉书货殖传："子贷金钱千贯，节驵侩，贪贾三之。廉贾五之。"

侃案：谓子贷金钱必经驵侩和会，及其收入之时，贪贾与驵侩以千分之三，廉贾则与以千分之五也。"节"，犹言损除也，言于千贯中减去驵侩费也。此如今日买田宅有中费，买货物有行用或牙帖费也。

案：此文引自《汉书·货殖传》，其文载："子贷金钱千贯，节驵侩，贪贾三之。廉贾五之。"①

黄侃从《汉书·货殖传》中找到现今收中介费现象的依据。

(5)卓氏之先曰：吾闻岷山之下(韵)，沃野(韵)，下有踆鸱(韵)，至死不饥(韵)。

侃案：此四句乃谚也。言蜀土肥沃，虽荒年，可掘野芋以食也。

案：此文引自《汉书·货殖传》，其文载："吾闻岷山之下沃野，下有踆鸱，至死不饥，民工作布，易贾。"②

(6)游侠传："自与杀身成名，若季路、仇牧。"

侃案："自与"，尤言自以为也。仇牧，累也，见公羊。汉世俗间行公羊说也。

案：此文引自《汉书·游侠传》，其文载："虽其陷于刑辟，自与杀身成名，若季路、仇牧，死而不悔也。"师古曰："言游侠之徒自许节操同于季路、仇牧。"③意为，游侠之人很有气节，即使身陷囹圄、身首异处也无怨无悔。

黄侃由《游侠传》"自与杀身成名，若季路、仇牧"之句推出汉代民间也

① (汉)班固撰，(唐)颜师古注：《汉书》，中华书局1964年版，第3687页。
② (汉)班固撰，(唐)颜师古注：《汉书》，中华书局1964年版，第3687页。
③ (汉)班固撰，(唐)颜师古注：《汉书》，中华书局1964年版，第3698页。

流行公羊说。

(7)“軥牛”

侃案：读为狗，即小牛也。

案：此文引自《汉书·游侠传》，其文载：“家亡余财，衣不兼采，食不重味，乘不过軥牛。”师古曰：“軥，小牛也。”①

(8)董贤传：“旦夕上下。”“上下”，尤言“来往”。宣纪：“上下诸陵”，亦言来往诸陵也。

案：此文引自《汉书·佞幸传》之《董贤传》，其文载：“昭仪及贤与妻旦夕上下，并侍左右。”②

14. 1929年2月20日 第514~517页

(1)汉书王陵传：“主臣”。

侃案：三说以孟子说为是，“主臣”犹言“主臣者”，此如言“陛下”，“足下”也。

案：此文引自《汉书·张陈王周传》之《王陵传》，其文载：“上曰：‘苟各有主者，而君所主何事也。’平谢曰：‘主臣！陛下不知其驽下，使待罪宰相。宰相者上佐天子理阴阳，顺四时，下遂万物之宜，外填抚四夷诸侯，内亲附百姓，使卿大夫各得任其职也。’”文颖曰：“惶恐之辞也，犹今言死罪也。”孟康曰：“主臣，主群臣也，若今言人主。”晋灼曰：“主，击也。臣，服也。言其击服，惶恐之辞。”师古曰：“文、晋二说是也。”③

① (汉)班固撰，(唐)颜师古注：《汉书》，中华书局1964年版，第3700页。
② (汉)班固撰，(唐)颜师古注：《汉书》，中华书局1964年版，第3733页。
③ (汉)班固撰，(唐)颜师古注：《汉书》，中华书局1964年版，第2049页。

黄侃综合考察文颖、孟康、晋灼三人对“主臣”的解释，认为孟康说最为正确。

(2) 匈奴传：“孤偾之君。”

侃案：“偾”读为“乱气狡愤、张脉偾兴”之偾，“偾”“愤”皆训为动，此所谓嫚书也。如淳以“偾”为“仆”，非矣(顾炎武说如此)。顾引仓公传“病得之欲男子而不得”，非也。此谓欲女子而不得耳。千金方所谓“春情猛发”者也。

案：此文引自《汉书·匈奴传上》，其文载：“汉书考惠、高后时，冒顿浸骄，乃为书，使使遗高后曰：‘孤偾之君，生于沮泽之中，长于平野牛马之域，数至边境，愿游中国。陛下独立，孤偾独居。两主不乐，无以自虞，愿以所有，易其所无。’”如淳曰：“偾，仆也。犹言不能自立也。”①

(3)“至制易姓”

侃案：“易”当作“异”，此谓制于异姓也，与上文“匈奴常立宗姓”之言相对。

案：此文引自《汉书·匈奴传上》，其文载：“故匈奴虽乱，必立宗种。今中国虽阳不取其父兄之妻，亲属益疏则相杀，至到易姓，皆从此类也。”②

引文“至制易姓”与原文“至到易姓”不同。

(4)“天下莫不咸嘉使汉与匈奴为邻敌之国。”

侃案：一句读，天下以汉与匈奴为邻为嘉事。

---

① (汉)班固撰，(唐)颜师古注：《汉书》，中华书局 1964 年版，第 3754～3755 页。

② (汉)班固撰，(唐)颜师古注：《汉书》，中华书局 1964 年版，第 3760 页。

案：此文引自《汉书·匈奴传上》，其文载："朕与单于俱由此道，顺天恤民，世世相传，施之无穷，天下莫不咸嘉。汉与匈奴邻敌之国，匈奴处北地，寒，杀气早降，故诏吏遗单于秫糵金帛绵絮它物岁有数。"①

句读不同，导致意思相差甚远。

15. 1929年2月21日 第518~520页

(1)匈奴传："令吾太子为质，无几矣。"

侃案：几，读曰冀州，言无望以太子为质也。师古注非。

案：此文引自《汉书·匈奴传上》。杨信说单于曰："即欲和亲，以单于太子为质于汉。"单于曰："非故约。故约，汉常遣翁主，给缯絮食物有品，以和亲，而匈奴亦不复扰边。今乃欲反古，令吾太子为质，无几矣。"师古曰："言遣太子为质，则匈奴国中所余者无几，皆当尽也。"②

汉武帝时期杨信出师匈奴，劝说单于以其太子为人质居住于汉，遭匈奴拒绝。因而"无几"解释为"无望"更符合文意。黄侃解释更符合原文之意。

(2)"金留犁"

侃案：以金为留犁也。应劭以金为契金，又云诸金酒中，皆非是。

案：此文引自《汉书·匈奴传下》，其文载如右："昌、猛与单于及大臣俱登匈奴诺水东山，刑白马，单于以径路刀金留犁挠酒，以老上单于所破月氏王头为饮器者共饮血盟。"③应劭曰："金，契金也。留犁，饭匕也。

① （汉）班固撰，（唐）颜师古注：《汉书》，中华书局1964年版，第3762页。
② （汉）班固撰，（唐）颜师古注：《汉书》，中华书局1964年版，第3773页。
③ （汉）班固撰，（唐）颜师古注：《汉书》，中华书局1964年版，第3800页。

契金着酒中，挠搅饮之。”①

黄侃认为“金留犂”是用金子做的“留犂”，并不是应劭所说“契金着酒中”。

(3)“衔尾相随”

侃案：犹舟之舳舻相随也。师古注是。

案：此文引自《汉书·匈奴传下》，其文载：“辎重自随，则轻锐者少，不得疾行，虏徐遁逃，势不能及，幸而逢虏，又累辎重，如遇险阻，衔尾相随，虏要遮前后，危殆不测，此五难也。”师古曰：“衔，马衔也。尾，马尾也。言前后单行，不得并驱。”②

黄侃此处对颜师古解释“衔尾相随”的意思表示赞同。

(4)酷吏王温舒传：“其颇不得失，之旁郡追求。”

侃案：此以“其颇不得失”为一句。不得即失，而古人自有复语(西南夷传道塞不通，即其比类)，“之旁郡追求”为一句。元后传“留不得遣归国”亦同。

案：此文引自《汉书·酷吏列传》之《王温舒传》，其文载：“尽十二月，郡中无犬吠之盗。其颇不得，失之旁郡，追求，会春，温舒顿足汉曰：‘嗟乎，令冬月益展一月，足吾事矣！’其好杀行威不爱人如此。”③

黄氏标点与中华书局不同，因而意思不同。

(5)西南夷传：“介弟兵就舍。”

侃案：介，恃也。

① (汉)班固撰，(唐)颜师古注：《汉书》，中华书局1964年版，第3801页。
② (汉)班固撰，(唐)颜师古注：《汉书》，中华书局1964年版，第3826页。
③ (汉)班固撰，(唐)颜师古注：《汉书》，中华书局1964年版，第3656页。

案：此文引自《汉书·西南夷两粤朝鲜传》之《西南夷传》，其文载："嘉遂出，介弟兵就舍，称病，不肯见王及使者。"颜师古曰："介，恃也。"①意为，（南粤王太后打算在宴席间杀死吕嘉，南粤王不同意）于是吕嘉从宴席中出来，在他弟弟所带军队的保护下回到自己府中，声称有病，不肯会见王及汉使者。

黄氏意见与颜师古同。

（6）南越桂林监有居翁，此殆居氏之始见于史也。

侃案：元和姓纂云：晋大夫先且，居之后，以王父字为氏（当考其出处）。汉来城侯居股者东之误。汉表下注曰九江，则项籍身死东城之东城也。"股"与"般"相近未知其审作何字。其后史无闻人。前日居正求予作其父志铭，故为详考姓原如此。

案：此文引自《汉书·西南夷两粤朝鲜传》，其文载："粤桂林监居翁谕告瓯骆四十余万口降，为湘城侯。"服虔曰："姓居名翁。"②

因有居姓之人请黄侃给其父亲写墓志铭，黄侃特意记录下居姓资料以备日后查用。

（7）饮器

侃案：饮器审为饮酒器，非溺器也，由匈奴传知之。

案：此文引自《汉书·西域传》，其文载："（大月氏）本居敦煌、祁连间，至昌顿单于攻破月氏，而老上单于杀月氏，以其头为饮器，月氏乃远去。"③

---

① （汉）班固撰，（唐）颜师古注：《汉书》，中华书局1964年版，第3855页。
② （汉）班固撰，（唐）颜师古注：《汉书》，中华书局1964年版，第3858页。
③ （汉）班固撰，（唐）颜师古注：《汉书》，中华书局1964年版，第3891页。

黄侃在此得到新知识，即知“饮器”是饮酒器，而非溺器。

(8)“汉使西域者益得职。”

侃案：“得职”犹近人言得法。

案：此文引自《汉书·西域传》，其文载：“汉使西域者益得职。”师古曰：“赏其勤劳，皆得拜职也。”①

(9)乌孙昆莫本名猎骄靡，后曰王，袭为王号，而曰困靡，昆取昆莫，靡取骄靡。

侃案：建州酋努尔哈赤称满住，此其王号也。后人伪为满洲，以为种号、国号。乌孙昆莫本名猎骄靡，后曰王，袭为王号，而曰困靡，昆取昆莫，靡取骄靡(师古说)，夷狄名称，不可究诘如此，此春秋所以云：“名从主人，物从中国也。”

案：其文引自《汉书·西域传》，其文载：“岑陬遂妻公主。昆莫死，岑陬代立。岑陬者，官号也，名军须靡。昆莫，王号也，名猎骄靡。后书‘昆弥’云。”师古曰：“昆莫本是王号，而其人名猎骄靡，故书云昆弥。昆取昆莫，弥取骄靡。弥、靡音有轻重耳，盖本一也。后遂以昆弥为其王号也。”②

黄侃认为对于古代外国少数民族政权的称呼，很多时候很难作细致研究，不应过分拘泥于此。

16. 1929 年 2 月 23 日 第 523~525 页

(1)王莽传：“莽孙宗刻印三，一曰维祉冠存己夏处南山臧薄冰。”

① (汉)班固撰，(唐)颜师古注：《汉书》，中华书局 1964 年版，第 3873 页。
② (汉)班固撰，(唐)颜师古注：《汉书》，中华书局 1964 年版，第 3904 页。

侃案：此不通之文首见于史传者，本不可句读，而文颖、应劭亦为字字生义，盖一莽云文意甚害耳。不知莽自指余二印言也。

案：此文引自《汉书·王莽传下》，其文载："皇孙功崇公宗坐自画容貌，被服天子衣冠，刻印三：一曰'维祉冠存己夏处南山臧薄冰'，二曰'肃圣宝继'，三曰'德封昌图'。"文颖曰："祉，福祚也。冠存己，欲袭代也。"①应劭曰："夏处南山，就阴凉也。臧薄冰，亦以除暑也。"②意为，皇孙功崇公王宗给自己画了一幅画像，穿着天子的衣服，戴着天子的冠冕，刻了三枚印章：第一枚是"维祉冠存己夏处南山藏薄冰"，第二枚是"肃圣宝继"，第三枚是"德封昌图"。

黄侃认为王莽印上"维祉冠存己夏处南山臧薄冰"句不通顺，文颖、应劭认为字字生义，他们的观点不正确。

(2)"莽立载行势。"

侃案："立载"读为"里而栽"之栽，谓立筑墙板干也。师古以为立乘车，谬矣。

案：其文引自《汉书·王莽传下》，其文载："九月甲申，莽立载行视，亲举筑三下。"③颜师古曰："立载谓立而乘车也。"④

黄侃认为"立载"是"立筑墙板干"之意，师古认为是"立乘车"之意。黄氏观点与师古大不相同，认为师古解释不对。

(3)"不保中室"。

侃案：中室即中宫，谓皇室也。莽改汉宫曰室，如长乐宫曰长乐

---

① (汉)班固撰，(唐)颜师古注：《汉书》，中华书局 1964 年版，第 4152 页。
② (汉)班固撰，(唐)颜师古注：《汉书》，中华书局 1964 年版，第 4153 页。
③ (汉)班固撰，(唐)颜师古注：《汉书》，中华书局 1964 年版，第 4161 页。
④ (汉)班固撰，(唐)颜师古注：《汉书》，中华书局 1964 年版，第 4162 页。

室，未央宫曰寿成室，故中宫又随而改称中室矣。李奇说是，而未尽憭。

案：此文引自《汉书·王莽传下》，其文载："今臣临复适三十，诚恐一旦不保中室，则不知死命所在！"①意为，现在我王临又刚好三十岁，只恐怕一旦皇后有什么不幸，我就不知道会死在哪里！李奇曰："中室，临之母也。"晋灼曰："长乐宫中殿也。"师古曰："二说皆非也。中室，室中也。临自言欲于室中自保全，不可得耳。"

黄侃认为"不保中室"之"中室"意为皇室，李奇观点正确，但不准确。

(4) 王况所作谶，忿、军、人、信、怨、先、军为韵，王、行、阳、攻、行为韵。大抵谶书似童谣，略为韵语。谶起哀平，确有明征。赤伏符即光武所自造，而使强华献之耳。

侃案：王况造谶十万余言，然则八十一篇有何难造乎？

案：此文引自《汉书·王莽传下》，其文载："魏成大尹李焉与卜者王况谋，况谓焉曰：'新室即位以来，民田奴婢不得卖买，数改钱货，征发烦数，军旅骚动，四夷并侵，百姓怨恨，盗贼并起，汉家当复兴。君姓李，李者徵，徵，火也，当为汉辅。'因为焉作谶书言：'文帝发忿，居地下趣军，北告匈奴，南告越人。江中刘信，执敌报怨，复续古先，四年当发军。江湖有盗，自称樊王，姓为刘氏，万人成行，不受赦令，欲动秦、雒阳。十一年当相攻，太白杨光，岁星入东井，其号当行。'又言莽大臣吉凶，各有日期。会合十余万言。焉令吏写其书，吏亡告之。莽遣使者即捕焉，狱治皆死。"②

---

① (汉)班固撰，(唐)颜师古注：《汉书》，中华书局1964年版，第4165页。

② (汉)班固撰，(唐)颜师古注：《汉书》，中华书局1964年版，第4166~4167页。

17. 1929年2月24日 第526~527页

(1)汉书司马迁传:“定计于鲜也。”文颖曰:“未遇刑自杀为鲜明。”

侃案:“鲜明”,犹今所云漂亮矣。

案:此文引自《汉书·司马迁传》,其文载:“故士有画地为牢势不入,削木为吏议不对,定计于鲜也。”文颖曰:“未遇刑自杀,为鲜明也。”①意为,有这样的士人,在地上画个圈儿作监牢他也不敢进去,削根木头作法吏他也不敢抬头答话,而是决计在受辱之前自杀。

(2)汉书尹翁归传:“入市斗变。”

侃案:汉时称私斗为“斗变”,或曰“变斗”。后汉书冯异引东观记、续汉书云:“由是无争道变斗者也。”

案:此文引自《汉书·赵尹韩张两王传》之《尹翁归传》,其文载:“是时,大将军霍光秉政,诸霍在平阳,奴客持刀兵入市斗变,吏不能禁,及翁归为市吏,莫敢犯者。”②

18. 1929年2月27日 第529页

汉书薛宣传:“壹笑相乐。”

侃案:应劭本作壶矢,此亦“三豕”“白于”之类也。

案:此文引自《汉书·薛宣硃博传》之《薛宣传》,其文载:“掾宜从众,归对妻子,设酒肴,请邻里,壹笑相乐,斯亦可矣!”应劭曰:“以壶矢相乐也。”晋灼曰:“书篆形‘壹笑’字象壶矢,因曰壶矢。此说非也。”师

① (汉)班固撰,(唐)颜师古注:《汉书》,中华书局1964年版,第3732页。
② (汉)班固撰,(唐)颜师古注:《汉书》,中华书局1964年版,第3206页。

古曰："晋说是也。壹笑，谓一为欢笑耳。关，古笑字也。"①意为，曹掾应该依从众人，回家陪伴妻子儿女，安排酒菜，宴请邻里，一起欢笑取乐，这也是很合宜的呀！

黄侃赞同师古的说法，认为应劭将"壹笑"写作"壶矢"是因为这两个词词形相近。

19. 1929 年 3 月 30 日　第 541~542 页

汉书李寻传：寻成帝元延中说王根曰"五经六纬，尊显术士"。

侃案：此"纬"字始见于史者。张衡言，纬成、哀之间始闻之，其言始于成帝时，至确。

案：此文引自《汉书·眭两夏侯京翼李传》之《李寻传》，其文载："太微四门，广开大道。五经六纬，尊显术士。"②

20. 1931 年 7 月 20 日　第 724 页

(1) 又说史记"卒述陶唐以来，至于麟止"。

侃案："陶唐"八字，即尚书、春秋之廋词，史公不敢明言述六经，乃婉言之耳。师亟以为然。意为，"陶唐以来，至于麟止"是司马迁对尚书春秋委婉的称呼。其师章太炎也赞同这种说法。

案：此文引自《汉书·司马迁传》，其文载："卒述陶唐以来，至于麟止。"③

(2) 汉书："类祃厥宗。"

侃案：师说此自伐之意，亦谛。予言㠯字为**毌**之变；说文"**丂**"下

① (汉)班固撰，(唐)颜师古注：《汉书》，中华书局 1964 年版，第 3390 页。
② (汉)班固撰，(唐)颜师古注：《汉书》，中华书局 1964 年版，第 3179 页。
③ (汉)班固撰，(唐)颜师古注：《汉书》，中华书局 1964 年版，第 2720 页。

云"气欲舒出，丂上碍于一。"丂即乃字。此二条，蒙师印可。

案：此文引自《汉书·叙传下》，其文载："上官幼尊，类禡厥宗。"①应劭曰："诗云'是类是禡'。礼，将征伐，告天而祭谓之类，告以事类也。至所征伐之地，表而祭之谓之禡。禡者，马也。马者兵之首，故祭其先神也。言上官后虽幼尊贵，家族以恶逆诛灭也。"②

21. 1932 年 11 月 26 日　第 851 页

李广传："遮钩营之道。"

侃案：当读为"钩车先正"之钩。言遮迾前锋营舍之道。

案：此文引自《汉书·李广苏建传》之《李广传》，其文载："今虏入西河，其引兵走西河，遮钩营之道。"张晏曰："胡来要害道，令博德遮之。"③背景：汉武帝怀疑李陵后悔出兵，因此下诏书命博德遮钩营之道。

第二节 《黄侃日记》引其他正史文献考

对于二十五部正史，黄侃不仅重视对《史记》《汉书》的阅读，同时注重其他正史文献阅读。对《后汉书》《三国志》《晋书》《宋史》《南齐书》《梁书》《魏书》《南史》《隋书》《新唐书》《宋史》《明史》《清史稿》，黄侃都有阅读、钞录。其中，《新唐书》列传中的重要人物，黄侃对他们都作有摘录。本节将对黄侃引其他正史文献作详细考证。

一、《后汉书》

黄侃于 1929 年 3 月 1 日至 4 月 3 日，读范晔的《后汉书》，并选钞注

① （汉）班固撰，（唐）颜师古注：《汉书》，中华书局 1964 年版，第 4269 页。

② （汉）班固撰，（唐）颜师古注：《汉书》，中华书局 1964 年版，第 4300 页。

③ （汉）班固撰，（唐）颜师古注：《汉书》，中华书局 1964 年版，第 2451 页。

释；4月11日至7月6日，中间虽有间隔，但阅毕此书。

引文

1. 1929年2月24日　第526~527页

(1)后汉书光武纪下："其命郡国有谷者给禀高年云云。"

侃案："给禀"，连下读。注于"禀"字绝句，非。

案：此文引自《后汉书·光武帝纪下》，其文载："其命郡国有谷者，给禀高年、鳏、寡、孤、独及笃癃、无家属贫不能自存者，如《律》。"①

黄侃改正其侄子黄焯之误。

(2)章纪："冒耏之类。"

侃案："冒"，蛮夷头衣。"耏"，即而，"须"髯也。今西夷皆可以此呼之。

案：此文引自《后汉书·孝章帝纪》，其文载："沙漠之北，葱领之西，冒耏之类。"②

(3)桓纪："元熹二年，初置秘书监官。"

侃案：前此掌书之官无专称，其实柱下御史专掌柱下方书，即秘书监之职。

案：此文引自《后汉书·孝桓帝纪》，其文载："初置秘书监官。"③

黄侃记载"秘书监官"开始设置的年份。

---

① (刘宋)范晔撰，(唐)李贤等注：《后汉书》，中华书局1965年版，第47页。

② (刘宋)范晔撰，(唐)李贤等注：《后汉书》，中华书局1965年版，第150页。

③ (刘宋)范晔撰，(唐)李贤等注：《后汉书》，中华书局1965年版，第306页。

(4)献纪注引献帝纪:“长安中谣曰:头白皓然,食不充粮。裹里褰裳,当还故乡。”

侃案:“褰”即攐字,攐即摕字,不须改褰。

案:此文引自《后汉书·孝献帝纪》,其文载:“诏曰:‘孔子叹:学之不讲。讲,习也。《论语》之文。不讲则所识日忘。今耆儒年逾六十,去离本土,营求粮资,不得专业。结童入学,白首空归,长委农野,永绝荣望,朕甚愍焉。其依科罢者,听为太子舍人。”①李贤注:“刘艾献《帝纪》曰:‘时长安中为之谣曰:头白皓然,食不充粮。裹衣褰裳,当还故乡。圣主愍念,悉用补郎。舍是布衣,被服玄黄。’”②

(5)隗嚣传:“庶无负子之责。”

侃案:此用金縢“是有丕子质责于天”。今盖作负子,故盐铁论亦云:“周道之成,负子之力也。”负子,谓三王也。嚣所谓负子,汉高也。

案:此文引自《后汉书·隗嚣公孙述列传》之《隗嚣传》,其文载:“申命百姓,各安其所,庶无负子之责。”李贤注:“百姓襁负流亡,责在君上。既安其业,则无责也。”③

(6)赵王良传注(甄阜、梁丘与良书):“老子不率宗族,单绔骑牛。”

侃案:此“老子”二字见书始。老子犹今言老儿,其自称老子,犹古人自称老夫也。然今人通以为老子,故自称老子则为侮慢之词,更无人自称老子,此由古今语言之情不同也。

案:此文引自《后汉书·宗室四王三侯列传》之《赵王良传》,其文载:

① (刘宋)范晔撰,(唐)李贤等注:《后汉书》,中华书局1965年版,第374页。
② (刘宋)范晔撰,(唐)李贤等注:《后汉书》,中华书局1965年版,第374页。
③ (刘宋)范晔撰,(唐)李贤等注:《后汉书》,中华书局1965年版,第519页。

"既而不得已，从军至小长安，汉兵大败，良妻及二子皆被害。"①李贤注曰《续汉书》曰："阜、赐移书良曰：'老子不率宗族，单绔骑牛。且哭且行，何足赖哉！'"②

黄侃认为"老子"作为"老儿"讲，此为第一次出现在书中。并认为古今"老子"词义发生了很大变化，古代"老子"为尊词，而现在则为侮慢之词。

(7)岑彭传："装直进楼船冒突，楼桡。"

侃案：此皆当时军舰。然绝类今之军舰者，莫如唐书曹王皋所云"鼓轮激水之制"。

案：此文引自《后汉书·冯岑贾列传》之《岑彭传》，其文载："彭数攻之，不利，于是装直进楼船、冒突露桡数千艘。"③

黄侃在此考证当时军舰之规模。

2. 1929 年 3 月 5 日　第 531 页

维汜称神，伏诛。弟子李广等宣言汜神化不死，以惑众。前之淮南，后之孙泰，近之周谷，远之□□，皆此类也。

案：此文引自《后汉书·马援传》，其文载："案初，卷人维汜，訞言称神，有弟子数百人，坐伏诛。后其弟子李广等宣言汜神化不死，以诳惑百姓。十七年，遂共聚会徒党，攻没皖城，杀皖侯刘闵，自称'南岳大师'。遣谒者张宗将兵数千人讨之，复为广所败。于是使援发诸郡兵，合万余人，击破广等，斩之。"④

① (刘宋)范晔撰，(唐)李贤等注：《后汉书》，中华书局 1965 年版，第 558 页。
② (刘宋)范晔撰，(唐)李贤等注：《后汉书》，中华书局 1965 年版，第 558 页。
③ (刘宋)范晔撰，(唐)李贤等注：《后汉书》，中华书局 1965 年版，第 660 页。
④ (刘宋)范晔撰，(唐)李贤等注：《后汉书》，中华书局 1965 年版，第 838 页。

3. 1929 年 3 月 10 日　第 532~533 页

(1) 冯衍传“嫼子反于彭城兮。”

侃案：注引东观记作“讥”字。嫼盖姗之别体，读为“姗谤”之“姗”。

案：此文引自《后汉书·冯衍传下》，其文载：“嫼子反于彭城兮，爵管仲于夷仪。”李贤注曰：“《东观记》作‘讥字。此虽作嫼，盖亦讥刺之意也。”①

(2) 郅恽传注：潜夫论曰：“周先姞氏，封于燕。河东有郅都，汝南有郅君章。音与古姞同，而其字异。然前书音义：郅音之日反。”

侃案：至声之字有喉音，故咥从至。吉声之字有舍音，故喆从吉。劼读若篳。

案：此文引自《后汉书·申屠刚鲍永郅恽列传》之《郅恽传》的注文。其文载：“郅恽字君章，汝南西平人也。”②李贤注：“潜夫论曰：‘周先姞氏封于燕，河东有郅都，汝南有郅君章。’音与古姞同，而其字异。然《前书音义》郅音之日反。”③

(3) 郅恽传“将为巢、许乎，而父老尧、舜也。”

侃案：谓为尧、舜之父老耳，注非，改正亦未擦。

案：此文引自《后汉书·申屠刚鲍永郅恽列传》之《郅恽传》，其文载：

① (刘宋)范晔撰，(唐)李贤等注：《后汉书》，中华书局 1965 年版，第 994 页。

② (刘宋)范晔撰，(唐)李贤等注：《后汉书》，中华书局 1965 年版，第 1023 页。

③ (刘宋)范晔撰，(唐)李贤等注：《后汉书》，中华书局 1965 年版，第 1024 页。

"将为巢、许，而父老尧、舜乎？"①背景：郑敬劝郅恽功成身退，但恽志在从政，谓敬曰："天生俊士，以为人也。鸟兽不可与同群，子从我为伊吕乎？将为巢许，而父老尧舜乎？"李贤注："若为巢父、许由，则以尧、舜为父老之人也。"②

原文"将为巢、许，而父老尧、舜乎？"与引文略不同。

4. 1929 年 3 月 14 日　第 535 页

(1) 杜林荐郑兴疏云："张仲在周，燕冀宣王，而诗人喜悦。"

侃案：此全用诗文"吉甫燕喜，既多受祉"至"侯谁在矣，张仲孝友"，注未晰。

案：此文引自《后汉书·郑范陈贾张列传》之《郑兴传》，其文载："侍御史杜林先与兴同寓陇右，乃荐之曰：'窃见河南郑兴，执义坚固，敦悦诗书，好古博物，见疑不惑，有公孙侨、观射父之德，宜侍帷幄，典职机密。昔张仲在周，燕翼宣王，而诗人悦喜。'"③李贤注：张仲，周宣王时贤臣也。燕，乐也。翼，敬也。诗小雅曰："侯谁在矣，张仲孝友。"④

(2) 桓荣传注引谢丞书，何汤为桓荣去妻。

侃案：是弟子有为师去妻之礼。惜乎予不能施之彭城氏也。

案：此文引自《后汉书·桓荣传》注文。其文载："世祖从容问汤，本

① (刘宋)范晔撰，(唐)李贤等注：《后汉书》，中华书局 1965 年版，第 1029 页。

② (刘宋)范晔撰，(唐)李贤等注：《后汉书》，中华书局 1965 年版，第 1029 页。

③ (刘宋)范晔撰，(唐)李贤等注：《后汉书》，中华书局 1965 年版，第 1220 页。

④ (刘宋)范晔撰，(唐)李贤等注：《后汉书》，中华书局 1965 年版，第 1220 页。

师为谁，汤对曰：‘事沛国桓荣。’”李贤注：谢承书曰：“何汤字仲弓，豫章南昌人也。荣门徒常四百余人，汤为高第，以才明知名。荣年四十无子，汤乃去荣妻为更娶，生三子，荣甚重之。”①

黄侃感慨学生可以帮助老师休妻，自己却不能效仿古人。

5. 1929 年 4 月 11 日　第 541 页

(1) 思玄赋赋：“流目俯乎衡阿兮，睹有黎之圮坟。”注引盛弘之荆州记云“衡山南有南正重黎之墓楚灵王时山崩，毁其坟，得营丘九头图焉”。

侃案：此发冢得书事之最古者。

案：此文引自《后汉书·张衡列传》之《思玄赋》，其文载：“流目俯乎衡阿兮，睹有黎之圮坟。”②李贤注：衡阿，衡山之曲也。黎，颛顼之子祝融也，为高辛氏之火正，葬于衡山。圮，毁也。盛弘之《荆州记》云：“衡山南有南正重黎墓。楚灵王时山崩，毁其坟，得营丘九头图焉。”③

黄侃记录下最早的发冢得书之事。

(2) 又云：“汤蠲体以祷祈兮，蒙庬褫以救人”注引帝王纪曰：“汤时大旱七年，殷(或为太，要查证)史卜曰：当以人祷。汤曰：必以人祷，吾请自当。”

侃案：由此可知用人以祭，乃殷旧俗。用鄫子于次睢之社，用隐太子于冈山，皆承此弊也。子鱼曰：古者六畜不相为用，讳之也。

① (刘宋)范晔撰，(唐)李贤等注：《后汉书》，中华书局 1965 年版，第 1249 页。

② (刘宋)范晔撰，(唐)李贤等注：《后汉书》，中华书局 1965 年版，第 1921 页。

③ (刘宋)范晔撰，(唐)李贤等注：《后汉书》，中华书局 1965 年版，第 1922 页。

案：此文引自《后汉书·张衡列传》之《思玄赋》文。其文载："汤蠲体以祷祈兮，蒙厖褫以拯人。"①李贤注："帝王纪曰：'汤时大旱七年，殷史卜曰："当以人祷。"汤曰："必以人祷，吾请自当。"遂斋戒，翦发断爪，以己为牲，祷于桑林之社，果大雨。'"言蒙天大福以拯救人。②

引文与原文略有不同，庞与厖，救与拯不同。

6. 1929年7月5日　第557页

南蛮传"冲中五里蛮"注云："充音冲"。

侃案：此东、钟有别，不然何烦注音？

案：此文引自《后汉书·南蛮西南夷列传》之《南蛮传》，其文载："募充中五里蛮精夫不叛者四千人，击澧中贼。"李贤注："充，县，属武陵郡。充音冲。"③

7. 1930年10月18日　第675~676页

后汉书周荣陈忠上书荐周兴曰："诸郎多文俗吏，鲜有雅材，每为诏文，宣示内外，转求相请，或以不能专己自由，辞多鄙故，乃拜兴为尚书郎。

侃案：故，后汉书作固。

案：此文引自《后汉书·袁张韩周列传》之《周兴传》，其文载："诸郎多文俗吏，鲜有雅才，每为诏文，宣示内外，转相求请，或以不能而专己

① （刘宋）范晔撰，（唐）李贤等注：《后汉书》，中华书局1965年版，第1924页。

② （刘宋）范晔撰，（唐）李贤等注：《后汉书》，中华书局1965年版，第1928页。

③ （刘宋）范晔撰，（唐）李贤等注：《后汉书》，中华书局1965年版，第2832页。

自由，辞多鄙固。兴抱奇怀能，随辈栖迟，诚可叹惜。”①

引文与原文有所不同，引文“材”原文作“才”。

二、《三国志》

引文

1. 1922 年 11 月 15 日　第 268 页

魏志国渊传：迁魏郡太守时，“有投书诽谤者，太祖疾之，欲必知其主。渊请留其本书而不宣露。其书多引《二京赋》，渊敕功曹曰：‘此郡既大，今在都辇而少学问者。其简开解年少，欲遣就师。’功曹差三，临遣引见，训以所学未及：二京赋，博物之书也，世人忽略，少有其师，可求能读者从受之”。又密喻旨。旬日得能读者，遂往受业。吏因请使作笺，比方其书，与投书人同手。收摄案问，具得情理。

侃案：此条文选余仲林文选古义未及采录。

案：此文选自《三国志·魏书·国渊传》，其文载：“时有投书诽谤者，太祖疾之，欲必知其主。渊请留其本书，而不宣露。其书多引《二京赋》，渊敕功曹曰：‘此郡既大，今在都辇而少学问者。其简开解年少，欲遣就师。’功曹差三人，临遣引见，训以：‘所学未及，二京赋，博物之书也，世人忽略，少有其师，可求能读者从受之’。又密喻旨。旬日得能读者，遂往受业。吏因请使作笺，比方其书，与投书人同手。收摄案问，具得情理。”②

原文“功曹差三”较引文“功曹差三人”少“人”字。

---

① （刘宋）范晔撰，（唐）李贤等注：《后汉书》，中华书局 1965 年版，第 1537 页。

② （晋）陈寿撰，（刘宋）裴松之注：《三国志》，中华书局 1964 年版，第 339～340 页。

2. 1929 年 1 月 31 日　第 419~420 页

魏志钟会传注引孙盛魏氏春秋评王弼注易曰：易之为书，穷神知化，非天下之至精，其孰能与于此？世之注解，殆皆妄也。况弼以传会之辨，而欲笼统玄旨者乎？故其叙浮义，则丽辞溢目；造阴阳，则妙颐无闻，至于六爻变化，群象所效，日时岁月，五气相推，弼皆摈落，多所不关。虽有可观者焉，恐将泥夫大道。

案：此文引自《三国志·魏书·钟会传》注文，其正文载："初，会弱冠与山阳王弼并知名。弼好论儒道，辞才逸辩，注易及老子，为尚书郎，年二十余卒。"①裴松之注如上文。

3. 1932 年 10 月 17 日　第 842 页

吴志诸葛瑾传"谏喻未尝切愕，微见风彩，粗陈指归，如有不(原文可能是未)合，则舍而之他，徐复托事造端，以物类相求，于是权之意往往而释"。

侃案：惠施曰："说者固因人所知，以喻其所不知。"

案：此文引自《三国志·吴书·张顾诸葛步传》之《诸葛瑾传》，其文载："与权谈说谏喻未尝切愕，微见风彩，粗陈指归，如有不合，则舍而及他，徐复托事造端，以物类相求，于是权之意往往而释。"②意为，诸葛瑾和孙权交谈说话，劝谏讽喻，从未有过激烈直露的言辞，仅仅略微显示风度神采，大体讲明意见要义，如果有不合孙权心意的，就放弃(它)而去谈其他事情，慢慢地再借其他事情来引起先前的话题，用类似的事情来求得孙权理解，因此孙权往往就不再坚持自己的意见。

① (晋)陈寿撰，(刘宋)裴松之注：《三国志》，中华书局 1964 年版，第 795~796 页。

② (晋)陈寿撰，(刘宋)裴松之注：《三国志》，中华书局 1964 年版，第 1232 页。

引文“如有不合”与原文“如有未合”略有出入。引文“舍而之他”与原文“舍而及他”有出入。

4. 1934 年 4 月 22 日　第 982 页

蜀志秦宓传，广汉太守夏侯纂问功曹古朴曰：“至于贵州养生之具，实绝余州矣，不知士人何如余州也?”

案：此文引自《三国志·蜀书·许麋孙简伊秦传》之《秦宓传》，其文载：“至于贵州养生之具，实绝余州矣，不知士人何如余州也?”①

三、《晋书》

引文

1933 年 3 月 5 日　第 876 页

晋梁孝王肜以单衣，补车幔，自予其清。参军王铨讽之曰：“晏婴之清，御食七百家。今公无此费，宜美衣服，使内外相称。”

案：唐房玄龄本《晋书·梁王肜传》无此文。此传有关梁孝王与王铨之对话如此：“肜尝大会，谓参军王铨曰：‘我从兄为尚书令。不能啖大脔。大脔故难。’铨曰：‘公在此独嚼，尚难矣。’肜曰：‘长史大脔为谁?’曰：‘卢播是也。’肜曰：‘是家吏，隐之耳。’铨曰：‘天下咸是家吏，便恐王法不可复行。’肜又曰：‘我在长安，作何等不善!’因指单衣补幰以为清。铨答曰：‘朝野望公举荐贤才，使不仁者远。而位居公辅，以衣补幰，以此为清，无足称也。’肜有惭色。”②

《九家旧晋书·王隐晋书》卷六中有其文之记载：“肜将单衣补车幰以

① （晋）陈寿撰，（刘宋）裴松之注：《三国志》，中华书局 1964 年版，第 974～975 页。

② （唐）房玄龄等：《晋书》，中华书局 1974 年版，第 1182 页。

为清，参军王诠(杨朝明案：当作铨)曰：‘晏婴大官称清者，以为御食七百家也。公无此费，宜美衣服，使内外相称。’”①

四、《宋书》

黄侃于1932年6月14日至7月25日，阅、加点此书，偶尔记下所读之篇目。

引文

1. 1932年6月15日　第812页

宋书文帝纪“亡命马大玄”。

案：此文引自《宋书·文帝纪》，其文载：“十一年春正月，亡命马大玄群党数百人寇泰山，州郡讨平之。”②

2. 1932年7月25日　第821

为萧道成弑宋后废帝者，杨玉夫也！

案：此文引自《宋书·后废帝纪》，其文载：“其夕，敬则出外，玉夫见昱醉熟无所知，乃与万年同入氈幄内，以昱防身刀斩之。”③

五、《南齐书》

黄侃于1932年7月25日至8月4日，略读《南齐书》，并将每日所读之具体人物、标题记录下来。其于8月4日“读《南齐书》毕。”④

① (清)汤求辑，杨朝明校补：《九家旧晋书辑本》，中州古籍出版社1991年版，第226页。

② (梁)沈约：《宋书》，中华书局1974年版，第82页。

③ (梁)沈约：《宋书》，中华书局1974年版，第190页。

④ 黄侃著，黄延祖重辑：《黄侃日记》，中华书局2007年版，第824页。

引文

1922 年 10 月 18 日　第 242 页

南齐书豫章王嶷传，上谓嶷曰："百年亦何可得？止得东西一百，于事一济。"

侃案：是东西为依约之辞，移以言器物，则为混举之辞。宋人诗有玉东西，乃酒器，以其无单名，故予以共名耳。今俗称物，混举之曰东西，总举亦曰东西，代名亦曰东西（一如买东西，二如这些东西，三如这个东西）。

案：此文引自《南齐书·豫章王嶷传》，其文载："嶷谓上曰：'古来言愿陛下寿偕南山，或称万岁，此殆近貌言，如臣所怀，实愿陛寿百年亦足矣。'上曰：'百年亦何可得？止得东西一百，于事一济。'"①

黄侃在此解释了"东西"二字的多个意思。

六、《梁书》

引文

1933 年 3 月 1 日　第 875 页

梁书沈竣传：字士嵩。陆倕与徐勉书，荐竣曰："凡圣可讲之书，必以周官立义。然则周官一书，实为群经源本，此学不传，多历年所，唯助教沈竣，特精此书。"

案：此文引自《梁书·儒林传》之《沈竣传》，其文载："时吏部郎陆倕与仆射徐勉书荐竣曰……凡圣可讲之书，必以周官立义，则周官一书，实为群经源本。此学不传，多历年世，此学不传，多历年世。北人孙详、蒋显亦经听习，而音革楚、夏，故学徒不至；唯助教沈峻特精此书，比日时

① （梁）萧子显：《南齐书》，中华书局 1972 年版，第 414 页。

开讲肆，群儒刘岩、沈宏、沈熊之徒，并执经下坐，北面受业，莫不叹服，人无间言。弟谓宜即用此人，令其专此一学，周而复始，使圣人正典废而更兴。”①

引文“多历年所”与原文“多历年岁”有所不同。

七、《魏书》

黄侃于1932年8月4日至22日阅读北齐魏收的《魏书》，并且记下所读传中的人名。黄侃对此书评价并不高，认为魏收无知②，《魏史》为秽史③。

引文

1932年8月10日　第826页

石铭刊史，竟无一字流传，又何惜已。

案：此文引自《魏书·崔浩传》，其文载：“著作令史太原闵湛、赵郡郄标素谄事浩，乃请立石铭，刊载《国书》，并勒所注《五经》。浩赞成之。恭宗善焉，遂营于天郊东三里，方百三十步，用功三百万乃讫。”④

黄侃对魏收所刻之书没有流传于后世深表可惜。

八、《南史》

引文

1. 1933年3月6日　第876~877页

宋书“齐狗儿之役”，临汝候嘲罗研曰：“卿蜀人，乐祸贪乱，一至于此。”对曰：“蜀中积弊，实非一朝。百家为林，不过数家有食。

① （唐）姚思廉撰：《梁书》，中华书局1973年版，第678~679页。
② 黄侃著，黄延祖重辑：《黄侃日记》，中华书局2007年版，第829页。
③ 黄侃著，黄延祖重辑：《黄侃日记》，中华书局2007年版，第826页。
④ （北齐）魏收：《魏书》，中华书局1974年版，第827页。

乐祸贪乱，无足多怪。若令床上有百钱布被，甑中有数升麦饭，宁肯为乱乎？”

案：此文引自《南史·邓元启传》，其文载：“齐苟儿之役，临汝侯嘲(罗研)之曰：‘卿蜀人乐祸贪乱，一至于此。’对曰：‘蜀中积弊，实非一朝。百家为村，不过数家有食，穷迫之人，什有八九，束缚之使，旬有二三。贪乱乐祸，无足多怪。若令家畜五母之鸡，一母之豕，床上有百钱布被，甑中有数升麦饭，虽苏、张巧说于前，韩、白按剑于后，将不能使一夫为盗，况贪乱乎？’”①

2. 1935年3月14日 第1059~1060页

南史：“颜延之性既偏激，兼有酒过，肆意直言，曾无回隐。论者诸多不与之，谓之颜彪。”

案：此文引自《南史·颜延之传》，其文载：“延之性既褊激，兼有酒过，肆意直言，曾无遏隐，故论者多不与之，谓之颜彪。”②

九、《隋书》

引文

1922年9月29日 第210~213页

隋书经籍志史部杂传篇有文士传五十卷，张隐撰(隐一作骘。魏志王粲传注：“张骘假伪之辞，不觉其虚之自露也。凡骘虚伪妄作，不可覆疏。”钟嵘诗品曰：“张骘文士，逢文即书。”旧唐志有张隐文林传)。太平御览经史图书纲目所载，有张鄢文士传。鄢，盖即隐之误，

① (唐)李延寿：《南史》，中华书局1975年版，第1369页。
② (唐)李延寿：《南史》，中华书局1975年版，第880页。

而张骘、张隐亦出两处。文选注所引有文章录，不著撰人，或即谢沈书。又有江邃文释，则隋志无之。世说新语注引文字志，无撰人，或即文章志。其引文章录则署丘渊之，志所无也。又顾恺之晋文章记、文章叙录（北堂书钞设官部十八亦引），皆不见隋志中。然三国志注引荀勖文章叙录，是即隋志之杂撰文章家集续也。又志注引张隐文士传，一作骘，一作衡，合之御览之张鄢，是此一人而名有四字之异也。

案：以上引文作如下处理：

（1）“文士传五十卷，张隐撰”之句引自《隋书·经籍志》，其文载：“文士传五十卷，张骘撰。”①注曰：“张骘原作隐，据《魏志·王粲传》注及《旧唐书·志上》《新唐书·志二》改。”②

（2）“魏志王粲传注：‘张骘假伪之辞，不觉其虚之自露也。凡骘虚伪妄作，不可覆疏。’”此句引自《三国志·魏书·王粲传》注文。其文载：“以此知张骘假伪之辞，而不觉其虚之自露也。凡骘虚伪妄作，不可覆疏，如此类者，不可胜纪。”③

（3）“钟嵘诗品曰：‘张骘文士，逢文即书。’”此句引自钟嵘《诗品》序。其文载：“张骘《文士》，逢文即书。”④

黄侃在阅读《隋书·经籍志》时，发现《文士传》作者有疑问，于是查阅《三国志》《诗品》《太平御览》《世说新语》等书，最终得出张隐，一作骘，一作衡，合之御览之张鄢，是一人有四个名字。

十、《新唐书》

黄侃1928年7月5日之前已经此书至列传六十九，详细读书日期《日记》未记；1928年7月5日至1929年1月8日，中间偶有间断，但将此书

① （唐）魏徵等：《隋书》，中华书局1974年版，第976页。
② （唐）魏徵等：《隋书》，中华书局1974年版，第994页。
③ （晋）陈寿撰，（刘宋）裴松之注：《三国志》，中华书局1964年版，第599页。
④ （梁）钟嵘撰，周振甫译注：《诗品译注》，中华书局1998年版，第26页。

读、点完毕，并记下每日所读篇目；1932 年 1 月 14 日至 19 日，重温此书。

引文

1. 1928 年 9 月 5 日　第 441~442 页

(1)顾少连夷仲吴人(挺笏将击裴延龄。)

案：此文引自《新唐书》卷一百六十二之《顾少连传》，其文载：“裴延龄方横，无敢忤者，尝与少连会田镐第，酒酣，少连挺笏曰：‘段秀实笏击贼臣，今吾笏将击奸臣。’奋且前，元友直在坐，劝解之。”①

(2)韦夏卿(署居曰大隐洞，同游终年不见喜愠。)

侃案：愠字新唐书作怛，此从旧唐书。

案：此文引自《新唐书》卷一百六十二《韦夏卿传》，其文载：“晚岁将罢归，署其居曰大隐洞。与齐映、穆赞、赞弟员友善，虽同游，终年不见其喜怛。”②

(3)弟正卿子瓘(李德裕罕接士，唯有瓘往请无间。)

案：此文引自《新唐书》卷一百六十二之《李德裕传》，其文载：“与李德裕善，德裕任宰相，罕接士，唯(韦)瓘往请无间也。”③

(4)段平仲(与陈归同对，德宗察其所畜，以在侧未言。事讫，方独进，并留归，正色问之，杂以他语，平仲错愕不得言，乃谬称名，

① (宋)欧阳修、宋祁：《新唐书》，中华书局 1975 年版，第 4995 页。
② (宋)欧阳修、宋祁：《新唐书》，中华书局 1975 年版，第 4996 页。
③ (宋)欧阳修、宋祁：《新唐书》，中华书局 1975 年版，第 4996 页。

帝怒，斥去之。苍黄幄后，归趋降招之，乃得去，然名以此显。赞曰“苍黄失对，犹以取名”。)

案：此文引自《新唐书》卷一百六十二之《段平仲传》，其文载：“平仲与考功员外郎陈归被选，同得对，粗陈振恤事，帝察其意有所畜，以归在侧未言。事讫，平仲方独进，帝乃并留归，正色问之，杂以它语，平仲错牾不得言，乃谬称名，帝怒，叱去之。苍黄向幄后，归趋降招之，乃得去。由是坐废七年，然名由此显。”赞曰：“段平仲一忤上，苍惶失对，而犹以取名，何哉？下知所职，而上丧其所以为上也。故圣王屈己从谏，君臣两得其美，知道之本欤！”①

(5)李逊子方玄(常曰：“沈约年八十，手写薄书。”)

案：此文引自《新唐书》卷一百六十二之《李逊传》，其文载：“子方玄，字景业，第进士。裴谊奏署江西府判官。有大狱，论死者十余囚，方玄刺审其冤，悉平贷之。累为池州刺史。钩检户籍，所以差量傜赋者，皆有科品程章，吏不得私。常曰：‘沈约年八十，手写簿书，盖为此云。’终处州刺史。”②

(6)李逊弟建(母曰：“猤子劝吾食饱，吾辄饱；进乐，吾意其瘳。”)

案：《新唐书》卷一百六十二之《李逊传》。母曰：“猤子劝吾食饱，吾辄饱；进乐，吾意其瘳。”③

---

① (宋)欧阳修、宋祁：《新唐书》，中华书局1975年版，第4997页。
② (宋)欧阳修、宋祁：《新唐书》，中华书局1975年版，第5005页。
③ (宋)欧阳修、宋祁：《新唐书》，中华书局1975年版，第5005页。

2. 1928 年 9 月 7 日 第 442~444 页

(1)孔巢父从子戣(明州岁贡淡菜蚶蛤之属，道路役四十三万人，论罢之，蕃舶泊步有下碇税，始至阅货宴，所饷犀左王右非下及仆隶，戣禁绝。)

案：此文引自《新唐书》卷一百六十三之《孔巢父传》，其文载："明州岁贡淡菜蚶蛤之属，戣以为自海抵京师，道路役凡四十三万人，奏罢之……蕃舶泊步有下碇税，始至有阅货宴，所饷犀琲，下及仆隶。戣禁绝，无所求索。"①

(2)孔巢父从子戡(阴争卢从史，不从，则于会肆言以折之。)

案：此文引自《新唐书》卷一百六十三之《孔巢父传》，其文载："从史稍得志，益骄，与王承宗、田绪阴相结，欲久连兵以固其位。戡始阴争不从，则于会肆言以折之，从史始若受其言，后偃蹇不轨，戡遂以疾归洛阳。"②

(3)穆宁(父元休宁唶曰"时不我容，我不时徇"。贞元间言家法者韩、穆。)

案：此文引自《新唐书》卷一百六十三之《穆宁传》，其文载："穆宁，怀州河内人。父元休，有名开元间，献书天子，擢偃师丞，世以儒闻。"③"宁性不能事权右，毅然寡合，执政者恶之，虽直其诬，犹置散位。宁默不乐，唶曰：'时不我容，我不时徇，又可以进乎！'遂移疾，满百日屡矣，亲友彊之，辄复一朝。德宗在奉天，奔诣行在，擢秘书少监，改太子右庶

① (宋)欧阳修、宋祁：《新唐书》，中华书局 1975 年版，第 5009 页。
② (宋)欧阳修、宋祁：《新唐书》，中华书局 1975 年版，第 5012 页。
③ (宋)欧阳修、宋祁：《新唐书》，中华书局 1975 年版，第 5014 页。

子。帝还京师，乃曰：‘可以行吾志矣！’即罢归东都。以秘书监致仕，卒。”①

其文载：“贞元间言家法者，尚韩、穆二门云。”②

(4)子赞、子质、又员(兄弟皆和粹，世以珍味目之：赞少俗，然有格，为“酪”；质善而多入，为“酥”；员为“醍醐”；赏为“乳腐”。)

案：此文引自《新唐书》卷一百六十三之《穆宁传》，其文载：“兄弟皆和粹，世以珍味目之：赞少俗，然有格，为‘酪’；质美而多入，为‘酥’；员为‘醍醐’；赏为‘乳腐’云。”③

(5)崔邠(父倕，三世一爨邠为太常，大阅四部乐，都人纵观。邠自第去帽，亲导母舆，恭卿见者皆避道，都人荣之。)

案：此文引自《新唐书》卷一百六十三之《崔邠传》，其文载：“崔邠字处仁，贝州武城人。父倕，三世一爨，当时言治家者推其法。至德初，献赋行在，肃宗异其文，位吏部侍郎……久乃为太常卿，知吏部尚书铨。故事，太常始视事，大阅四部乐，都人纵观。邠自第去帽，亲导母舆，公卿见者皆避道，都人荣之。”④

(6)弟郾(姿仪伟秀，人望而慕之，然不可狎也。穆宗内酣荡，昕曙不能，郾谏。与高重类六经要言为十篇。旁流为大敖受粟，实而注诸艚，江湖盗贼显行，郾修治器仗，造蒙冲，驶追穷蹑，上下千里，室处庳漏，无步庑，至霜潦，则客盖而屐以就外位。云“鄂土沃民剽，

① (宋)欧阳修、宋祁：《新唐书》，中华书局1975年版，第5015页。
② (宋)欧阳修、宋祁：《新唐书》，中华书局1975年版，第5015页。
③ (宋)欧阳修、宋祁：《新唐书》，中华书局1975年版，第5016页。
④ (宋)欧阳修、宋祁：《新唐书》，中华书局1975年版，第5016~5017页。

杂以夷俗，非用威不能治”。)

案：此文引自《新唐书》卷一百六十三之《崔邠传》，其文载：“郾字广略，姿仪伟秀，人望而慕之，然不可狎也。”①“穆宗立，荒于游畋，内酣荡，昕曙不能朝。郾进曰：‘十一圣之功德，四海之大，万国之众，其治其乱，系于陛下。自山以东百城，地千里，昨日得之，今日失之。西望戎垒，距宗庙十舍，百姓憔悴，畜积无有。愿陛下亲政事以幸天下。’帝动容慰谢，迁给事中。”②“郾与高重类六经要言为十篇，上之，以便观省。”③“郾乃旁流为大敖受粟，窦而注诸艚。民悦，忘输之劳。改鄂、岳等州观察使。自蔡人叛，鄂、岳常苦兵，江湖盗贼显行。郾修治铠仗，造蒙冲，驶追穷蹑，上下千里，岁中悉捕平。”④“郾不藏赀，有辄周给亲旧，为治其昏丧。居家怡然，不训子弟，子弟自化。室处庳漏，无步庑，至霖淖，则客盖而屐以就外位。治虢以宽，经月不笞一人。及涖鄂，则严法峻诛，一不贷。或问其故，曰：‘陕土瘠而民劳，吾抚之不暇，犹恐其扰；鄂土沃民剽，杂以夷俗，非用威莫能治。政所以贵知变者也。’闻者服焉。”⑤

(7)又鄯(暴卒，以韩约代之，不阅旬，李训乱，约死于难。世谓鄯亡，崔氏积善报也。)

侃案：世谓鄯(史书有“之”)亡。

案：此文引自《新唐书》卷一百六十三之《崔邠传》，其文载：“鄯擢进士，累迁至左金吾卫大将军，暴卒，以韩约代之。不阅旬，李训乱，约死于难。世谓鄯之亡，崔氏积善报也。”⑥

① (宋)欧阳修、宋祁：《新唐书》，中华书局1975年版，第5017页。
② (宋)欧阳修、宋祁：《新唐书》，中华书局1975年版，第5017页。
③ (宋)欧阳修、宋祁：《新唐书》，中华书局1975年版，第5017页。
④ (宋)欧阳修、宋祁：《新唐书》，中华书局1975年版，第5018页。
⑤ (宋)欧阳修、宋祁：《新唐书》，中华书局1975年版，第5018页。
⑥ (宋)欧阳修、宋祁：《新唐书》，中华书局1975年版，第5018页。

(8)又郸(宣宗题堂曰德星堂。)

案：此文引自《新唐书》卷一百六十三之《崔邠传》，其文载："崔氏四世缌麻同爨，兄弟六人至三品，邠、郾、郸凡为礼部五，吏部再，唐兴无有也。居光德里，构便斋，宣宗闻而叹曰：'郸一门孝友，可为士族法。'因题曰'德星堂'。后京兆民即其里为'德星社'云。"①

(9)柳公绰子宽(奏太医箴曰："寒暑满天地，浃肌肤于外；好爱在耳目，诱心知于内。"又"气行无间，隙不在大"。又"气与心流，疾乃伺之。畋游恣乐，流情荡志。驰骋劳形，叱吒伤气"。又"医之上者，理于未然。患居虑后，防处事先"。妇人敖荡者，沉之江。赃吏犯法，法在；奸吏坏法，法亡。令夫人饮食问遗沙陀妻母。事后母薛谨甚，虽姻属不知非薛所生。)

案：此文引自《新唐书》卷一百六十三之《柳公绰传》，其文载："宪宗喜武功，且数出游畋，公绰奏《太医箴》以讽曰：'天布寒暑，不私于人。品类既一，高卑以均。人谨好爱，能保其身。清静无瑕，辉光以新。寒暑满天地，浃肌肤于外；好爱在耳目，诱心知于内。端綮为隄，奔射犹败。气行无间，隙不在大。谓天高矣，氛蒙晦之；谓地厚矣，横流溃之。饮食资身，过则生患；衣服称德，侈则生慢。唯过与侈，心必随之。气与心流，疾乃伺之。畋游恣乐，流情荡志。驰骋劳形，叱咤伤气。不养其外，前修所忌。人乘气生，嗜欲以萌。气离有患，气完则成。巧必丧真，智实诱情。医之上者，理于未然。患居虑后，防处事先。心静乐行，体和道全。克施万物，以享亿年。圣人在上，各有攸处。臣司太医，敢告诸御。'天子高其才，遣使谓曰：'卿言：气行无间，隙不在大，爱朕深者，当置

① (宋)欧阳修、宋祁：《新唐书》，中华书局1975年版，第5018页。

之坐隅。'踰月，拜御史中丞。"①

其文载："军出，公绰数省问其家，疾病生死厚给之，妇人敖荡者，沈之江。军中感服曰：'中丞为我知家事，敢不死战！'故鄂军每战辄克。"②

柳公绰在战前召见士兵，给士兵安心。

其文载："县令以公绰素持法，谓必杀贪者，公绰判曰：'赃吏犯法，法在；奸吏坏法，法亡。'诛舞文者。"③

其文载："陉北有沙陀部，勇武喜斗，为九姓、六州所畏。公绰召其酋朱邪执宜，治废栅十一，募兵三千留屯塞上，其妻、母来太原者，令夫人饮食问遗之。沙陀感恩，故悉力保鄣。"④

其文载："事后母薛谨甚，虽姻属不知非薛所生。"⑤

(10)子仲郢[置权量于东西市，使贸易用之。会昌浮坏浮屠像铸钱，吏请以字识(史书有"钱者"二字)，不答。家有书万卷，所藏必三本：上者贮库，其副常所阅，下者幼学焉。尝手钞六经，司马迁、班固、范晔史皆一钞，魏晋及南北朝史再，又类所钞它书凡三十篇，号柳氏自备。旁录仙佛书甚众，皆楷小精真，无行字。]

案：此文引自《新唐书》卷一百六十三之《柳公绰传》，其文载："置权量于东西市，使贸易用之，禁私制者。"⑥

"会废浮屠法，尽坏铜象为钱。仲郢为铸钱使，吏请以字识钱者，不答。"⑦

① (宋)欧阳修、宋祁：《新唐书》，中华书局1975年版，第5020页。
② (宋)欧阳修、宋祁：《新唐书》，中华书局1975年版，第5021~5021页。
③ (宋)欧阳修、宋祁：《新唐书》，中华书局1975年版，第5021页。
④ (宋)欧阳修、宋祁：《新唐书》，中华书局1975年版，第5022页。
⑤ (宋)欧阳修、宋祁：《新唐书》，中华书局1975年版，第5023页。
⑥ (宋)欧阳修、宋祁：《新唐书》，中华书局1975年版，第5024页。
⑦ (宋)欧阳修、宋祁：《新唐书》，中华书局1975年版，第5024页。

"家有书万卷，所藏必三本：上者贮库，其副常所阅，下者幼学焉。仲郢尝手钞六经，司马迁、班固、范晔史皆一钞，魏、晋及南北朝史再，又类所钞它书凡三十篇，号柳氏自备，旁录仙佛书甚众，皆楷小精真，无行字。"①

(11)仲郢子璞(述天祚长历，随著大政、大祥异，侵叛战伐，闰位者附见其左。)

案：此文引自《新唐书》卷一百六十三之《柳公绰传》，其文载："着《春秋三氏异同义》，又述《天祚长历》，断自汉武帝纪元，为编年，以大政、大祥异、侵叛战伐随着之，闰位者附见其左。"②

(12)又玭(萧仿等谓玭不能事父，仲郢谓为诬。)

案：此文引自《新唐书》卷一百六十三之《柳公绰传》，其文载："以蓝田尉直弘文馆，迁右拾遗，而给事中萧仿、郑裔绰谓玭不能事父，封还其诏。仲郢诉其子'冒处谏职为不可，谓不孝则诬。请勒就养'。"③

(13)又玭(食廨中橘，纳直于官。述家训。)

案：此文引自《新唐书》卷一百六十三之《柳公绰传》，其文载："廨中橘熟，既食，乃纳直于官。"④"玭常述家训以戒子孙。"⑤

① (宋)欧阳修、宋祁：《新唐书》，中华书局1975年版，第5025页。
② (宋)欧阳修、宋祁：《新唐书》，中华书局1975年版，第5025页。
③ (宋)欧阳修、宋祁：《新唐书》，中华书局1975年版，第5026页。
④ (宋)欧阳修、宋祁：《新唐书》，中华书局1975年版，第5026页。
⑤ (宋)欧阳修、宋祁：《新唐书》，中华书局1975年版，第5026页。

(14)公绰弟公权(召对子亭，烛穷而语未尽，宫人以蜡液濡纸继之。子建七步，尔乃三。书法结体劲媚，自成一家。外夷入贡别署货贝购柳书。书金刚经，有钟、王、欧、虞、褚、陆诸家法。凡公卿以书贶遗，盖钜禹，而主藏奴或盗用。尝贮杯盂一笥，银杯羽化矣。)

案：此文引自《新唐书》卷一百六十三之《柳公绰传》，其文载："尝夜召对子亭，烛穷而语未尽，宫人以蜡液濡帋继之。从幸未央宫，帝驻辇曰：'朕有一喜，边戍赐衣久不时，今中春而衣已给。'公权为数十言称贺，帝曰：'当贺我以诗。'宫人迫之，公权应声成文，婉切而丽。诏令再赋，复无停思，天子甚悦，曰：'子建七步，尔乃三焉。'"①"其书法结体劲媚，自成一家。"②"外夷入贡者，皆别署货贝曰：'此购柳书。'尝书京兆西明寺金刚经，有锺、王、欧、虞、褚、陆诸家法，自为得意。凡公卿以书贶遗，盖巨万，而主藏奴或盗用。尝贮杯盂一笥，縢识如故而器皆亡，奴妄言叵测者，公权笑曰：'银杯羽化矣！'不复诘。"③

(15)公绰诸父子华子公度(未尝以气海暖冷物，熟生物，不以元气佐喜怒。)

案：此文引自《新唐书》卷一百六十三之《柳公绰传》，其文载："子公器、公度。公度善摄生，年八十余，有强力。常云：'吾初无术，但未尝以气海暖冷物，熟生物，不以元气佐喜怒耳。'"④

(16)杨于陵(在岭南教民陶瓦易蒲屋。)

① (宋)欧阳修、宋祁：《新唐书》，中华书局1975年版，第5029页。
② (宋)欧阳修、宋祁：《新唐书》，中华书局1975年版，第5030页。
③ (宋)欧阳修、宋祁：《新唐书》，中华书局1975年版，第5030~5031页。
④ (宋)欧阳修、宋祁：《新唐书》，中华书局1975年版，第5031页。

案：此文引自《新唐书》卷一百六十三之《杨于陵传》，其文载："出为岭南节度使。辟韦词、李翱等在幕府，咨访得失，教民陶瓦易蒲屋，以绝火患。"①

(17)马总(在安南建二铜柱于汉故处，镵著唐德，以明伏波之裔。)

案：此文引自《新唐书》卷一百六十三之《马总传》，其文载："建二铜柱于汉故处，镵着唐德，以明伏波之裔。"②

3. 1928年9月8日 第445~446页

(1)归崇敬(吴人，三代逮汉无袴褶，隋以来，始有服者。释奠孔子，行东面礼。议学与官名、辟雍省、太师氏。礼记、左氏春秋为大经，周官、仪礼、毛诗为中，尚书、周易小，公羊、穀梁春秋共准一中经，兼通孝经、论语。)

案：此文引自《新唐书》卷一百六十四之《归崇敬传》，其文载："时百官朝朔望，皆服袴褶，崇敬非之，建言'三代逮汉无其制，隋以来，始有服者，事不稽古，宜停。'诏可。"③"又'春秋释奠孔子，祝版皇帝署，北面揖，以为太重。宜准武王受丹书于师尚父，行东面之礼。'事皆施行。"④"皇太子欲临国学行齿胄礼，崇敬以学与官名皆不正，乃建议：……今声明之盛，辟雍独阙，请以国子监为辟雍省……请以祭酒为太师氏，位三品；司业为左师、右师，位四品。近世明经，不课其义，先取帖经，颛门废业，传受义绝。请以礼记、左氏春秋为大经，周官、仪礼、毛诗为中

① (宋)欧阳修、宋祁：《新唐书》，中华书局1975年版，第5032页。
② (宋)欧阳修、宋祁：《新唐书》，中华书局1975年版，第5032页。
③ (宋)欧阳修、宋祁：《新唐书》，中华书局1975年版，第5036页。
④ (宋)欧阳修、宋祁：《新唐书》，中华书局1975年版，第5036页。

经，尚书、周易为小经，各置博士一员。公羊、穀梁春秋共准一中经，通置博士一员。博士兼通孝经、论语，依章疏讲解。”①

(2)子登(献龙楼箴以讽。家僮为马所踶，笞折马足。不问服不死药，几死，常慕陆象先。)

案：《新唐书》卷一百六十四之《归崇敬传》，其文载：“登性温恕，家僮为马所踶，笞折马足，登知，不加责。有遗金石不死药者，给曰已尝，及登服几死，讯之，乃未之尝，人皆为怒，而登不为愠。常慕陆象先为人，世亦许其类云。”②

(3)登子融(会昌后，儒臣少，礼典多融议。)

案：此文引自《新唐书》卷一百六十四之《归崇敬传》，其文载：“会昌后，儒臣少，朝廷礼典多本融议。”③

(4)崔衍(字著，继母不慈。)

案：此文引自《新唐书》卷一百六十四之《崔衍传》，其文载：“继母李不慈，伦自吐蕃归，李弊衣以见，问故，曰：‘衍不吾给。’伦怒，召衍，将袒而鞭之，衍涕泣无所陈。”④

(5)王源中(嗜酒，帝召不能见。)

① (宋)欧阳修、宋祁：《新唐书》，中华书局1975年版，第5037页。
② (宋)欧阳修、宋祁：《新唐书》，中华书局1975年版，第5039页。
③ (宋)欧阳修、宋祁：《新唐书》，中华书局1975年版，第5040页。
④ (宋)欧阳修、宋祁：《新唐书》，中华书局1975年版，第5042页。

案：此文引自《新唐书》卷一百六十四之《王源中传》，其文载："源中嗜酒，帝召之，醉不能见。"①

(6)薛戎(不屈柳冕除马总。浙东橘未贡先鬻者死。)

案：此文引自《新唐书》卷一百六十四之《薛戎传》，其文载："福建观察使柳冕辟佐其府。先是，马总佐郑滑府，监军宦人诬劾之，贬泉州别驾。冕欲除总以附幸家，即使戎摄刺史，按置其罪。戎曰：'以是待我耶？我始不愿仕，正谓此尔！'不肯从，还白其状。冕怒，据案引戎入，戎叱引者曰：'见宾客乃尔乎？'由东厢进。冕度未可屈，揖而去，囚之它馆，环兵胁辱之，累月，戎终不为屈。"②"累迁浙东观察使，所部州触酒禁者罪当死，橘未贡先鬻者死，戎弛其禁。"③

(7)弟放(穆宗问经与史何先？对曰："六经者，圣人之言，孔子所发明，天人之极也。史记道成败得失，亦足以鉴，然谬于是非，非六经比。""论语，六经之菁华也；孝经，人伦之本也。汉时论语首立于学官。光武令虎贲士皆习孝经，玄宗为注训。")

案：此文引自《新唐书》卷一百六十四之《薛放传》，其文载："帝尝问：'朕欲学经与史，何先？'放曰：'六经者，圣人之言，孔子所发明，天人之极也。史记道成败得失，亦足以鉴，然谬于是非，非六经比。'帝曰：'吾闻学者白首不能通一经，安得其要乎？'对曰：'《论语》，六经之菁华也；《孝经》，人伦之本也。汉时论语首立于学官。光武令虎贲士皆习孝经，玄宗为注训，盖人知孝慈，则气感和乐也。'帝曰：'圣人以孝为至德

① (宋)欧阳修、宋祁：《新唐书》，中华书局1975年版，第5044页。
② (宋)欧阳修、宋祁：《新唐书》，中华书局1975年版，第5046页。
③ (宋)欧阳修、宋祁：《新唐书》，中华书局1975年版，第5047页。

要道，信然。’”①

(8)胡证(是此证谏字。广有舶贝奇宝，证厚殖财，救裴度之窘，取铁灯檠，摘枝叶，擽其跗，横膝上，谓客曰：“我欲为酒令，饮不釂者，以此击之!”)

案：此文引自《新唐书》卷一百六十四之《胡证传》，其文载：“广有舶贝奇宝，证厚殖财自奉，养奴数百人，营第修行里，弥亘闾陌，车服器用珍侈，遂号京师高訾。”②“晋公裴度未显时，羸服私饮，为武士所窘，证闻，突入坐客上，引觥三釂，客皆失色。因取铁灯檠，摘枝叶，擽合其跗，横膝上，谓客曰：‘我欲为酒令，饮不釂者，以此击之。’众唯唯。证一饮辄数升，次授客，客流离盘杓不能尽，证欲击之，诸恶少叩头请去，证悉驱出。”③

(9)丁公著(字平子，吴人。太子诸王训。四十丧妻，终身不畜妾。七岁丧母，请与父，愿绝粒学老子道。)

案：此文引自《新唐书》卷一百六十四之《丁公著传》，其文载：“丁公着字平子，苏州吴人。三岁丧母。甫七岁，见邻媪抱子，哀感不肯食，请于父绪，愿绝粒学老子道，父听之……淮南节度使会入辅政，擢为右补阙，迁直学士，充皇太子、诸王侍读，因着太子诸王训十篇。”④“公着清约守道，每进一官，辄忧见颜间。四十丧妻，终身不畜妾。”⑤

① (宋)欧阳修、宋祁：《新唐书》，中华书局1975年版，第5047页。
② (宋)欧阳修、宋祁：《新唐书》，中华书局1975年版，第5048页。
③ (宋)欧阳修、宋祁：《新唐书》，中华书局1975年版，第5048页。
④ (宋)欧阳修、宋祁：《新唐书》，中华书局1975年版，第5049~5050页。
⑤ (宋)欧阳修、宋祁：《新唐书》，中华书局1975年版，第5050页。

(10)崔弘礼(安得此佳客。)(案：佳，《新唐书》作奇，较是。)

案：此文引自《新唐书》卷一百六十四之《崔弘礼传》，其文载："一军惊曰：'安得此奇客？'"①

(11)崔玄亮(卧苫终制，得痹病。)

案：此文引自《新唐书》卷一百六十四之《崔玄亮传》，其文载："父丧，客高邮，卧苫终制，地下湿，因得痹病，不乐进取。"②

(12)王质(五世祖通)

案：此文引自《新唐书》卷一百六十四之《王质传》，其文载："五世祖通为隋大儒。"③

(13)殷侑(含垢安人为远图，网漏吞舟为至诚。朝廷宜用嗜德，勿用新近。)

案：此文引自《新唐书》卷一百六十四之《殷侑传》，其文载："帝锐欲讨贼，群臣无敢异论者，独侑请舍廷凑而专事同捷，且言：'愿以宗社安危为计，善师攻心为武，含垢安人为远图，网漏吞舟为至诚。'"④"开成元年，再召为刑部尚书。时李训、郑注已诛，帝问侑治安术，侑言：'朝廷宜任耆德，毋轻用新进。'帝善之，赐彩三百匹。"⑤

① (宋)欧阳修、宋祁：《新唐书》，中华书局1975年版，第5050页。
② (宋)欧阳修、宋祁：《新唐书》，中华书局1975年版，第5051页。
③ (宋)欧阳修、宋祁：《新唐书》，中华书局1975年版，第5052页。
④ (宋)欧阳修、宋祁：《新唐书》，中华书局1975年版，第5053页。
⑤ (宋)欧阳修、宋祁：《新唐书》，中华书局1975年版，第5054页。

(14)孙盈孙(故太庙十一室，二十三楹，楹十一梁，内官府服侍祠。)

案：此文引自《新唐书》卷一百六十四之《殷侑传》，其文载："宰相建言，脩复宗庙，功费广，请与礼官议。时佗博士不在，独盈孙从，议曰：'故庙十一室，二十三楹，楹十一梁，垣墉广袤称之。今朝廷多难，宜少变礼。'"①

(15)王彦威(百口家知有岁计，一旦迷愚，欲自欺没，亦不可得。占额图，供车图，三户资一兵，凡八十余万。)

案：此文引自《新唐书》卷一百六十四之《王彦威传》，其文载："彦威于儒学固该邃，亦善吏事，但经总财用，出入米盐，非所长也。而性刚讦自恃，尝见文宗，显奏曰：'百口家知有岁计，而军用一切可不谨邪？臣按见财，量入以为出，随色占费，终岁用之，无毫厘差。假令臣一旦迷愚，欲自欺没，亦不可得。'"②

(16)赞(薛伯高云："从于陈、蔡者，亦各有号，出于一时，后世坐祀十人以为哲，岂夫子志哉？")

案：此文引自《新唐书》卷一百六十四之《王彦威传》，其文载："文赞曰：道州刺史薛伯高尝谓：'夫子称颜回为庶几，其从于陈、蔡者，亦各有号，出于一时，后世坐祀十人以为哲，岂夫子志哉？'观七十子之贤，未有加于十人，坐而祀之，始于开元，非特牵于一时之称号。记曰：'祭，有其举之，莫敢废也。'如崇敬诚不知礼，尊君以媚世，历朝循而不改矣。

① (宋)欧阳修、宋祁：《新唐书》，中华书局1975年版，第5055页。
② (宋)欧阳修、宋祁：《新唐书》，中华书局1975年版，第5057页。

伯高之语，柳宗元志之于其书，必有辨其妄者。”①

4. 1928 年 10 月 7 日　第 377 页

点唐书百八十李卫公传，其赞直到孟坚，不止蔚宗，欧、曾辈岂能办此。讽味久之。

案：此文引自《新唐书》卷一百八十之《李德裕传》，其文载：“赞曰：汉刘向论朋党，其言明切，可为流涕，而主不悟，卒陷亡辜。德裕复援向言，指质邪正，再被逐，终婴大祸。嗟乎，朋党之兴也，殆哉！根夫主威夺者下陵，听弗明者贤不肖两进，进必务胜，而后人人引所私，以所私乘狐疑不断之隙，是引桀、跖、孔、颜相哄于前，而以众寡为胜负矣。欲国不亡，得乎？身为名宰相，不能损所憎，显挤以仇，使比周势成，根株牵连，贤智播奔，而王室亦衰，宁明有未哲欤？不然，功烈光明，佐武中兴，与姚、宋等矣。”②

十一、《宋史》

引文

1. 1928 年 10 月 5 日　第 376~377 页

何子恭（名基，金华人，见宋史儒林传）凡所读书，无不加标点，义显意明，有不待论说而自见者。

案：此文引自《宋史》卷四百三十八之《何基传》，其文载：“凡所读无不加标点，义显意明，有不待论说而自见者。”③

① （宋）欧阳修、宋祁：《新唐书》，中华书局 1975 年版，第 5058 页。
② （宋）欧阳修、宋祁：《新唐书》，中华书局 1975 年版，第 5344 页。
③ （元）脱脱等：《宋史》，中华书局 1977 年版，第 12979 页。

2. 1933 年 6 月 16 日 第 905~906 页

宋孝宗乾道六年，张栻对帝曰："比年诸道多水旱，民贫日甚，而国家兵弱财匮；官吏诞谩，不足倚赖。正使彼实可图，臣惧我之未足以图彼也。"栻复奏言："陵寝隔绝，诚臣子不忍言之至痛。然今日未能奉辞以讨之，又不能正名以绝之，而或者犹以为尤。盖见我未有必胜之形故也。夫必胜之形在于早正素定之时，而不在于两陈决机之日。今日但当下哀痛之诏，明复仇之义，显绝金人，不与通使；然后修德立政、用贤养民，选将帅、练甲兵、以内修外攘，进退战守通为一事，且必治其实，而不为虚文，则必胜之形隐然可见，虽有浅陋畏怯之人，亦且奋乐而争先矣！"

案：此文引自《宋史》卷四百二十九卷之《张栻传》，其文载：张栻对帝曰："臣窃见比年诸道多水旱……臣惧我之未足以图彼也。"栻复奏言："臣窃谓：'陵寝隔绝，诚臣子不忍言之至痛……虽有浅陋畏怯之人，亦且奋勇而争先矣！"①

黄氏引文与原文相较，少"臣窃见""臣窃谓"两处恭谦之词。

十二、《明史》

引文

1. 1931 年 12 月 6 日 第 757 页

安福王时槐子植，别号塘南(明史儒林传)

案：引自《明史》卷二百八十三《儒林二》之《王时槐传》，其文载："王时槐，字子植，安福人。"②"塘南，时槐别号也。"③

① (元)脱脱等：《宋史》，中华书局 1977 年版，第 12772 页。
② (清)张廷玉等：《明史》，中华书局 1974 年版，第 7284 页。
③ (清)张廷玉等：《明史》，中华书局 1974 年版，第 7284 页。

黄侃老师章太炎在给其书信中提到王时槐，黄侃不知，因而翻书查证。

2. 1934 年 4 月 28 日　第 983 页

宋初御史入台，逾十旬不言，有辱台之罚(明孝宗末陆昆言)。

案：此文引自《明史》卷一百八十八之《陆昆传》，其文载："武宗即位，疏陈重风纪八事：一，奖直言。古者，臣下不匡，其刑墨。宋制，御史入台，踰十旬无言，有辱台之罚。今郎署建言，如李梦阳、杨子器辈，当加旌擢，而言官考绩，宜以章疏多寡及当否为殿最。"①

引文"宋初"与原文"宋制"不同，引文"逾"与原文"踰"不同。

3. 1934 年 5 月 13 日　第 987 页

章德懋为学恪守先儒训。或讽为文章，曰："小技耳，予弗暇。"有劝之著述者，曰："先儒之言至矣。芟其繁者可也。"

案：此文引自《明史》卷一百七十九之《章懋传》，其文载："懋为学，恪守先儒训。或讽为文章，曰：'小技耳，予弗暇。'有劝以著述者，曰：'先儒之言至矣，芟其繁可也。'通籍五十余年，历俸仅满三考。难进易退，世皆高之。"②

十三、《清史稿》

黄侃于 1933 年 3 月 1 日至 9 月 13 日，每日读、点至《属国传》；1934 年 3 月 7 日至 11 月 9 日，读、点至第四十卷，其中 9 月 16 日至 11 月 6 日未阅此书；1935 年 5 月 3 日至 8 月 17 日，从此四十一卷看起，并记下所看之人的名字，8 月 17 日读讫此书。

① (清)张廷玉等：《明史》，中华书局 1974 年版，第 4997 页。
② (清)张廷玉等：《明史》，中华书局 1974 年版，第 4752 页。

引文

1. 1933 年 3 月 7 日　第 877 页

点清史十未竟清高宗席祖父之盛，用兵准回、卫藏。然伐缅甸、金川，未可谓大得志也。末年乱生域内，虽获暂定。率之陈德、林清之变，近贻厥子；英夷、粤匪之患，远留于厥孙。易曰："晋其角。维用伐邑，厉，吉，无咎，贞吝。"其斯之信欤？

案：此文引自《清史·高宗本纪》，其文载："十一年，时准噶尔役未竟，又有黔苗兵事，命上综理军机，谘决大计。"①"饬扬威将军哈元生等剿抚苗疆。"②"以张广泗为征苗经略，扬威将军哈元生、副将军董芳以下俱听节制。"③"谕赦苗罪。"④"准格尔台吉车林等来降。"⑤"乙未，准格尔回民米尔哈书尔来降。"⑥

2. 1933 年 4 月 30 日　第 895 页

清史礼志四载祭堂子神有：纽欢台吉武笃本贝子佛，及菩萨大军先师三军之帅，关圣帝君，尚锡之神(或为祀明邓子龙)。坤宁宫祭神为佛，为关圣，为穆哩罕，为纳丹岱珲，为喀屯若颜，为年锡安春阿雅喇，为阿珲，为穆哩，为纳丽珲轩初恩都哩僧固拜满章京纳丹瑚哩恩都蒙鄂乐，为哲伊埒乎诸神，真戎俗也！

案：此文由《清史稿》卷八十五之《吉礼四》总结出来⑦，认为清宫廷之吉礼十分繁琐，这些礼俗是"戎俗"，并对此有鄙夷之情。

① 赵尔巽等：《清史稿》，中华书局 1977 年版，第 343 页。
② 赵尔巽等：《清史稿》，中华书局 1977 年版，第 344 页。
③ 赵尔巽等：《清史稿》，中华书局 1977 年版，第 345 页。
④ 赵尔巽等：《清史稿》，中华书局 1977 年版，第 346 页。
⑤ 赵尔巽等：《清史稿》，中华书局 1977 年版，第 350 页。
⑥ 赵尔巽等：《清史稿》，中华书局 1977 年版，第 354 页。
⑦ 赵尔巽等：《清史稿》，中华书局 1977 年版，第 2553~2570 页。

3. 1933 年 6 月 24 日 第 908 页

清史循吏传四云："自光绪初定制：官吏殁后三十年，始得请祀名宦。于是疆臣率徇众意，辄请宣付立传表章，旷典日致猥滥。"

侃案：循吏列传猥滥，史家固自承其故矣。此数言殊得法，故特录之。

案：此文引自《清史稿》卷四百七十九《循吏列传四》，其文载："自光绪初定制：官吏殁后三十年，始得请祀名宦。于是疆臣率徇众意，辄请宣付立传表章，旷典日致猥滥。"①

4. 1934 年 3 月 5 日 第 969 页

(1) 至于坐视光平之篡，又忍受以弟冒名入朝之欺，尤可笑。

案：此文引自《清史稿》卷五百二十七《属国传二》，其文载："阮惠自知贾祸，既惧王师再讨，又方与暹罗构兵，恐暹罗之乘其后也，于是叩关谢罪乞降，改名阮光平，遣其兄子光显赍表入贡，恳赐封号。略言守广南已九世，与安南敌国，非君臣。且蛮触自争，非敢抗中国，请来年亲觐京师，并于国内为死绥将士筑坛建庙，请颁官衔谥号，立主奉祀。又闻暹罗贡使将入京，恐受其媒孽，乞天朝勿听其言。福康安先后以闻。"②

(2) 惟冯子材镇南关之捷，为历来与新式兵械战役所无，乃稍觉可意耳。

案：此文意扩自《清史稿》卷五百七十二之《属国传》，其文载："自海

① 赵尔巽等：《清史稿》，中华书局 1977 年版，第 13093 页。

② 赵尔巽等：《清史稿》，中华书局 1977 年版，第 14638~14639 页。

通以来，中国与外国战，惟是役大捷，子材之功也。”①

5. 1934 年 6 月 24 日　第 998 页

李慈铭可谓山人而擅主爵之权，铜臭而侵谏垣之职者已。

案：此文意扩自《清史稿》卷四百八十六《文苑三》之《李慈铭传》，其文载：“李慈铭，字爱伯，会稽人。诸生，入赀为户部郎中。至都，即以诗文名于时。大学士周祖培、尚书潘祖荫引为上客。光绪六年，成进士，归本班，改御史。时朝政日非，慈铭遇事建言，请临雍，请整顿台纲。大臣则纠孙毓汶、孙楫，疆臣则纠德馨、沈秉成、裕宽，数上疏，均不报。慈铭郁郁而卒，年六十六。”慈铭为文沉博绝丽，诗尤工，自成一家。性狷介，又口多雌黄。服其学者好之，憎其口者恶之。日有课记，每读一书，必求其所蓄之深浅，致力之先后，而评骘之，务得其当，后进翕然大服。著有《越缦堂文》十卷，《白华绛跌阁诗》十卷、词二卷，又日记数十册。弟子著录数百人，同邑陶方琦为最。②

6. 1934 年 7 月 26 日　第 1005~1006 页

看洪承畴传，“蔆汁污衣”改为“梁尘污衣”；酋黄台吉妻谓承畴必降，改为范文程语；又黄台吉喜于承畴之降，譬之如瞽得相，而传论乃云清初诸大政，承畴实成之为诬，何其自相睽刺也哉！

案：此文引自《清史稿》卷二百三十七之《洪承畴传》，其文载：“上欲收承畴为用，命范文程谕降。洪承畴畴方科跣谩骂，文程徐与语，泛及今古事，梁间尘偶落，著承畴衣，承畴拂去之。文程遽归，告上曰：“承畴必不死，惜其衣，况其身乎？”③

① 赵尔巽等：《清史稿》，中华书局 1977 年版，第 14658~14659 页。
② 赵尔巽等：《清史稿》，中华书局 1977 年版，第 13440 页
③ 赵尔巽等：《清史稿》，中华书局 1977 年版，第 9466~9467 页。

黄侃指出《清史》记录之误，即“汁污衣”改为“梁尘污衣”；酋黄台吉妻谓承畴必降，改为范文程语。

7. 1934 年 9 月 13 日　第 1020~1021 页

看清史传卅二至卅四，冯铨之赐婚满洲，龚鼎孳之自比魏徵，张缙彦之自称不死英雄，皆可笑。陈名夏言“留发复衣冠，天下即太平”；姚庭著缓金坛之狱，并为虏所诛，仕于夷狄之患也夫！

案：此文引自《清史稿》卷二百四十五之《冯铨、陈名夏、张缙彦传》，其文载：顺治三年“给事中龚鼎孳言冯铨附忠贤作恶，铨亦反诘鼎孳尝降李自成，王问鼎孳：‘铨语属实否？’鼎孳曰：‘岂惟鼎孳？魏徵亦尝降唐太宗。’”①

“十一年，宁完我劾之，略言：‘名夏屡蒙赦宥，尚复包藏祸心，尝谓臣曰：留发复衣冠，天下即太平。’”②“御史萧震弹劾缙彦编刻《无声戏》，称‘不死英雄’，惑人心，害风俗。”③

8. 1935 年 7 月 7 日　第 1087~1088 页

戴敦元金溪，幼有异禀，十岁举神童，博闻强识，目近视，观书与面相磨，过辄不忘。至老或问僻事，指某书某卷，百不爽一。尝曰：“书籍浩如烟海，人生岂能尽阅？天下惟此义理，古今人所谈，往往雷同。当世以为独得者，大抵昔人唾余。”罕自为文，仅传诗数卷。喜天文历算，讨论有年，亦未自立一说。此传读之，深惬予意。

案：此文引自《清史稿》卷三百七十四之《戴元溪传》，其文载：“戴敦元，字金溪，浙江开化人。幼有异禀，过外家，一月尽读其室中书。十岁

① 赵尔巽等：《清史稿》，中华书局 1977 年版，第 9631 页。

② 赵尔巽等：《清史稿》，中华书局 1977 年版，第 9635 页。

③ 赵尔巽等：《清史稿》，中华书局 1977 年版，第 9638 页。

举神童，学政彭元瑞试以文，如老宿；面问经义，答如流……敦元博闻强识，目近视，观书与面相磨，过辄不忘。每至一官，积牍览一过，他日吏偶误，辄摘正之，无敢欺者。奏对有所谘询，援引律例，诵故牍一字无舛误，宣宗深重之。至老，或问僻事；指某书某卷，百不一爽。尝曰：'书籍浩如烟海，人生岂能尽阅？天下惟此义理，古今人所谈，往往雷同。当世以为独得者，大抵昔人唾余。'罕自为文，仅传诗数卷。喜天文、律算，讨论有年，亦未自立一说。卒之日，笥无余衣，囷无余粟，庀其赀不及百金，廉洁盖性成云。"①

第三节　《黄侃日记》引其他史部文献考

黄侃不仅重视对正史文献的阅读、点校，对编年类、别史类、传记类、载记类、地理类及史评类等其他史部文献也都有涉猎。本节将对《黄侃日记》所引其他史部文献进行详细考证。

一、编年类

（一）《资治通鉴外纪》

引文

1934年6月20日　第996~997页

（1）刘恕以颜回、原宪乐道忘势为贤，而云："闾巷贱隶，才卑下志下，冻馁艰苦，行歌坐啸，愚于雀鼠，曾何足道！"

侃案：其言使人愧悚。知不能自振者，亦不得以安贫解嘲也！

案：此文引自《资治通鉴外纪》卷十，其文载："闾巷贱隶，才卑志下，

① 赵尔巽等：《清史稿》，中华书局1977年版，第11552页。

冻馁艰苦，行歌坐啸，愚于雀鼠，曾何足道哉。"①

(2)赵襄子曰："德不纯而福禄并至，谓之幸。夫幸非福，非德不当雍，雍不为幸。"(晋语文)

侃案：世本上有传、名见魏世家索隐。

案：此文引自《资治通鉴外纪》卷十。其文载："德不纯而福禄并至，谓之幸。夫幸非福，非德不当雍，雍不为幸。"②

(3)子曰："世不与善，己独由之，则曰非妖则孽也。"

侃案：树蔽台南，悔作隰之宅；潦经堂下，假子罕之家。

案：此文引自《资治通鉴外纪》卷九，其文载："世不与善，己独由之，则曰非妖则孽也。"③

(二)《续资治通鉴》

黄侃于1933年5月28日开始对清毕沅撰的《续资治通鉴》进行规点，1934年1月2日读毕此书，在此期间少有间断。④

案：《续资治通鉴》全书二百二十卷，清毕沅所撰。生前仅初刻一〇三卷，后桐乡冯集梧买得全稿补刻成二百二十卷。其中《宋纪》一百八十二卷，《元纪》三十八卷。此书上与《资治通鉴》相衔接，即起于宋太祖建隆元年(公元960年)，下迄元顺帝至正二十八年(公元1368年)，共四百一十一年，是一部较完备的宋辽金元编年史。

---

① (宋)刘恕:《资治通鉴外纪》，上海古籍出版社1987年版，第97页。
② (宋)刘恕:《资治通鉴外纪》，上海古籍出版社1987年版，第98页。
③ (宋)刘恕:《资治通鉴外纪》，上海古籍出版社1987年版，第93页。
④ 黄侃著，黄延祖重辑:《黄侃日记》，中华书局2007年版，第950页。

引文

1. 1933 年 7 月 15 日　第 911 页

宋仁宗庆历五年，帝讲诗。讲官不欲讲新台，帝曰："诗三百，皆圣人所删定，义存劝戒，岂当有避?"乃命自今讲读经史，毋得辄遗。

案：此文引自《续资治通鉴》卷四十七之《宋纪》，其文载："戊戌，讲《诗》，起《鸡鸣》，尽《南山篇》。先是讲官不欲讲《新台》，帝曰：'《诗》三百，皆圣人所删定。义存劝戒，岂当有避!'乃命自今讲读经史，毋得辄遗。"①

2. 1933 年 8 月 3 日　第 915 页

师道曰："盗入邻家不能救，又乘之而分其室焉。无乃不可乎?"

案：此文引自《续资治通鉴》卷九十四之《宋纪》，其文载："童贯至高阳关，用知雄州和诜计，降黄榜及旗，述吊民伐罪之意，且云：'若有豪杰能以燕京来献者，即除节度使。'遂命都统制种师道尽护诸将。师道谏曰：'今日之举，譬如盗入邻家，不能救，又乘之而分其室焉，无乃不可乎!'贯不听。"②

3. 1933 年 8 月 24 日　第 919~920 页

张钧为金虏完颜亶作罪己诏，萧肄译其文，谓詈亶，遂见醢。夷狄之君，可事乎哉?

案：此文引自《续资治通鉴》卷一百二十八之《宋纪》，其文载："戊

① (清)毕沅：《续资治通鉴》，中华书局 1989 年版，第 476 页。
② (清)毕沅：《续资治通鉴》，中华书局 1989 年版，第 989 页。

子，金杀翰林学士张钧。时金主以天变，欲下诏罪己，命钧视草。钧意谓奉答天戒，当深自贬损，其文有曰“惟德弗类，上干天戒”及“顾兹寡昧，眇予小子”等语。参知政事萧肄素恶钧，乃译奏曰：‘弗类，是大无道。寡者，孤独无亲；昧者，弗晓人事；眇者，目无所见；小子，婴孩之称。此汉人托文字以詈主上也。’金主大怒，命卫士拽钧下殿，搒之百，不死，以手剑剺其口而醢之。赐肄通天犀带。”①

黄侃认为夷狄之君不可以侍奉。

4. 1933年8月29日　第920页

今天下譬如中人之家，盗居其堂，安眠饱食其问而阴司其隙，一日之间，其舍去我乎？（张魏公奏疏）

案：此文引自《续资治通鉴》卷一百三十一之《宋纪》，其文载：“己巳，前特进张浚，度金人必渝盟，上疏曰：‘今日事势极矣，陛下将拱手而听其自然乎，抑将外存其名而博谋密计以为久长计欤？臣诚恐自此数年之后，民力益竭，财用益乏，士卒益老，人心益离，忠烈之士沦亡殆尽，内忧外患相仍而起，陛下将何以为策？今天下譬如中人之家，盗踞其堂，安眠饱食其间而阴伺其隙，一日之间，其舍我乎？’书奏，执政不省。”②

5. 1933年9月5日　第922页

完颜亮南侵略至和州，临西采石杨林渡，知太平州王傅入奏。初夏，金人已攻采石而不言东、西，朝廷大惊；次报金人已到杨林，而不言杨林渡，朝廷惟知其在江之南北，久，始访得一土人，乃知之，惊怪稍定。

案：此文引自《续资治通鉴》卷一百三十五之《宋纪》，其文载：“初奏

① （清）毕沅：《续资治通鉴》，中华书局1989年版，第1377页。
② （清）毕沅：《续资治通鉴》，中华书局1989年版，第1409页。

言金人已攻采石而不言东西，朝廷大惊，三省、枢密院吏皆挈家出，都人惊疑不可止。次报金人已到杨林而不言杨林渡，朝廷莫知其在江之南北，益惧；因遣人于闾巷间求当涂、历阳人，问杨林所在，夜二鼓，乃得一士人，言杨林，西采石之渡口也，于是惊疑稍定。”①

6. 1933 年 10 月 14 日　第 930 页

宋宁宗庆元三年闰月甲午，刘三杰入见，疏论伪学之忧，有曰："此曹潜形匿影，日夜伺隙，雨旸稍愆，则喜见颜色；闻敌国侵扰，则移过朝廷。"

案：此文引自《续资治通鉴·宋纪》，其文载："然今此曹潜形匿影，日夜伺隙。雨旸稍愆，则喜见颜色；闻敌国侵扰之报，则移过于吾之君父。"②

引文"则移过朝廷"之"朝廷"与原文"移过于吾之君父"之"吾之君父"有所不同。

7. 1933 年 10 月 19 日　第 932 页

霸州元帅移刺涅儿石抹也先。辽有此人乎？贼胜则民皆为贼，官胜则贼皆为民(宋王居安语)

案：此文引自《续资治通鉴》卷一百五十九之《宋纪》，其文载："时四州兵讨元砺者皆失利，王居安以书晓许俊曰：'贼胜则民皆为贼，官胜则贼皆为民，势之翕张，皆决于此举。将军素以勇名，为山贼所挫，可乎？'俊得书惶恐，乃为之尽力，败贼于黄山。"③

① (清)毕沅：《续资治通鉴》，中华书局 1989 年版，第 1454 页。
② (清)毕沅：《续资治通鉴》，中华书局 1989 年版，第 1680 页。
③ (清)毕沅：《续资治通鉴》，中华书局 1989 年版，第 1736 页。

8. 1933 年 11 月 2 日 第 936 页

元顺帝时，国子监诸生，日啖笼炊粉羹。一人之食，为钞五两；而十百为群，恬嬉玩愒，以嫚侮嘲谑相当。或入茶酒肆，则施屏风以隔市人，饮罢不偿值，掉臂而出，其敢谁何！

案：此文引自《续资治通鉴》卷二百八之《元纪》，其文载："时国子监蒙古、回回、汉人生员凡千余，然祭酒、司业、博士多非其人，惟粉饰章句，补葺时务，以应故事。在监诸生，日啖笼炊粉羹，一人之食，为钞五两。而十百为群，恬嬉玩愒，以嫚侮嘲谑相尚；或入茶酒肆，则施屏风以隔市人，饮罢不偿直，掉臂而出，莫敢谁何。"①

黄侃将元国子监学生的生活现象进行总结。

9. 1933 年 11 月 12 日 第 938 页

所谓真刚者，当为之事必行；不当为者，则断在勿行也(宋言甫之言)。

案：此文引自《续资治通鉴》卷一百六十八之《宋纪》，其文载如下："袁甫进言：'刚之一字，最切于陛下。陛下徒有慕汉宣厉精为治之名，而乃堕汉元帝、唐文宗柔弱不振之失。元帝、文宗，果断不用于斥邪佞，反用于逐贤人，此二君不识刚德之真。所谓真刚者，当为之事必行，不当为者则断在勿行也。'"②

10. 1933 年 11 月 19 日 第 940~941 页

(1)居此之时，与其多田厚资，不可长保，孰捐金助国，以纾目前(谢方叔)。

---

① (清)毕沅：《续资治通鉴》，中华书局 1989 年版，第 2265 页。

② (清)毕沅：《续资治通鉴》，中华书局 1989 年版，第 1848 页。

案：此文引自《续资治通鉴》卷一百七十二之《宋纪》，其文载："敌人睥睨于外，盗贼窥伺于内，居此之时，与其多田厚资，不可长保，孰若捐金助国，以纾目前！"①

(2)孔子为万世王者师，吾国共尊之，则严其庙貌，修其时祀。其崇与否，于圣人无所损益。(元张德辉对忽必烈之言)。

案：此文引自《续资治通鉴》卷一百七十二之《宋纪》，其文载："蒙古释奠孔子庙，致胙于呼必赉。呼必赉问张德辉曰：'孔子庙食之礼何如?'对曰：'孔子为万世王者师，有国者尊之，则严其庙貌，修其时祀。其崇与否，于圣人无所损益，但以此见时君崇儒重道之意何如耳。'"②

11. 1933 年 11 月 25 日　第 942 页

(1)蒙古汪惟正悬灯，顺地拾转走，照百步外。

侃案：此今之探海灯所仿。

案：此文引自《续资治通鉴》卷一百七十九之《宋纪》，其文载："四川制置司遣将修合州城，蒙古立武胜军以拒之。总帅汪惟正，临嘉陵江作栅，扼其水道，夜悬灯栅间，编竹为笼，中置火炬，顺地势转走，照百步外，以防不虞。南师知有备，不敢逼。"③

(2)清心、寡欲、崇简，皆为寿之原(宋程元岳之言)。

案：此文引自《续资治通鉴》卷一百七十八之《宋纪》，其文载："甲申，侍御史程元岳上言：'帝王致寿之道在修德，后世怵邪说以求之，往

① (清)毕沅：《续资治通鉴》，中华书局 1989 年版，第 1890 页。
② (清)毕沅：《续资治通鉴》，中华书局 1989 年版，第 1894 页。
③ (清)毕沅：《续资治通鉴》，中华书局 1989 年版，第 1975 页。

辙可鉴。修德之目有三：曰清心，曰寡欲，曰崇俭，皆致寿之原。'帝嘉纳之。"①

引文"崇简"之"简"与原文"崇俭"之"俭"不同。

12. 1933 年 11 月 30 日 第 943 页

禄耳可以钓天下之中才，而不可以啖尝天下之豪杰；名杭可以载天下之猥士，而不可以陆沈天下之英雄(宋末陈仲微语)。

案：此文引自《续资治通鉴》卷一百七十九之《宋纪》，其文载："初，陈仲微为江西提刑，忤似道，罢去，至是起知惠州，迁太府寺丞，轮对，言：'禄饵可以钓天下之中才，而不可以啖尝天下之豪杰；名航可以载天下之猥士，而不可以陆沈天下之英雄。'"②

(三)《明通鉴》

黄侃于 1934 年 1 月 3 日至 6 月 9 日，几乎每日点、阅清夏燮所撰的《明通鉴》。

案：《明通鉴》是继宋司马光《资治通鉴》和清毕沅《续资治通鉴》之后的明代编年史。作者清人夏燮，字嗛父，别号江上蹇叟，安徽当涂人，生卒年不详。其道光年间曾任直隶省(今河北)临城县训导，咸丰十年(1860)入两江总督曾国藩的幕府，后又任过永宁知县。《明通鉴》共一百卷，其中前编四卷，纪明太祖未即位时之史事，始自元顺帝至正十二年(1352)，止于至正二十七年(1367)；正编九十卷，始于明太祖洪武元年(1368)，止于明思宗崇祯十七年(1644)；附编六卷，始于崇祯十七年五月明福王在南京称帝，止于清康熙三年(1664)。③

① (清)毕沅：《续资治通鉴》，中华书局 1989 年版，第 1963 页。

② (清)毕沅：《续资治通鉴》，中华书局 1989 年版，第 1979 页。

③ (清)夏燮撰，沈仲九标点：《明通鉴》序，中华书局 1959 年版。

引文

1934年5月27日 第990页

看明通鉴六十八至努尔哈赤始起，时为神宗显皇帝万历十一年癸未，越六十年至甲申，建夷遂灭中国矣。

案：其文意引自《明通鉴》卷六十八。其文载："是岁，大清太祖高皇帝起兵征尼堪外兰。"①又载："太祖复以兵五百进攻之。"②

黄侃记载下清第一次进攻明朝的日期，感叹明之亡国。

二、纪事本末类

《明史纪事本末》

引文

1934年5月29日 第990~991页

杨绍程阻倭封贡也（万历廿一年）曰"奉表请封之后，我能闭关拒绝乎？中国之衅，必自此始矣！"

侃案：呜呼！同治癸酉之订约，独一英翰于事先争之，而曾、李之徒偏主其议。谙于敌情，遽与之为与国，其又下于封贡之议已！内政既窳，戎裔生心，坐令毛贼既繁，椒聊日大，可痛也！

案：此文引自《明史纪事本末》卷六十八。其文载："时御史杨绍程奏：'臣考之太祖时，屡却倭贡，虑至深远。永乐间，或一朝贡，渐不如约。自是稔窥内地，频入寇掠。至嘉靖晚年，而东土受祸更烈。岂非封贡为厉阶耶？今关白谬为恭谨，奉表请封之后，我能闭关拒绝乎？中国之衅，必自此始矣。'"③

---

① （清）夏燮撰，沈仲九标点：《明通鉴》，中华书局1959年版，第2651页。

② （清）夏燮撰，沈仲九标点：《明通鉴》，中华书局1959年版，第2652页。

③ （清）谷应泰：《明史纪事本末》，上海古籍出版社1994年版，第277页。

黄侃读史，联想到癸酉之约，内心激愤。

三、别史类

《国语》

黄侃于1929年10月4日至15日，阅武昌局本《国语》。

引文

1934年6月17日　第996页

夙沙厘曰："臣委质于敌之鼓，未委质于晋之鼓。"

侃案：今郑孝胥、罗振玉辈自谓清之遗臣矣，如之满洲乎？身似要离却畏风。

案：此文引自《国语·晋语九》，其文载："臣闻之：委质为臣，无有二心。委质而策死，古之法也。君有烈名，臣无叛质。"①

黄侃引此句对那些自认为清遗臣如郑孝胥、罗振玉等人进行讥讽。

四、传记类

《明儒学案》

黄侃于1931年12月17日至1932年10月10日，详读清黄宗羲的《明儒学案》。

案：《明儒学案》由清代黄宗羲撰，全书首冠《师说》一卷，列方孝孺等二十五人，次以有所授受者分为各学案，以特起者、后之学者、不太著名者总列为《诸儒学案》，最后为《附案》。计：《崇仁学案》四卷，列吴与弼等十人；《白沙学案》二卷，列陈献章等十二人；《河东学案》二卷，列薛等十五人。《三原学案》一卷，列王恕等六人。《姚江学案》一卷，列王守仁等三人；《浙中王门学案》五卷，列徐爱等十八人，又附记一人；《江右王门学案》九卷，列邹守益等二十七人，又附记六人；《南中王门学案》三卷，

① （春秋）左丘明撰，（三国）韦昭注：《国语》，商务印书馆1935年版，第174页。

列黄省曾等十人；《中王门学案》一卷，列蒋信等二；人《北方王门学案》一卷，凡六十二卷。此书初由万贞一刻于康熙三十年(1691)，只刻三分之一。雍正十三年(1735)郑性续刻万氏未刻者，至乾隆四年(1739)刻完，世称二老阁刻本。又有康熙三十二年至四十六年故城贾润、贾朴刻本，即紫筠斋本。此本改动次序，以《崇仁学案》首列"康斋"(吴与弼)改为首列"敬斋"(胡居仁)，将《王门学案》改为《相传学案》。后会稽莫氏用紫箔斋抄本、校以万刻本订正紫箔斋本次序，校正错误，于道光元年(1821)刻成。1936年《四部备要》本即据此本影印。光绪三十一年(1905)杭州群学社石印《黄梨洲遗书》本，只收入二老阁本《师说》《叙传》《叙论》，共八卷，其他不录。1985年中华书局出版沈芝盈点校本，以光绪八年冯全垓重印二者阁本为底本，校以紫筠斋本及《四部备要》本，据紫筠斋本及莫晋刻本增补部分内容。《河东学案》增入杨应诏叙传、《姚江学案》增许半生、王司舆叙传、《浙中王门学案》增胡瀚叙传、《南中王门学案》增薛甲叙传、《甘泉学案》增王道叙传。

引文

1931年12月19日　第760页

魏校何人，敢焚大鉴衣、毁其钵乎？

案：此文引自《明儒学案·崇仁学案》，其文载："先生提学广东时，过曹溪，焚大鉴之衣，椎碎其钵，曰：'无使惑后人也。'"①

五、载记类

(一)《越绝书》

引文

1931年4月26日　第700~701页

① (清)黄宗羲：《明儒学案》，中华书局1989年版，第25页。

越绝书外传记宝剑云："风胡子曰：神农赫胥之时，以石为兵；黄帝时，以玉为兵；禹之时，以铜为兵；当今之世作铁兵。"

案：此文引自《越绝书》卷十一之《外传记宝剑》，其文载："风胡子对曰：'时各有使然，轩辕神农赫胥之时，以石为兵，断木为宫室，死而龙臧，夫神圣主使然。至黄帝之时，以玉为兵，以伐树木为宫室、凿地。夫玉亦神物也，又遇圣主使然，死而龙藏。禹穴之时，以铜为兵，以凿伊阙，通龙门，决江导河，东注于东海。天下通平，治为宫室，岂非圣主之力哉？当此之时，作跌兵，威服三军，天下闻之，莫敢不服。"①

简介钞录每个文明时代兵器之不同。

（二）《南唐书》

黄侃于 1934 年 5 月 8 日至 12 日，读宋马令的《马氏南唐书》、宋陆游《陆氏南唐书》，给予马氏书很高的评价，认为其"有心哉，良史也"②；并于同年 8 曰 25 日至 9 月 12 日读清周雪客的《陆氏南唐书注》，认为"周雪客注陆书而不以马本为主，未为有识"③。

案：载五代时候南唐国历史的纪传体史书，宋代总共有三部：宋胡恢撰，已佚；宋马令撰；宋陆游撰。马、陆二书都记载了南唐国自李代吴至李煜降宋间的兴衰史。

《马氏南唐书》为北宋后期马令所撰，全书本纪五卷，列传二十五卷，凡三十卷。明嘉靖二十年（1541）姚咨抄本和嘉靖二十九年顾汝达刻本为现存最早的本子。1935 年商务印书馆的版本以明刻本为底本。

《陆氏南唐书》为南宋陆游所撰，全书本纪三卷（分别是列祖、元宗、后主），列传十四卷，目录一卷，凡十八卷。元天历初，戚光为之音释（一

① （东汉）袁康、吴平辑录，乐祖谋点校：《越绝书》，上海古籍出版社 1985 年版，第 81 页。

② 黄侃著，黄延祖重辑：《黄侃日记》，中华书局 2007 年版，第 986 页。

③ 黄侃著，黄延祖重辑：《黄侃日记》，中华书局 2007 年版，第 1041 页。

卷)，程塾等校刊，赵世炎作序。清道光二年(1822)有绿签山房刻本，附嘉庆时汤运泰《南唐书注》十八卷、《唐年世总释》一卷和《州军总音释》一卷。现存最早本为明嘉靖四十三年钱谷钞本。1935年上海商务印书馆及后来版本多以钱谷钞为底本进行刊印。

引文

1. 1934年5月8日　第985页

看两南唐书，陆书中有陈起传，吾州人始见史籍者也。

案：此文引自《陆氏南唐书》卷十四之《陈起传》，其文载："陈起，蕲州人。性刚硬，尤爱妖异。"①

2. 1934年5月11日　第986页

看南唐书，彭利用掉书袋，殊可笑。

案：此文引自《马氏南唐书》卷二十五之《彭利用传》，其文载："利用性朴鄙，颇拘古礼，虽燕居，常拱手正坐。对家人稚子，下逮奴隶，言必据书史，断章破句，以代常谈，俗谓之掉书袋。"②

六、地理类

(一)《水经注》

黄侃于1930年3月12日至18日，阅读南北朝郦道元的《水经注》，钞其地物名。

① (宋)陆游:《陆氏南唐书》，商务印书馆1934年版，第16页。
② (宋)马令:《马氏南唐书》，商务印书馆1934年版，第7页。

引文

1. 1921年12月12日　第38页

水经注曰："观鸡水东有寺，寺起大堂下，悉结石为之，上加涂塈，基内疏通，枝径脉散基侧，室外爨火，炎势内流，一堂尽温。"此即暖炕之制。旧唐书高丽传："冬月皆做长炕，下燃煴火以取暖。"

侃案：此炕字见于史。煴火之法，古只施与菜蔬，见汉书。

案：以上引文作如下处理：

(1)"观鸡水东有寺，寺起大堂下，悉结石为之，上加涂塈，基内疏通，枝径脉散基侧，室外爨火，炎势内流，一堂尽温。"此文引文出自《水经注》卷十四之《鲍邱水》，其文载："观鸡水水东有观鸡寺，寺内起大堂下，甚高广，可容千僧，下悉结石为之，上加涂塈，基内疏通，枝径脉散基侧，室外爨火，炎势内流，一堂尽温。"①

引文"寺起大堂下"与原文"寺内起大堂下"比少一个"内"字；且引文比原文少"甚高广，可容千僧"句。

(2)"冬月皆做长炕，下燃煴火以取暖"句引自《旧唐书·东夷传》，其文载："其俗贫窭者多，冬月皆作长坑，下燃；煴火以取暖。"②

(3)"煴火之法，古只施与菜蔬，见汉书。"黄侃案语引自《汉书·循吏列传》之《召信臣传》，其文载："太官园种冬生葱、韭菜茹，覆以屋庑，昼夜燃蕴火，待温气乃生。"③意为，太官园冬天种蔬菜，在蔬菜外面砌屋，昼夜煴火，使室内温度升高，用大棚技术栽培蔬菜。

黄侃见《水经注》中有暖炕之法，因而追溯其本。

---

① （清）杨守敬、熊会贞：《水经注疏》，台湾中华书局1971年版，第1800~1801页。

② （后晋）刘昫等：《旧唐书》，中华书局1975年版，第5320页。

③ （汉）班固撰，（唐）颜师古注：《汉书》，中华书局1964年版，第3642页。

2. 1928 年 12 月 26 日 第 406~407 页

魏张詹墓碑背刻文曰："白楸树之棺，易朽之裳，铜铁不入，凡器不藏，嗟尔后人，幸无我伤。"宋元嘉时，民竞发之，金银朱漆之器，雕刻灿然。事载水经注。

案：此文引自《水经注》卷二十九之《湍水》，其文载："张詹墓，墓有碑，碑背刊云：白楸之棺，易配之裳，铜钱不入，瓦器不藏，嗟矣后人，幸无我伤。自后古坟旧冢，莫不夷毁，而是墓至元嘉初，尚不见发。六年，大水蛮饥，始被发掘。说者言：初开，金、银、铜、锡之器，朱漆雕刻之饰，烂然。有二朱漆棺，棺前垂竹帘，隐以金钉。墓不甚高，而内极宽大，虚设白楸之言，人负黄金之实。虽意锢南山，宁肯同寿乎？"①

(二)《深州风土记》

黄侃于 1925 年 1 月 5 日，阅《深州风土记》金石部分。

案：作者为晚清儒学家吴汝纶(1840—1903 年)。该书为深州地方志，全书凡二十二卷，分为疆域、河渠、赋役、学校、历代兵事、历代官制、职官、名宦、艺文、古迹、金石、人谱、荐绅、名臣、文学、武节、吏绩、孝义、流寓、列女、物产、叙录，其中对明、清二代记述尤详。② 末附有后序二篇。该书由深州文瑞书院于光绪二十年(1900 年)初刻③，为两函八册，以后刻本均以此为底本。

引文

1922 年 1 月 15 日 第 51~53 页

"洪武二年，十月廿五日，左丞相宣国公，钦奉圣旨。今后立学校，春秋休要祭祀(此语不解)，设科分礼、乐、射、书、数，恁每拟

① (清)杨守敬、熊会贞：《水经注疏》，台湾中华书局 1971 年版，第 3600 页。
② (清)吴汝纶：《深州风土记》，文瑞书院 1900 年版。
③ 张勇：《〈深州风土记〉中的表》，《中国地方志》，2007 年第 1 期。

来。钦此!"又云:"奉圣旨,节谅学校合行的勾当,教秀才每用心讲究着行。钦此!"又云:"奉圣旨,准教定立罪名,同这格式,各处学校都镌在石碑上。钦此!"又云:"钦奉圣旨,今后教各府州县儒学,好生训诲生徒,每日讲读文书,疲时于学后设一射圃,教学生习射。但遇朔望日子,要试演过;其有司官办事,闲暇时也,与学官一体习射。若是有司官、与那学官,不肯用心教学生习射,定问他每要罪过。钦此!"

侃案:春秋休要祭祀,此语不解。此专录洪武诏谕。至其格式,可笑着甚多,不俱录……皆明初官文书体式,吴挚父以为文辞不如宋大观碑远甚(大观碑亦载其书金石上)是后公牍,尽沿此体。大底皆出胥吏之手,视事者无复事文学矣。而所谓圣旨则鄙俚尤甚。

案:以上内容引自《深州风土记》卷六。此所引内容与《深州风土记》原文内容相同。①

黄侃钞引这些古代的政府公文,认为从明朝初年开始政府公文有俗语化倾向。吴汝纶在其书中钞录这些俗语公文,讥诮明公文过于白话,而黄侃所处时代正是白话替代文言的变革时代,所以黄侃留意此文。

(三)《观光纪游》

黄侃于1933年11月22日、23日,略读冈千仞的《观光游记》。

案:《观光游记》由日本人冈千仞撰。该书记录了1884年冈千仞游京津唐、长江三角洲的见闻感。全书分为航沪日记、苏杭日记(二卷)、沪上日记、燕京日记、沪上再记、粤南日记(三卷),凡十卷。

引文

1933年11月23日 第942页

① (清)吴汝纶:《深州风土记》卷六,文瑞书院1900年版。

其对俞先生云："小人好谈当世，后悟此事有命。且天下之事，非一书生所能了断。然绝念于此，以温旧业为事。"其对李中堂云："维新事业，成于西南藩士；小人东北人，故当路诸人外小人，小人亦不屑依附当路人。且此事有命，小人非敢自立异。"

侃案：知其学养深淳，胸中无复汤火。以一儒生，而能若此，禹域亦所稀见。塾谓东夷之子，竟无及大连、少连者哉！读之感喟，达晓乃眠。

案："小人好谈当世，后悟此事有命。且天下之事，非一书生所能了断。然绝念于此，以温旧业为事。"此文引自《观光游记》卷二上《苏杭日记卷》，其文载："小人好谈当世，所呈法、米二志、《尊攘纪事》，是也。后悟此事有命。且天下之事，非一书生所能了断。然绝念于此，以温旧业为事。"①

引文与原文相比少"所呈法、米二志、《尊攘纪事》，是也"句。

七、史评类

黄侃所引史评类文献，主要是《史通通释》。

黄侃于 1929 年 2 月 10 日至 15 日，读清浦起龙的《史通通释》，未读完；1932 年 10 月 19 日至 25 日，继续读此书。

案：《史通》由唐刘知幾撰，成于唐中宗龙景二年(710 年)。全书共二十卷，分内篇、外篇各十卷。内篇总有三十九篇，阐述史书的源流、体例和编撰方法；外篇十三篇，论述史官建制沿革及史书得失。清浦起龙之注释初刊于乾隆十七年(1752 年)，后有所增改。②

① 冈千仞著，张杰明整理：《观光游记》，中华书局 2009 年版，第 32 页。
② (唐)刘知幾撰，(清)浦起龙释：《史通通释》序，上海古籍出版社 1978 年版。

引文

1. 1929 年 2 月 11 日　第 489~490 页

(1)史通称谓篇："续以金行版荡，戎、羯称制，各有国家，实同王者。晋世臣子，党附君亲，嫉彼乱华，比诸群盗。此皆苟徇私忿，忘夫至公。自非坦怀爱憎，无以定其得失。"

侃案：晋世臣子，党附君亲，嫉彼乱华，比诸群盗，是也。后世于前代异族割据者，自可称为某主某名，如云魏主宏、唐主存勖、契丹主阿保机、金主亶。于前代异姓全制中夏者自可称其谥，而不可称其庙号，如云清高帝、清景帝，所谓变通其理，事在合宜也。如萧方等称虏主为王，近人之称清帝爱新觉罗·胤禛、爱新觉罗·载湉，皆非中道，且蒙古、女真姓名连书，则长而可厌，尤不便于称谓也。

案：此文引自《史通》卷四《称谓》篇。其文载："续以金行版荡，戎、羯称制，各有国家，实同王者。晋世臣子，党附君亲，嫉彼乱华，比诸群盗。此皆苟徇私忿，忘夫至公。自非坦怀爱憎，无以定其得失。"①

(2)叙事篇："亦有姓氏本复，减省从单。或去万纽而留干，或止存狄而除库，求诸自古，罕闻斯例。"

侃案：谓自古无斯例则非也。且如今之英吉利、日斯巴亚具言实繁，故省英、日而已矣。

案：此文引自《史通》卷六之《叙事》篇。其文"亦有姓氏本复，减省从单。或去万纽而留干，或止存狄而除库，求诸自古，罕闻兹例"②。

引文"罕闻斯例"与原文"罕闻兹例"略有不同。

---

① (唐)刘知幾撰，(清)浦起龙释：《史通通释》，上海古籍出版社 1978 年版，第 107 页。

② (唐)刘知幾撰，(清)浦起龙释：《史通通释》，上海古籍出版社 1978 年版，第 180 页。

2. 1929 年 2 月 12 日　第 490～492 页

(1)史通言语篇先言“战国以前，其言皆可讽咏，非但笔削所致，良有体质素美”。

侃案：后又讥世人以役、竖儒为“不失清雅”，以老奴、宁馨为“殊为鲁朴”者，前后相违。至云记言“足以验氓俗之递改，知岁时之不同”，又云“工为史者，不选事而书，故言无美恶，尽传于后”。“若选言可以效古而书，其难类者，则忽而不取，料其所弃，可胜纪哉?”此则谠论也。

案：其文引自《史通》卷五之《语言》篇。其文载：“战国以前，其言皆可讽咏，非但笔削所致，良有体质素美。”①

引文“良有体质素美”与原文“良由体质素美”不同。

(2)叙事篇：“设使丘明重出，子长再生，记言于贺六浑之朝，书事于士尼干之代，将恐辍毫栖牍，无所施其德音。”

侃案：宋、辽、金、元、明史，人不肯观，将毋由此?王闿运湘军志，自云效史记，而人不予之。盖由积秽难饰，乃勇效昔言。所谓言似春秋，事殊乖越，进退无取，所以不行。

案：此文引自《史通》卷六之《叙事》篇。其文载：“设使丘明重出，子长再生，记言于贺六浑之朝，书事于士尼干之代，将恐辍毫栖牍，无所施其德音。而作者安可以古方今，一概而论得失?”②

① (唐)刘知幾撰，(清)浦起龙释：《史通通释》，上海古籍出版社 1978 年版，第 150 页。

② (唐)刘知幾撰，(清)浦起龙释：《史通通释》，上海古籍出版社 1978 年版，第 167 页。

(3)叙事篇："应以一言蔽之者，辄足为二言，应以三句成文者，必分为四句"。

侃案：此骈文之通病，非独史也。

案：此文引自《史通》卷六之《叙事》篇。其文载："故应以一言蔽之者，辄足为二言，应以三句成文者，必分为四句。"①

探赜篇："必谓遭彼腐刑，怨刺孝武，故书违凡例，志存激切。若先黄、老而后六经，进奸雄而退处士，此之乖刺，复何为乎？"

侃案：此言先黄、老，进奸雄，不关怨刺也。浦释不解子玄之意。

案：此文引自《史通》卷七之《探赜》篇。其文载："必谓遭彼腐刑，怨刺孝武，故书违凡例，志存激切。若先黄、老而后《六经》，进奸雄而退处士，此之乖刺，复何为乎？"浦起龙释："此一条探葛洪以表善人，蔑高位，臆揣夷、羽之位置，说亦未的也。"②

3. 1929 年 2 月 13 日　第 492~493 页

(1)史通列传篇："嗟呼！自班、马以来，获书于国史者多矣。其间则有生无令闻，死无异迹，用使游谈者靡征其事，讲习者罕记其名，而虚班史传，妄占篇目。若斯人者，可胜纪哉！"

侃案：观此知名登国史，亦不足贵，果有功德在民，即为不朽。行金帛以来，为祖父作佳传，正可不必耳。

① （唐）刘知幾撰，（清）浦起龙释：《史通通释》，上海古籍出版社 1978 年版，第 174 页。

② （唐）刘知幾撰，（清）浦起龙释：《史通通释》，上海古籍出版社 1978 年版，第 211 页。

案：此文引自《史通》卷二之《列传》篇。其文载："嗟呼！自班、马以来，获书于国史者多矣。其间则有生无令闻，死无异迹，用使游谈者靡征其事，讲习者罕记其名，而虚班史传，妄占篇目。若斯人者，可胜纪哉！"①

(2)又杂述篇序郡书云："施于本国，颇得流行，置于他方，罕闻爱异。"

侃案：以此见章学诚辈借修志以糊口而好为大言，自尊其道为无俚也。

案：此文引自《史通》卷十之《杂述》篇。其文载："郡书者，矜其乡贤，美其邦族。施于本国，颇得流行；置于他方，罕闻爱异。"②

4. 1929年2月14日　第493~496页

(1)浦起龙曰：史通三亡篇仅见内篇目录之末。尝阅章公讲山堂考索，纰谬篇缀在烦省之下，其二篇不复及，而先举其总目曰五十余篇，则故有其文而莫定其原次耳。

侃案：如浦(起龙)言似纰缪篇在山堂考索中。

案：此文引自《史通》卷十浦起龙关于三亡篇的"释"部分。其文载："史通三亡篇仅见内篇目录之末。尝阅章公讲山堂考索，纰谬篇缀在烦省之下，其二篇不复及，而先举其总目曰五十余篇，则故有其文而莫定其原次耳。"③

---

① (唐)刘知幾撰，(清)浦起龙释：《史通通释》，上海古籍出版社1978年版，第48页。

② (唐)刘知幾撰，(清)浦起龙释：《史通通释》，上海古籍出版社1978年版，第275页。

③ (唐)刘知幾撰，(清)浦起龙释：《史通通释》，上海古籍出版社1978年版，第299页。

(2)元文曰："夫以传自委巷，而将班、马抗衡；访诸古老，而与子、孙并列。"

侃案：史通浦校极鲁莽，申左篇有一条所改甚妄。浦不知子孙者，干、孙之误。上文有汉之太史，晋之著作，此以班、马承汉之太史言，干、孙承晋之著作言。谓干宝、孙盛也。浦则改"子孙"为"同时"，改"班、马"为"册府"，而云"恐当用此二字"，昔人云："误书思之，更是一适。"浦盖未脱明人刻书习气也。

案：此文引自《史通·申左》篇。其文载："夫以传自委巷，而将册府抗衡；访诸古老，而与同时并列。"①浦起龙解释曰："册府，恐常用此二字，旧作'班、马'。同时，此二字旧作'子、孙'，更谬。此皆版本模糊，后人妄改之过。"②

黄侃认为浦起龙将"班、马"改为"册府"，将"子孙"改为"同时"，未脱明朝人改书的习气。同时认为浦氏注释的"子孙"之说不对，应为"干、孙"。

(3)申左篇称班固集有难左氏九条三评等科

侃案：今竟无考，使人闷闷。

案：此文引自《史通》卷十之《申左》篇。其文载："而于《固集》复有难《左氏》九条三评等科。"③

黄侃记下书中有记载而现在难见之内容。

---

① 刘知幾撰，(清)浦起龙释：《史通通释》，上海古籍出版社 1978 年版，第 419 页。

② 刘知幾撰，(清)浦起龙释：《史通通释》，上海古籍出版社 1978 年版，第 419 页。

③ 刘知幾撰，(清)浦起龙释：《史通通释》，上海古籍出版社 1978 年版，第 416 页。

(4)史通序传篇“斯皆不因真律。”

侃案：纪昀谓疑是“殷律”之讹。予案此“京律”之讹也。谓京房吹律以定姓。草书京、真二字相混，故史记孔子世家孔箕字子京，汉书孔光传作子真。

案：此文引自《史通》卷九之《序传》篇。其文载：“河内马祖，迁、彪之说不同；吴兴沈先，约、炯之言有异。斯皆不因真律，无假宁楹，直据经史，自成矛盾。”①浦起龙释：“真律，未详。”②

对于“真律”之说，纪昀认为是“殷律”，浦氏不详，黄侃认为应该是“京律”之讹。

(5)史通六家篇谓史记“採访家人”，採撰篇亦有其文据。

侃案：正史篇云：“谯周以迁书周、秦以上或採家人诸子。”然则家人者，谓九流百家也。此家读为儒家、法家、道家之家。

案：此文引自《史通》卷一之《六家》篇。其文载：“自《五经》间行，百家竞列，事迹错糅，前后乖舛。至迁乃鸠集国史，採访家人，上起黄帝，下穷汉武，纪传以统君臣，书表以谱年爵，合百三十卷。”③

黄侃认为“採访家人”是说写文章有根据，主要来自九流百家之文。

(6)申左篇：“设使世人习春秋而唯取两传也，则当其时二百四十年行事茫然阙如，俾后来学者，兀成聋瞽者矣。”

① 刘知幾撰，(清)浦起龙释：《史通通释》，上海古籍出版社1978年版，第258页。

② 刘知幾撰，(清)浦起龙释：《史通通释》，上海古籍出版社1978年版，第263页。

③ 刘知幾撰，(清)浦起龙释：《史通通释》，上海古籍出版社1978年版，第18页。

侃案：太炎师说二家亦窃左氏，不然弒君三十六记不能足数。楚子麇卒，实弒，而昭元公羊传仅有“楚子麇卒”四字（谷梁同）。是公、谷竟不知此卅六之数，不取左传而何？

案：此文引自《史通》卷十之《申左》篇。其文载：“然设使世人习《春秋》而唯取两《传》也，则当其时二百四十年行事茫然阙如，俾后来学者，兀成聋瞽者矣。”①

黄侃认为《公羊传》《穀梁传》在注释《春秋》上都参考了《左传》。

5. 1929 年 2 月 15 日 第 496~497 页

（1）史通杂说上“征褰与襦，显自文、成之世”。

侃案：文、成谓文公、成公也。浦则依俗本改为文、武。

案：此文引自《史通》卷十六之《杂说上》，其文载：“檿弧箕服，彰于宣、厉之年；征褰与襦，显自文、武之世。”浦起龙释曰：“武，旧作成。”②

（2）史通·杂说下云：“又观世之学者，或耽玩一经，或专精一史。谈春秋者，则不知宗周既陨，而人有六雄；论史汉者，则不悟刘氏云亡，而地分三国。亦犹武陵隐士，灭迹桃源，当此晋年，犹谓暴秦之地也。”

侃案：据此知徒观一经一史，不知古今之可闵。颜氏家训讥儒生未闻汉书可以注经，即此类也。

---

① 刘知幾撰，（清）浦起龙释：《史通通释》，上海古籍出版社 1978 年版，第 21 页。

② 刘知幾撰，（清）浦起龙释：《史通通释》，上海古籍出版社 1978 年版，第 426 页。

案：此文引自《史通》卷十八至《杂说下》，其文载："又观世之学者，或耽玩一经，或专精一史。谈《春秋》者，则不知宗周既陨，而人有六雄；论《史》《汉》者，则不悟刘氏云亡，而地分三国。"①

黄侃引此文以自勉，不应该仅局限一书一类之学。

6. 1932 年 10 月 25 日 第 844 页

史通杂说下："夫十室之邑，必有忠信；何者？交阯远居南裔，越裳之俗也；敦煌僻处西域，昆戎之乡也。求诸人物，自古阙载。盖由地居下国，路绝上京，史官注记所不能及也。既而，士燮著录，刘昞裁书，则磊落英才，粲然盈瞩者矣。向使两贤不出，二郡无记，彼边隅之君子，何以取闻以后世乎？是知著述之功，其力大矣！岂与夫诗赋小技校其优劣者哉？"

案：此文引自《史通》卷十八之《杂说下》，其文载："夫十室之邑，必有忠信，欲求不朽，弘之在人。何者交阯远居南裔，越裳之俗也；敦煌僻处西域，昆戎之乡也。求诸人物，自古阙载。盖由地居下国，路绝上京，史官注记，所不能及也。既而士燮著录，刘昞裁书，则磊落英才，粲然盈瞩者矣。向使两贤不出，二郡无记，彼边隅之君子，何以取闻于后世乎？是知著述之功，其力大矣，岂与夫诗赋小技校其优劣者哉？"②

7. 1934 年 4 月 9 日 第 978 页

史通史官篇："蜀志载王崇补东观，许盖掌仪礼。"

侃案：以证蜀无史官之实。然今本蜀志无王、许二人，恐子玄之

① 刘知幾撰，(清)浦起龙释：《史通通释》，上海古籍出版社 1978 年版，第 525 页。

② 刘知幾撰，(清)浦起龙释：《史通通释》，上海古籍出版社 1978 年版，第 520~521 页。

说未足据。

案：此文引之《史通》卷十一之《史官建制》，其文载："蜀志载王崇补东观，许盖掌仪礼。"①

① 刘知幾撰，（清）浦起龙释：《史通通释》，上海古籍出版社1978年版，第312页。

第三章 《黄侃日记》引子部文献考

黄侃阅读广泛，不仅重视经部、史部阅读，对子部文献也十分重视。黄侃对子部文献的阅读主要涉及儒家类、法家类、艺术类、谱录类、杂家类、类书类、小说类、小说家类及道家类。黄侃对以上类别文献的重视程度各有不同，主要重视儒家类、艺术类、谱录类。本章将对《日记》中所引的子部文献作详细考查。

第一节 《黄侃日记》引儒家、法家及艺术类考

黄侃引用的儒家类文献，主要来自《孟子》《荀子》《太玄集》《法言》《申鉴》《孟子外书》；法家类文献，主要来自《管子》《韩非子》；艺术类文献，主要来自《法书要录》《广川画跋》《广川书跋》《书史》。其中，黄侃特别重视对儒家类文献的阅读。同时，因黄侃本人较喜欢书法，所以在艺术类中主要读与书法相关的文献。本节将对《日记》引用的儒家、法家、艺术三类文献作详细考查。

一、儒家类

（一）《孟子》

引文

1931 年 4 月 13 日　第 696 页

“充类至义至尽也。”

侃案：初二比夫诸侯以治盗为事，而不自以为盗者，以为盗一类其类告之也。抑诸侯日以诘盗之非而不自以为非者，以为盗不义者也，己制义者也。使早知己之义不足相胜，将盗反诘其非，己亦无缘非之矣。为世无精义者，以其类中之义之所尽者告之也。妙至此乎：愿以告今之治盗、诘盗者。

案：此文引自《孟子·万章下》，其文曰："夫谓非其有而取之者，盗也，充类至义之尽也。"①

（二）《荀子》

引文

1931 年 2 月 24 日　第 684~685 页

荀子天论篇："日月食而救之，天旱而雩，卜筮然后决大事，非以为得求也，以文之也。"

案：此文引自《荀子·天论》。"日月食而救之，天旱而雩，卜筮然后决大事，非以为得求也，以文之也。"王先谦注曰："雩，求雨之祷也。或者问：旱岁，雩则得雨，此何祥也？对以与不雩而雨同，明非求而得也。"②意为，出现日蚀月蚀就敲击锣鼓去抢救，天旱就举行求雨的祭祀，先占卜然后才决定大事，不是用它来作为得到所祈求的东西的手段，只不过用它为政事作装饰。

（三）扬雄《太玄集》

黄侃于 1922 年 2 月 2 日、3 日、6 日、10 日，钞录扬雄撰，司马光集注的《太玄集注》，认为此书艰涩难懂，遂将不懂之处钞录。

① （宋）朱熹：《四书章句集注》，中华书局 1983 年版，第 325 页。
② （清）王先谦集解，沈啸寰、王星贤点校：《荀子集解》，中华书局 1988 年版，第 316 页。

案：黄侃总钞录其书前四卷正文，因内容过多，本处笔者仅将黄侃所钞之文与原文不同处摘录下来。

引文

1. 1922年2月2日 第77~78页

翻太玄集注，易尚不明，其如玄何！

盛哉日乎，炳明离章，五色淳光…………次六，朱车独分，一日增我三千。上九，崔嵬不崩，赖彼峡崥。以上卷一。

侃案：一日增我三千，言锡车服多也。

案：以上内容钞自《太玄集》卷一，除"朱车独分"与原文"朱车烛分"之句不同①，剩余内容均相同。

黄侃感叹《太玄集》难以读懂，因而有选择地进行钞录理解。

2. 1922年2月3日 第79~80页

蟹之郭索，心不一也（锐一测）……舍于五轨（言广）万钟（言多。六）。枝枝条出，物莫不达（连首）……拂其系绝，纗心诚快也（言乐道无累。四。）钟鼓喈喈，管弦哜哜（五）……务成自败，雨成自队（九）。物则信信，各致其力（事首）。事无事，至无不事。事在枢，不咎不谚，丧其哲符（二）。时往时来，间不容牦（言将失相去微。三）。丈人扶孤，竖子提壶（小子知报其德。七）。到耳顺止，逆闻顺行也（九测）。以上卷二。

案：以上内容引自《太玄集》卷二，引文与原文内容不同之处整理如下：

---

① （汉）扬雄撰，（宋）司马光集注，刘绍军点校：《太玄集注》，中华书局1998年版，第30页。

(1)引文“舍于五轨万钟”，原文作“含于五轨万钟”。①

(2)“拂其系绝，纗心诚快也”，原文载：“拂其系，绝其纗，佚厥心。测曰：‘拂系绝纗，心诚快也。’”②

(3)“不咨不諛”，原文载：“不咎不諛”③。

3. 1922年2月6日 第99~101页

冥化否贞，若性(更一。犹言少成若性)……禸睟清明，保厥昭阳(睟首)。冥驳冒睟(言非粹而粹)……元离(大明也)之极，君子应以大稷(稷即仄。九)。

案：以上内容钞自《太玄集》卷三，“禸睟清明”句，原文作“阳气禸睟清明，物咸重光”④。其余内容均与原文一致。

4. 1922年2月10日 第103~105页

迎他匪并，无贞有邪。测曰：绯所与并也(迎一)。裳有衣襦，男子目珠，妇人啑钩，贞。测曰：裳有衣襦，阴感阳也(四)……谷失疏数，众牦毁玉(五)

侃案：啑一作嚏，当作啑。啑即唼。谓口相亲。

案：以上内容钞引自《太玄集》卷四，内容与原文一致。⑤

① (汉)扬雄撰，(宋)司马光集注，刘绍军点校：《太玄集注》，中华书局1998年版，第34页。

② (汉)扬雄撰，(宋)司马光集注，刘绍军点校：《太玄集注》，中华书局1998年版，第52页。

③ (汉)扬雄撰，(宋)司马光集注，刘绍军点校：《太玄集注》，中华书局1998年版，第57页。

④ (汉)扬雄撰，(宋)司马光集注，刘绍军点校：《太玄集注》，中华书局1998年版，第76页。

⑤ (汉)扬雄撰，(宋)司马光集注，刘绍军点校：《太玄集注》，中华书局1998年版，第87页。

“裳有衣襦，男子目珠，妇人啑钩”，黄侃对“啑”作解释，认为是唼意，谓口相亲。

(四)扬雄《法言》

黄侃于1928年6月4日略读汉扬雄的《扬子法言》；1933年10月25日至12月27日，详阅《扬子法言》及近人王宝荣的《法言义疏》。

引文

1. 1922年2月21日 第122~123页

梅君光迪有二文讥弹今世新学狂人，多中肯綮。而梅又学于美洲……文中时用英字，杂以彼土智者之格言，此可以关儇子之喙。法言曰：“灵场之威，宜夜矣乎。”如梅之为，其于污俗，可谓照之以天光者矣。惜于狂人利用异说，博名弋利，而不顾贼夫人子之隐衷，未能显豁标揭……然而风雨如晦，鸡鸣不已，并世亦何幸得有此人乎！

案：“灵场之威，宜夜矣乎”句，引自《法言·问明》，其文载：“灵场之威，宜夜矣乎”①。

黄侃看见梅光迪的《学衡杂志》对白话文的抨击，因而引此句来赞扬梅光迪的《学衡杂志》。

2. 1933年12月27日 第949页

言不能达其心，书不能达其言，难矣哉！

案：此文引自《法言·问神》，其文载：“言不能达其心，书不能达其

① (汉)扬雄撰，(清)王荣宝撰，陈仲夫点校：《法言义疏》，中华书局1987年版，第210页。

言，难矣哉！”①意为，语言难以准确表达内心的想法，文章又很难表达自己的语言。

当日黄氏“晡讲”，感慨内心想法真实传达之难。

（五）荀悦《申鉴》

引文

1922年10月12日 第230页

或曰：“‘辞达而已矣’，圣人以文其奥也有五：曰玄、曰妙、曰包、曰要、曰文。幽深谓之玄，理微谓之妙，数博谓之包，辞约谓之要，章成谓之文。圣人之文，成此五者，故曰不得已。”

侃案：此义文心宗经篇未及甄述。

案：此文引自《申鉴》卷五，其文载：“或曰：‘辞达而已矣’，圣人以文其奥也有五：曰元、曰妙、曰包、曰要、曰文。幽深谓之玄，理微谓之妙，数博谓之包，辞约谓之要，章成谓之文。圣人之文，成此五者，故曰不得已。”②

（六）《孟子外书》

引文

1928年10月15日 第381页

翻《孟子外书》，盖亦作伪。孟子为陈仲子诔：“山高而水流，千古一于陵兮”。

---

① （汉）扬雄撰，（清）王荣宝撰，陈仲夫点校：《法言义疏》，中华书局1987年版，第159页。

② （汉）荀悦撰：《申鉴》，商务印书馆1937年版，第22页。

案：此文引自《孟子外书》卷二之《文说》，其文载："陈仲子卒，孟子诔之曰："吁嗟仲子！廉洁以保贞兮，求名而得名兮。数齐国之高士，舍仲子其谁称兮。惟山高而水流，千古一于陵兮。吁嗟仲子！名长存兮，可慰于九泉兮。"①

黄侃认为《孟子外书》是后人作的伪书，随手举一例证明。

二、法家

(一)《管子》

黄侃于1922年3月31日阅《管子·内业篇》；1928年5月21日，卧翻此书。

引文

1. 1922年3月31日　第126~127页

阅管子内业篇。此真古道家言也。参同、黄庭，皆于是乎出。其要曰："定心在中，耳目聪明，四枝坚固，可以为精舍。"又曰："心之中又有心焉。"又曰："精存自生，其外安荣。内藏心以为泉原，浩然和平以为气渊。渊之不涸，四体乃固。泉之不竭，九窍遂通。"又曰："人能正静，皮肤益宽，耳目聪明，筋信而骨强，而能戴大圆而履大方。"又曰："止怒莫若诗，去忧莫若乐，节乐莫若礼，守礼莫若静。内静外敬，能反其性，性将大定。"又曰："其形安而不移，能守一而亲万苛。"又曰："凡人之生也，必以其欢。忧则失纪，怒则失端，忧悲喜怒，道乃无处。爱欲静之，礼乱正之。"又曰："灵气在心，一来一逝。其细无内，其大无外。所以失之，以躁为害。心能执静，道将自定。"又曰："节欲之道，万物不害。"

侃案：诵法此等文籍，实足以安身成德，岂不胜于方士隐语，缪

① 佚名：《孟子外书》，博古斋拜经楼丛书1780年版，第4页。

其辞义，使人误解以滋欲者乎！

案：此文引自《管子》卷十六之《内业》篇，引文与原文一致①。

2. 1931 年 2 月 24 日　第 684~685 页

管子宙何篇："千里之路，不可直以绳；万家之都，不可平以准。"

案：此句引自《管子·宇宙篇》，其文载："千里之路，不可直以绳；万家之都，不可平以准。"②意为，长达千里的道路，不可能用绳墨来拨直，大到万家的城市，不可能用准具来取平。

3. 1933 年 3 月 16 日　第 880 页

辽东二字见管子。

案：此文引自《管子·宇宙篇》，其文载："夫楚有汝汉之金，齐有渠展之盐，燕有辽东之煮。"③意为，楚国有汝、汉所产的黄金，齐国有渠展所产的盐，燕国有辽东所煮的盐。这是管仲给齐桓公提出的理财之源。

（二）《韩非子》

引文

1. 1931 年 2 月 25 日　第 685 页

韩非子外储说："宋人有沽酒者，悬帜甚高著。"

---

① （清）黎翔凤撰，梁运华整理：《管子校注》，中华书局 2004 年版，第 938~948 页。

② （清）黎翔凤撰，梁运华整理：《管子校注》，中华书局 2004 年版，第 48 页。

③ （清）黎翔凤撰，梁运华整理：《管子校注》，中华书局 2004 年版，第 305 页。

侃案：悬帜，即周礼之“上旌”也。

案：此文引自《韩非子·外储说右上》，其文载：“宋人有酤酒者，量酒公平，遇客甚谨，为酒甚美，悬帜甚高，然贮而不售，酒酸。”①

2. 1933年4月9日 第887~888页

清史未毕，万万勿读他书。予多年来每每兼点两书，此最误事。韩非子曰：“数变业者无成功”。戒之哉！

案：此文引自《韩非子·解老》，其文载：“工人数变业则失其功，作者数摇徙则亡其功。”②意为，工人屡屡变换职业就丢失功效，劳作者屡屡变动就丢失功效。

三、艺术类

（一）《法书要录》

黄侃于1934年12月8日、9日、31日，观唐张彦远的《法书要录》。

引文

1934年1月21日 第957~958页

（1）张芝始作一笔飞白书。反左书，孔敬东所创。敬东又能一笔草书，一行一断，婉约流利，特出天性。顷来莫有继者。

案：此文引自《法书要录》卷二之《梁中书侍郎虞龢论书表》，其文载：“张芝始作一笔飞白书。此以井、册字为妙，所以云：一笔飞白书则无所

① （清）王先慎撰，钟哲点校：《韩非子集解》，中华书局1998年版，第322页。
② （清）王先慎撰，钟哲点校：《韩非子集解》，中华书局1998年版，第141页。

不通矣。反左书者，大同中东宫学士孔敬东所创……敬东又能一笔草书，一行一断，婉约流利，特出天性。顷来莫有继者。"①

(2)王彦之有言曰："勿欺数行尺牍，即表三种人身。岂非一者学书得法、二者做字得体、三者轻重得宜？意谓犹须言无虚出，斯则善矣。"

案：此文引自《法书要录》卷二之《梁中书侍郎虞龢论书表》，其文载："王彦之有言曰：'勿欺数行尺牍，即表三种人身。'岂非一者学书得法、二者做字得体、三者轻重得宜？意谓犹须言无虚出，斯则善矣。"②

(3)子敬才高识远，行草之外，更开一门。夫行书非草非真，离方遁圆，在乎季孟之间。兼真者谓之真，行带草者谓之行草。子敬之法，非草非行，流便于行草，又处期间。无藉因循，宁拘制则？挺然秀出，务于简易。笔法体势之中，最为风流者也。

案：此文引自《法书要录》卷四之《唐张怀瓘书议》，其文载："子敬才高识远，行草之外，更开一门。夫行书非草非真，离方遁圆，在乎季孟之间。兼真者谓之真，行带草者谓之行草。子敬之法，非草非行，流便于行草，又处期间。无藉因循，宁拘制则？挺然秀出，务于简易。笔法体势之中，最为风流者也。"③

(4)世论咸云，江东无复钟迹，常以叹息。比日伫望中原廓清，太丘之碑，可就摹采。

① (唐)张彦远：《法书要录》，商务印书馆1926年版，第17页。
② (唐)张彦远：《法书要录》，商务印书馆1926年版，第18页。
③ (唐)张彦远：《法书要录》，商务印书馆1926年版，第68页。

案：此文引自《法书要录》卷二之《陶隐居又启》，其文载：“世论咸云，江东无复钟迹，常以叹息。比日伫望中原廓清，太丘之碑，可就摹采。”①

(二)《广川画跋》

黄侃于1934年1月9日至13日，读宋董逌的《广川画跋》。

案：《广川画跋》宋董逌所撰的一本有关画题跋的书。该书凡六卷，共收题跋一百三十四篇，包括宫廷及私人收藏，其中以历史故事及风俗人物占多数。画跋偏重于考证评议，董逌“在宣和中与黄伯思均以考据赏鉴擅名”②，因此他对作品之题材内容及物象制度多方论证，引经据典，与其他侧重艺术风格技巧之评鉴著作不同，对作品辨识也时出独特见地。

引文

1934年1月13日　第951~952页

广川画跋书锁树谏图，深明夷夏之辨。其题唐举子图后，尤有味，兹全录于左。

孙祖仁出古图相示：人物衣冠作唐人服，为举子者七十八人，列二队，是若相嘲谑，指呼纷纭。众客不谕，祖仁曰：“此书无名，惟乎措大出队，请以名号识之。”余曰：“此殆昔朋甲图也。唐之士子，中世最盛，各立朋甲，相为敌者。至有东西甲。东呼西茫茫为队，言无所知也。开成后又遇韦蜀甲、注己甲，又有四凶甲、芳林十哲。至此，儒道衰矣！是图之设，得无患此邪？”

案：此文引自《广川画跋》卷五之《题唐举子图后》条，其文载：“孙祖仁出古图相示：人物衣冠作唐人服，为举子者七十八人，列二队，是若相嘲谑，指呼纷纭。众客不谕，祖仁曰：‘此书无名，惟乎措大出队，请以

① (唐)张彦远：《法书要录》，商务印书馆1926年版，第21页。
② (清)永瑢等：《四库全书总目》，中华书局1965年版，第959页。

名号识之。'余曰：'此殆昔朋甲图也。唐之士子，中世最盛，各立朋甲，相为敌者。至有东西甲。东呼西茫茫为队，言无所知也。开成后又遇韦蜀甲、注己甲，又有四凶甲、芳林十哲。至此，儒道衰矣！是图之设，得无患此邪？'"①

(三)《广川书跋》

引文

1934年1月17日 第953~594页

(1)吕氏纪曰："仓颉作大篆。"

侃案：广川书跋石鼓文条亦引之。

案：此文引自《广川书跋》卷二之《石鼓文辨》，其文载："吕氏纪曰：'仓颉造大篆。'"②

引文"作"与原文"造"有所不同。

(2)近世有尊古文而薄秦篆，遂以说文为悉本秦篆而不足信。其猖狂自宋董逌始。今录广川书跋四泰山条末段于下：

泰山篆(广川书跋四)：呜呼！三代书名，至秦焚灭尽之。后世不得知先王命书之意，惟秦书是习。此其祸天下后世，其有穷耶？后世无所考书名，论辨字意，则犹以是为据。盖亦弊也。篆文于后世为工，然况之三代，此其为夷狄异俗之法以乱中国者。君子则宜过而不问也。昔汉儒谓秦废先王书，李斯欲以其书传后世，以愚黔首；然黔首卒叛秦而不可愚。至于其书在者，后世诸儒，方共解诂以传；而三代书名幸有存者，则遂弃而不录。然则，秦之为患，其足以愚后世

① (宋)董逌：《广川画跋》，中华书局2012年版，第61页。

② (宋)董逌：《广川书跋》，商务印书馆1937年版，第31页。

者，余于此知之矣。非秦能愚人，诸儒盖自愚而不知也。

案：此文引自《广川书跋》卷四之《泰山篆》最后一部分。①

引文“惟秦书是习”与原文“惟秦文是习”有所不同。

2. 1934 年 1 月 19 日　第 954~957 页

王右军作书，惟用张永义制纸，谓其紧光深丽，便于行笔。

案：此文引自《广川书跋》卷六之《硬黄》，其文载：“王右军作书，惟用张永义制纸，谓紧光深丽，便于行笔。”②

引文比原文多一“其”字。

(四)《书史》

黄侃于 1934 年 1 月 19 日读宋米芾的《书史》。

引文

1934 年 1 月 19 日　第 954~957 页

(1) 本朝太宗时，公卿以上之所好，悉学钟、王。李宗谔主文既久，士子皆学其书，肥扁朴拙，取用科第。宋绶作参政，倾朝学之，号曰朝体。韩琦好颜书，士俗皆学颜书。及蔡襄贵，士庶又皆学之。王文公安石作相，士俗亦皆学其体，自此古法不讲，能隶者刘瑗，能草者滕中、宗室仲忽，能行者鲍慎由，能篆者赵霆。已上是学古人书者，余未见。

案：此文引自《书史》，其文载：“本朝太宗挺出五代文物已尽之间，

① (宋)董逌：《广川书跋》，商务印书馆 1937 年版，第 47~48 页。
② (宋)董逌：《广川书跋》，商务印书馆 1937 年版，第 73 页。

天纵好古之性，真造八法，草入三昧，行书无对，飞白入神，一时公卿以上之所好，遂悉钟王。至李宗谔主文既久，士子始皆学其书，肥扁朴拙，是时誊录以投其好，取用科第，自此惟趋时贵书矣。宋宣献公绶作参政，倾朝学之，号曰朝体。韩忠献公琦好颜书，士俗皆学颜书。及蔡襄贵，士庶又皆学之。王文公安石作相，士俗亦皆学其体，自此古法不讲。”①

引文与原文相比少“挺出五代文物已尽之间，天纵好古之性，真造八法，草入三昧，行书无对，飞白入神”之句。

(2)荆公学杨景度，楮纸书“春来冰未泮，冬至雪初晴。为报方袍客，丰年瑞已成”。

侃案：自谓无人知之，亦见书史。

案：引自《书史》，其文载：“余家今收楮纸上，诗云：‘春来冰未泮，冬至雪初晴。为报方袍客，丰年瑞已成。’”②

第二节 《黄侃日记》引其他子部文献考

黄侃在日记中引用的其他子部文献主要有谱录类、杂家类、类书类、小说及小说家类、道家类。其中，谱录类的引文主要来自《茶经》；杂家类的引文主要来自《吕氏春秋》《淮南鸿烈》《白虎通》《刘子》《东观余论》《赖真子》；类书类的引文主要来自《艺文类聚》《太平御览》；小说及小说家类的引文主要来自《语林》《酉阳杂俎》《太平广记》；道家类引文主要来自《庄子》。本节将对《日记》中的引文作详细考查。

一、谱录类

《茶经》

① (宋)米芾：《书史》，商务印书馆1937年版，第28页。
② (宋)米芾：《书史》，商务印书馆1937年版，第18页。

引文

1928 年 5 月 29 日　第 296~297 页

凡将篇(茶经下引)“飞廉雚菌□荈诧”

侃案：“诧”即“茶”字。今四川有春茶，茶无以春采，不烦别称“春”即“荈”尔。

案：此文引自陆羽《茶经》下卷，其文载：“蜚廉雚菌荈诧”。①引文与原文相较，“飞”与“蜚”字不同，且原文无漏字。

二、杂家类

(一)《吕氏春秋》

黄侃于 1930 年 2 月 12 日至 5 月 4 日，读《吕氏春秋》，并且钞录下每日所看之篇目。2 月 16 日“以梁玉绳书校吕览讫，遂取蔡(云)、陈(昌齐)、王(念孙)、俞(荫父)、孙(诒让)诸家书校之”②。2 月 22 日“取《左庵集·吕览序跋三首》与吕览对看，校其讹字”③。

引文

1. 1930 年 4 月 6 日　第 631~632 页

(1)奚仲作车，仓颉作书，后稷作稼，皋陶作刑，昆吾作陶，夏鲧作城。

案：此文引自《吕氏春秋》卷十七之《审分》篇，其文载：“奚仲作车，

① 程启坤、杨招棣、姚国坤点校：《陆羽〈茶经〉解读与点校》，上海文化出版社 2004 年版，第 40 页。

② 黄侃著，黄延祖重辑：《黄侃日记》，中华书局 2007 年版，第 621 页。

③ 黄侃著，黄延祖重辑：《黄侃日记》，中华书局 2007 年版，第 622 页。

仓颉作书，后稷作稼，皋陶作刑，昆吾作陶，夏鲧作城。此六人者，所作大矣。”①

(2)勿躬篇：大桡作甲子，黔如作虏首，容成作历，羲和作占日，尚仪作占月，后益作占岁，胡曹作衣，夷羿作弓，祝融作市，仪狄作酒，高元作室，虞姁作舟，伯益作井，赤翼作臼，乘雅作驾，寒哀作御，王冰作服车，史皇作图，巫彭作医。

侃案：此文当皆出世本。

案：此文引自《吕氏春秋》卷十七之《勿躬》篇，其文载：“大桡作甲子，黔如作虏首，容成作历，羲和作占日，尚仪作占月，后益作占岁，胡曹作衣，夷羿作弓，祝作作市，仪狄作酒，高元作室，虞姁作舟，伯益作井，赤翼作臼，乘雅作驾，寒衰作御，王冰作服牛，史皇作图，巫朋作医，巫咸作筮。”②

2. 1930 年 4 月 19 日 第 636 页

具备篇：“宓子贱令吏二人书，从旁时掣摇其肘。吏书之不善，则宓子贱为之怒。吏归报于君曰，宓子使臣书而时掣摇臣之肘，书恶而有甚怒。”

侃案：据此，古人于书亦求其工善也。

案：此文引自《吕氏春秋》卷十八之《具备》篇，其文载：“宓子贱令吏二人书，从旁时掣摇其肘。吏书之不善，则宓子贱为之怒。吏归报于君

① （秦）吕不韦辑，（清）毕沅辑校：《吕氏春秋》，中华书局 1991 年版，第 469 页。

② （秦）吕不韦辑，（清）毕沅辑校：《吕氏春秋》，中华书局 1991 年版，第 475~476 页。

曰，宓子使臣书而时掣摇臣之肘，书恶而有甚怒。”①

（二）《淮南鸿烈》

黄侃于1930年5月5、9日，17日至20日读此书。

引文

1. 1929年8月28日　第569页

向夕遂大雨，方赤日张空时，岂有此哉？淮南云：“圣人之处治世，犹夏暴而待暮。”况其已秋乎哉？

案：此文引自《淮南鸿烈·说林训》，其文载：“圣人之处乱世，若夏暴而待暮。”②

引文“治”与原文“乱”略有出入。

2. 1930年5月17日　第645页

竟日读书，得淮南天文篇之半。天文训：“日钟律上下相生，诱不敏也。”

侃案：不敏，犹言未闻。于是见古人之质谨。

案：此文引自《淮南鸿烈》卷三之《天文训》高诱注释内容，其正文曰：“下生者倍，以三除之；上生者四，以三除之。”高诱注曰：“日钟律上下相生，诱不敏也。”③

① （秦）吕不韦辑，（清）毕沅辑校：《吕氏春秋》，中华书局1991年版，第532页。

② （汉）刘安撰，刘文典集解，冯逸、乔华点校：《淮南鸿烈集解》，中华书局1989年版，第583页。

③ （汉）刘安撰，刘文典集解，冯逸、乔华点校：《淮南鸿烈集解》，中华书局1989年版，第260页。

(三)《白虎通》

引文

1922年4月22日 第153页

白虎通姓名篇："于臣民亦得以甲乙生日名子，何不使亦不止也。以尚书道殷臣有巫咸、有祖乙也。"

侃案：此引巫咸之名，不取甲乙者，以证不使；引祖乙之名，取甲乙者，以证不止。而王博申乃云："咸，今文盖作戊。不然，咸非十日之名，何白虎通引为生日名子之证呼?"王益吾信伯申之此说，且以古今人表作巫咸与白虎通不合。

案：此文引自《白虎通义》卷三下，其文载："于民臣亦得以甲乙生日名子，何不使亦不止也。以尚书道殷臣有巫咸、有祖乙也。"①

引文"臣民"与原文"民臣"有所不同。

(四)《刘子》

黄侃于1929年2月、3月读刘勰的《刘子》，并钞录其书之卷三《审名》篇。

引文

1929年3月1日 第529~530页

续读刘子卷三审名篇最精，钞其要于左：言以译理，理为言本；名以订实，实为名源。有理无言，则理不可明；有赏无名，则实不可辨。理由言明，而言非理也；实由名辨，而名非实也。今信言以弃理，实非得理者也；信名而略实，非得实者也。故明者课言以寻理，不遗理而着

① (汉)班固：《白虎通》，商务印书馆1937年版，第226页。

言；执名以责实，不弃实而存名。然则言理兼通，而名实俱正。

世人传言，皆以小成大，以非为是。传弥广，理逾乖；名弥假，实逾反。则回犬似人，转白成黑矣。今指犬似人，转白似黑，则不类矣。转以类推，以此象彼，谓犬似玃，玃似狙，狙似人。则犬似人矣。谓白似缃，缃似黄，黄似朱，朱似紫，紫似绀，绀似黑。则白成黑矣。

黄轩四面，非有八目；夔之一足，必有独胫；周人玉璞，其实死鼠；楚之凤凰，乃是山鸡；愚谷智叟，而像顽称；黄公美女乃得丑名；鲁人缝掖，实非儒行；东郭吹竽，而不失音。四面、一足，本非真实；玉璞、凤凰，不是定名；鲁人、东郭、空滥美称；愚谷、黄公，横受恶名。由此观之，传闻丧真，翻转名实，美恶无定称，贤愚无正目。

俗之弊者，不禁名实，虚信传说即似定真。闻野丈人，谓之田父；河上姹女，谓之妇人；尧浆、禹粮谓之饮食；龙肝、牛膝，谓之为肉。掘井得人，谓言自土而出；三豕渡河，云彘行水上。凡斯之类，不可胜言。故孤、狸二兽，因其名便，合而为一，蛩蛩巨虚，其寔一兽，因其词烦，分为二。斯虽成其名，而不知败其实。弗审其词，而不察其形。

是以古人必慎传名，近审其词，远取诸理，不使名害于实，实隐于名。故名无所容其伪，实无所蔽其真，此谓正名也。

贵农注："蒙"者，女人之衣曰蒙。

审名篇"河上之姹女谓之妇人。"注：姹女是药名，今之甑带是也。

侃案：贵农注："蒙"者，女人之衣曰蒙。不知何据。

案：此文引自《刘子》卷三之《审名》篇。①

(1)引文"实非得理者也"，原文无"实"字。

(2)引文"传弥广，理逾乖；名弥假，实逾反"，原文作"传弥广而理逾

① （北齐）刘昼撰，傅亚庶校释：《刘子校释》，中华书局1988年版，第155~156页。

乖；名弥假而实逾反”。

(3)引文“今指犬似人，转白似黑，则不类矣”，原文作“今指犬似人，转白成黑，则不类矣”。

(4)引文“夔之一足，必有独胫”，原文“夔之一足，非有独胫”。

(5)引文“东郭吹竽，而不失音”，原文“东郭吹竽，而不知音”。

(6)贵农注：“蒙”者，女人之衣曰蒙。原文注无此条。

(五)《东观余论》

引文

1934 年 1 月 19 日　第 954~957 页

(1)东观余论：政和初，陕西发地得木简一瓮，皆汉世讨羌戎驰檄文书，皆章草书，然断续不缀属，惟邓陟初二年六月一篇成文。

案：此文引自《东观余论》卷上之《记与刘无言论书》，其文载：“政和初，人于陕西发地得木竹简一瓮，皆汉世讨羌戎驰檄文书，若今吏案行遣，皆章草书，然断续不缀属，惟邓陟初二年六月一篇成文尔。”①

引文“木简”与原文“木竹简”不同，引文比原文少“若今吏案行遣”一句。

(2)永初二年六月丁未朔，二十日丙寅，得车骑将军幕府文书，上郡属国二千石守丞廷义、县令三水，十月丁未到府受印绶，发夫讨叛羌，急急如律令。

案：此内容引自《东观余论》卷上之《汉简辨》，其文载：“永初二年六月丁未朔，二十日丙寅，得车骑将军莫府文书，上郡属国二千石守丞廷

① (宋)黄伯思：《宋本东观余论》，中华书局 1988 年版，第 100~101 页。

义、县令三水，十月丁未到府受印绶，发夫讨叛羌，急急如律令。”①

引文“幕府文书”与原文“莫府文书”略有不同。

(3)张怀瓘云：飞白全用隶法，盖八分之轻者。又鲍照飞白，用毫笔乃成字，或轻或重也。盖或轻若发丝，或重若云山，浓淡相错乃成字。若丝发处谓之白，其势萦举谓之飞。

案：此文引自《东观余论》卷上之《论飞白法》，其文载：“张怀瓘云：飞白全用隶法，盖八分之轻者……又鲍照飞白，用毫笔乃成字，或轻或重也。盖或轻若发丝，或重若云山，浓淡相错乃成字……若丝发处谓之白，其势萦举谓之飞。”

黄侃在此处选择飞白的特点钞录，省略了其中例子、比喻等具体描述部分。

(4)流俗言作书皆欲悬腕而聚指管端，真草则必用此法乃善。予谓不然。逸少书法有真一、行草三，以言执笔去笔跗远近耳。今笔长不过五寸，虽作草书，必在其三，而真行弥近。今不问真(正)草字必欲聚指管端，乃妄论也。今观晋、宋及唐人画图执笔者，未尝若此，可破俗之鄙说。

案：此文引自《东观余论》卷上之《论书八篇示苏显道》第五，其文载：“流俗言作书皆欲悬腕而聚指管端，真草则必用此法乃善。予谓不然。逸少书法有真一、行草三，以言执笔去笔跗远近耳。今笔长不过五寸，虽作草书，必在其三，而真行弥近。今不问正草字必欲豪指管端，乃妄论也。今观晋、宋及唐人画图执笔者，未曾若此，可破俗之鄙说。”②

① (宋)黄伯思：《宋本东观余论》，中华书局1988年版，第113页。
② (宋)黄伯思：《宋本东观余论》，中华书局1988年版，第144~145页。

(5)后魏北齐人书，洛阳故城，多有遗刻。虽差近古然终不脱毡裘气。文物自永嘉来，自北而南，故妙书皆在江左。

案：此文引自《东观余论》卷上之《论书六条》第三，其文载：“后魏北齐人书，洛阳故城，多有遗迹。虽差近古，然终不脱毡裘气。文物从永嘉来，自北而南，故妙书皆在江左。”①

引文“多有遗刻”与原文“多有遗迹”略有差异，引文“自永嘉来”与原文“从永嘉来”略有差异。

(6)始观张旭所书千字文，至毋、图、隶、散等字，怪异过甚，好事者以长史喜狂书，故效其迹。及反复徐观，至“雁门云亭，愚蒙瞻仰”等字，与后题月日，则雄稳轩举，搓挤丝缕，千状万变，虽左驰右骛，而不离绳矩之内。犹纵风鸢者，翔戾随风上下，而纶常在手；击剑者，交光飞刃，飙忽若神，而器不离身。注目视之，若龙凤飞腾，然后知其真长史书而不虚得名矣。世人观之者不知其所以好者在此，但视其怪异，从而效之，失其指矣。昔之圣人，纵心而不逾规矩，妄行而蹈乎大方，亦犹是也。尝观庄周书，其自谓谬悠荒唐而无端涯；然观其论度数形名之际，大儒宗工，有所不及，其道之所以无为而无不为矣。于戏！观旭书尚其怪而不知入规矩，读庄子知其放旷而不知其入律，皆非二子之钟期也。

案：此文引自《东观余论》卷上之《论张长史书》，黄侃引钞其全文。②

引文与原文相异的句子作如下正整理：

(1)引文“怪异过甚”，原文作“怪逸过甚”，“异”“逸”二者不同；

(2)引文“反复许观”，原文作“反覆许观”，“复”“覆”二者不同；

① (宋)黄伯思：《宋本东观余论》，中华书局1988年版，第149页。

② (宋)黄伯思：《宋本东观余论》，中华书局1988年版，第152~153页。

(3)引文“翔戾随风上下”，原文作“翔戾于空，随风上下”，引文比原文少“于空”二字；

(4)引文“龙凤飞腾”，原文作“龙鸾飞腾”，“凤”“鸾”二字不同；

(5)引文“视其怪异”，原文作“视其怪奇”，“异”“奇”二字不同。

(7)僧书多蔬茹气，古今一也。

案：此文引之《东观余论》卷下之《跋景福草书卷后》，其文载：“僧书多蔬茹气，古今一也。”①

(8)政和六年冬，以夏郑公四声集古韵及宗室克继所广本，二书参写，并益以三代钟彝鼎器款识及周鼓、秦碑、古文、古印章、碑首并诸字书所合古者益之。比旧本殊广，以备遗忘。作隶书字者，多有伪舛，亦藏之以广异闻，观者其自辩之。

案：此文引自《东观余论》卷下之《跋古文韵后》，其文载：“政和六年冬，以夏郑公四声集古韵及宗室克继所广本，二书参写，并益以三代钟彝鼎器款识及周鼓、秦碑、古文、古印章、碑首并诸字书所合古者益之。比旧本殊广，以备遗忘。作隶字书者，多有伪舛，亦姑藏之以广异闻，观者其自辩之。”②

引文“作隶书字者”与原文“作隶字书者”有所不同；引文“亦藏之以广异闻”与原文相较“亦”后少一“姑”字。

(9)朱方鹤铭石顽难刊，且为水泐，故字无锋颖，若掘笔书。昧者从而效之，深可一笑。

① (宋)黄伯思：《宋本东观余论》，中华书局1988年版，第222页。

② (宋)黄伯思：《宋本东观余论》，中华书局1988年版，第294~295页。

案：此文引自《东观余论》卷下之《跋瘗鹤铭后》，其文载："朱方鹤铭陶贞白书：在焦山下，石顽难刊，且为水渤，故字无锋颖，若掘笔书。昧者从而效之，深可一笑。"①

引文与原文相较，少"陶贞白书，在焦山下"一句。

（六）《懒真子》

黄侃于1922年9月15、16日读宋马永卿撰的《懒真子》。

案：《懒真子》是由宋马永卿撰的一部书，凡五卷。四库馆臣说其"是编乃其杂记之书，然亦多述刘安世语"②。

引文

1. 1922年9月15日　第172~174页

偶批懒真子（宋广林马永卿撰，多述刘安世语）卷一有一条释书序"成汤既没，大甲元年"云："盖伊尹欲明言成汤之德，以训嗣王，故须先言'成汤既没'，非谓中间无二君也。而注误认此语，遂失之。当以孟子、史记为证。"

侃案：此说解无数纠纷，较之近儒缘此疑序者，见解特高。

案：此句引之《懒真子》卷一之《太甲元年》条，其文载："盖谓伊尹欲明言成汤之德，以训于王，故须先言'成汤既没'，非谓中间无二君也。而注误认此语，遂失之。当以孟子、史记为证。"③

引文与原文相较，"盖"后少一"谓"字，引文为"以训嗣王"二原文为"以训于王"。

2. 1922年9月16日　第174~176页

懒真子三云："古今之语大都相同，但其字各别耳。古所谓阿堵

① （宋）黄伯思：《宋本东观余论》，中华书局1988年版，第324页。
② （清）永瑢等：《四库全书总目》，中华书局1965年版，第1040页。
③ （宋）马永卿：《懒真子》，中华书局1985年版，第6页。

者，乃今所谓兀底也。王衍曰：‘去阿堵物。’谓口不言去却钱，但云去却兀底尔。如‘传神写照，正在阿堵中。’盖当时以手指眼，谓在兀底中尔。后人遂以钱为阿堵物，眼为阿堵中，皆非是。”盖此两阿堵同一意也。余向读曲子词，不解兀底之语(如云：“兀底，不闷杀人也么哥。”)，今始恍然……

侃案：余向读曲子词，不解兀底之语(如云：“兀底，不闷杀人也么哥。”)，今始恍然……阿、兀、恶、畏，皆以为ㄜ语原，而亦随音皆有古字。兀则曷也，恶则于也，畏则维也，至于底之古字，正当作等，具言曰何等。永卿云：“古今语相同，但字各别。”其见识亦卓矣哉！如何、奈何、乃向、那亨，皆一声之转。因此悟得否从可省声，塙乎不误。吴语舍辰光、楚语么早，燕语则曰多赞，此多早晚之省也。

案：此文引自《懒真子》卷三之《阿堵》条，其文载：“古今之语大都相同，但其字各别耳。古所谓阿堵者，乃今所谓兀底也。王衍口不言钱，家人欲试之，以钱绕床不能行，因曰：‘去阿堵物。’谓口不言去却钱，但云去却兀底尔。如‘传神写照，正在阿堵中。’盖当时以手指眼，谓在兀底中尔。后人遂以钱为阿堵物，眼为阿堵中，皆非是。盖此两阿堵同一意也。”①

三、类书类

(一)《艺文类聚》

引文

1929 年 3 月 17 日　第 535~536 页

(1)类聚八十引殷巨鲸鱼灯赋：“乃观乃详。写载其形，托于金灯。”

① (宋)马永卿：《懒真子》，中华书局 1985 年版，第 31 页。

案：此文引自《艺文类聚》卷八十之《火部》，其文载："魏殷臣鲸鱼灯赋曰：横海之鱼，厥号惟鲸，普彼鳞族，莫之与京，大秦美焉，乃观乃详，写载其形，讬于金灯，隆脊矜尾，鬐甲舒张，垂首挽视，蟠于华房，状欣欣以竦峙，若将飞而未翔，怀兰膏于焜臆，明制节之谨度，伊工巧之奇密，莫尚美于斯器，因绮丽以致用，设机变而罔匮，匪雕文之足玮，差利事之为贵，永作式于将来，跨千载而弗坠。"①

(2)又八十五引奇布赋，其序曰："泰康二年，大秦国献琛，众宝既丽，火布尤奇。"

案：此文引自《艺文类聚》卷八十五之《百穀部、布帛部》，其文载："晋殷巨奇布赋曰：惟泰康二年，安南将军广州牧滕侯，作镇南方，余时承乏，忝备下僚，俄而大秦国奉献琛，来经于州，众宝既丽，火布尤奇。"②

(3)仲长敖核性赋："李斯击节长歌曰其辞曰：形生有极，嗜欲莫限，达鼻耳，开口眼，纳众恶，拒群善，方寸地，九折坂。为人作崄易，俄顷成此蹇。多谢悠悠子，悟之亦不晚。"

侃案：后四句不可解。

案：此文引自《艺文类聚》卷二十一之《人部》，其文载："李斯击节长歌，其辞曰：形生有极，嗜欲莫限，达鼻耳，开口眼，纳众恶，距群善，方寸地，九折坂，为人作崄易，俄顷成此蹇，多谢悠悠子，悟之不亦晚。"③

---

① (唐)欧阳询等：《艺文类聚》，影印文渊阁《四库全书》本第888册，台湾"商务印书馆"1983年版，第636页。

② (唐)欧阳询等：《艺文类聚》，影印文渊阁《四库全书》本第888册，台湾"商务印书馆"1983年版，第726页。

③ (唐)欧阳询等：《艺文类聚》，影印文渊阁《四库全书》本第887册，台湾"商务印书馆"1983年版，第486页。

(4)类聚六十四引束晳近游赋"驾兰单之疲牛"。

案：此文引自《艺文类聚》卷六十四之《居处部四》，其文载："晋束晳近游赋曰：世有逸民，在乎田畴，宅弥五亩，志狭九州，安穷赋于下里，寞玄淡而无求，乘荜辂之偃蹇，驾兰单之疲牛，连掮索以为鞅，结断梗而作鞦，攀荜门而高蹈，朅徘徊而近游。"①

(二)《太平御览》

黄侃于1932年9月、10月、11月点、阅《太平御览》，记下每日所读卷数；1933年2月1日至3月22日续阅、点此书，并记下每日读的卷数，22日读毕。

案：《太平御览》是北宋李昉、李穆、徐铉等学者奉敕编纂的一部大型类书。此书分为天部、时序部、地部、皇王部、偏霸部、皇亲部、州郡部、居处部、封建部、职官部、兵部、人事部、逸民部、宗亲部、礼仪部、乐部、文部、学部、治道部、刑法部、释部、道部、仪式部、服章部、服用部、方术部、疾病部、工艺部、器物部、杂物部、舟部、车部、奉使部、四夷部、珍宝部、布帛部、资产部、百谷部、饮食部、火部、休征部、咎征部、神鬼部、妖异部、兽部、羽族部、鳞介部、虫豸部、木部、竹部、果部、菜茹部、香部、药部、百卉部，共五十五部，凡一千卷。

引文

1.1928年6月20日　第314~315页

新论言："余同时佐郎官有梁子初、杨子林好学，所写万卷，至

① (唐)欧阳询等：《艺文类聚》，影印文渊阁《四库全书》本第888册，台湾"商务印书馆"1983年版，第433~434页。

于白首尝有所不晓，百许寄余，余观其事，皆略可见。”

侃案：据此，博闻与强记直是两事。余观书之捷，不让先师刘君。平生手加点识书，如文选盖已十过，汉书亦三过。注疏圈识，丹黄灿然。新唐书先读，后以朱点，复以墨点，亦是三过。说文、尔雅、广韵三书，殆不能计遍数。而记忆绝艰，每寻一事，非细检不敢辄用。衹如浮屠诵经，不谙名句，制氏作乐，徒记铿锵。倘遇今世君山，见笑亦必矣。

案：此文引自《太平御览》卷六百一十九之《学部》，其文载：“桓谭《新论》曰：‘余同时佐郎官有梁子初、杨子林好学，所写万卷，至于白首。尝有所不晓百许，寄余，余观其事皆略可见。’”①

2. 1928 年 6 月 29 日 第 321~324 页

检太平御览七百三服用部五如意条所辑事，潘夫人、邓夫人(吴)、石崇、谢万、王恭、郭澄之(晋)、刘义庆(宋)、齐高帝、明僧绍(齐)、席阐文、韦睿、殷钧、李膺(梁)、魏宣武帝、广林王羽(魏)，此皆汗后事，汉世无闻焉。唯胡综(吴时人)别传称：“时有掘得铜匣，开之得白玉如意，所执处皆刻螭虎蝇蝉等形。太常以问综，综答曰：“秦始皇东游，以金陵有天子气，乃改名。掘凿江湖于诸山南，处处辄埋宝，以当王气。其事见于秦记。”据此是如意之制，秦已有之，然位置当时即名如意否，又未知即终葵之遗制否。马融广成颂曰：“翚终葵。”章怀注曰：“翚亦挥也。”引广雅曰：“终葵，椎也。”(今广雅作柊楑)顾炎武曰：“古人以椎逐鬼，若大傩之为耳。”是钟馗辟邪之所自起。六朝人至以为名字，然未闻钟馗即如意，又闻释草菌与繁露反以似如意得名而如意可以逐鬼也。

① (宋)李昉等：《太平御览》，中华书局 1960 年版，第 2780 页。

案：以上引文作如下整理：

(1)潘夫人条，引自《太平御览》卷七百三《服用部》，其文载："《拾遗记》曰：吴主潘夫人之父坐法，夫人输入织室。夫人容态少俦，为江东绝色。同幽者百余人，谓夫人为神女，敬而远之，有司闻于吴主，使图其容貌。夫人忧慼不食，减瘦改形。工人写其贞状以进吴主。吴主见图而嘉之，以虎魄如意抚案，碎折，嗟曰：'此贞神女也。'遂纳之。"①

(2)邓夫人条，引自《太平御览》卷七百三《服用部》，其文载："又曰：孙和悦邓夫人，常置膝上。和月下舞火精如意，误伤夫人颊。"②

(3)石崇条，引自《太平御览》卷七百三《服用部》，其文载："《语林》曰：石崇与王恺争豪。晋武帝，恺之甥也，每助恺以珊瑚高二尺许。恺以示之，崇以铁如意击之，应手瓦碎。恺声色俱厉，崇曰："此不足恨。"乃命取珊瑚有三尺光彩溢目者六十七枝，恺怅然自失。"③

(4)谢万条，引自《太平御览》卷七百三《服用部》，其文载："又曰：谢万北征而常啸咏自高，未尝抚慰众士。万兄安谓万曰：'汝为元帅，宜数呼诸将宴，以悦其心。'万从之，于是召集诸将帅，无所说，直以如意指四坐，曰：'诸君皆是劲卒。'诸将甚恨之。"④

(5)王恭条，引自《太平御览》卷七百三《服用部》，其文载："《世说》曰：殷荆州有所识，作赋示束皙，嫚戏之，殷甚以为有才，语王恭。适见新文甚可观，便于手函出之。王既读，殷笑不自胜。王看竟，既不笑，亦不言好恶，但以如意点之而已。殷怅然自失。"⑤

(6)郭澄之条，引自《太平御览》卷七百三《服用部》，其文载："《异苑》曰：太原郭澄之，义熙初，诸葛长民欲取为辅国咨议，澄之不乐，后为南康太守。卢循反自广州，长民以其谋先告，因骋私恶，收澄之以付廷

---

① (宋)李昉等：《太平御览》，中华书局1960年版，第3136页。
② (宋)李昉等：《太平御览》，中华书局1960年版，第3136页。
③ (宋)李昉等：《太平御览》，中华书局1960年版，第3136页。
④ (宋)李昉等：《太平御览》，中华书局1960年版，第3136页。
⑤ (宋)李昉等：《太平御览》，中华书局1960年版，第3136页。

尉。将致大辟，夜梦见一神人以乌角如意与之，既觉，便在其头侧，可长尺余，形制甚陋，澄之遂得无它。后从入关，赍以自随，忽失所在。”①

(7)“时有掘得铜匣，开之得白玉如意，所执处皆刻螭虎蝇蝉等形。太常以问综，综答曰：‘秦始皇东游，以金陵有天子气，乃改名。掘凿江湖于诸山南，处处辄埋宝，以当王气。其事见于秦记。’”此文引自《太平御览》卷七百三《服用部》，其文载：“《胡综别传》曰：时有掘得铜匣，长二尺七寸，以琉璃为盖，布云母于其上，开之得白玉如意，所执处皆刻螭虎文、蝇蝉等形，时人莫有识者。太常以问综，综答曰：‘昔秦始皇帝东游，以金陵有天子气，乃改名，掘凿江湖平诸，山南处处辄埋宝物以当王气。其事见于《秦记》。’”②

(8)“马融广成颂曰：‘翚终葵。’章怀注曰：‘翚亦挥也。’引广雅曰：‘终葵，椎也。’”此文引自《后汉书》卷六十之《马融传》，其文载：“然后缓节舒容，裴回安步，降集波䉛，川衡泽虞，矢鱼陈罟。兹飞，宿沙、田开、古蛊，翚终葵，扬关斧，刊重冰，拨蛰户，测潜鳞，踵介旅。”③李贤注曰：“翚亦挥也。”《广雅》曰：“终葵，椎也。”④

(9)“盖古人以椎逐鬼，若大傩之为耳。”此文引自顾炎武《日知录》卷三十，其文载：“盖古人以椎逐鬼，若大傩之为耳。今人于户上画钟馗像，云唐时人能捕鬼者，玄宗尝梦见之，事载沈存中《补笔谈》，未然也。”⑤

以上九条小案：黄侃通过引《太平御览》《汉书》正文及李贤注、《日知录》中对如意的描述，来考证如意此物。

3. 1928 年 6 月 29 日　第 321~324 页

御览五百六十礼仪部三十九冢墓四皇览冢墓记曰：“文信者，吕

① (宋)李昉等：《太平御览》，中华书局 1960 年版，第 3136 页。
② (宋)李昉等：《太平御览》，中华书局 1960 年版，第 3136 页。
③ (汉)班固撰，(唐)颜师古注：《汉书》，中华书局 1964 年版，第 1964 页。
④ (汉)班固撰，(唐)颜师古注：《汉书》，中华书局 1964 年版，第 1965 页。
⑤ (清)顾炎武：《日知录》，商务印书馆 1929 年版，第 99 页。

不韦。冢在洛阳城北邙山，道路西大冢是也。民传云：不韦好经书，皆以葬。汉明帝朝公卿大夫诸儒八十余人，论五经误失，符节令宋元上言：‘臣闻秦昭王与不韦好书，皆以书葬。王至尊，不韦久贵，冢皆以黄肠题凑，处地高燥，未坏。臣愿发昭王、不韦冢，视未烧诗书。’”

侃案：此事甚可笑。

案：此文引自《太平御览》卷五百六十《礼仪部》，其文载：“文信者，吕不韦。冢在洛阳城北邙山，道路西大冢是也。民传云：不韦好经书，皆以葬。汉明帝朝公卿大夫诸儒八十余人，论五经误失，符节令宋元上言：‘臣闻秦昭王与不韦好书，皆以书葬。王至尊，不韦久贵，冢皆以黄肠题凑，处地高燥，未坏。臣愿发昭王、不韦冢，视未烧诗书。’”①

4. 1929 年 1 月 12 日　第 412~413 页

太平御览三百六十二人事部三名条引何稹元寿赐名叙：新妇荀氏所生女以岁在丁丑四月五日日始出时生，此月斗建巳，其日又巳，其时加卯，甲乙卯皆东南，春夏天地动发，万物兹生，令月吉之善时也。又于易卦，震位在卯，巽位在巳，震为长男，巽为长女。而此女孙正用兹日斯时瞻日月，岂依先祖之灵，实临祐之。玄发素颜，妇人之上姿也。寿考无疆，先民之至愿也。故赐名曰元寿焉。

侃案：此月斗建巳，其日又巳。意思不懂。

案：此文引自《太平御览》卷三百六十二之《人事部》，其文载：“何桢《玄寿赐名叙》曰：新妇荀氏所生女，以岁在丁丑四月五日始出时生。此月斗建巳，其日又巳，其时加卯，甲乙卯皆东南，春夏天地动发，万物滋生，今月吉，月之善时也。又于《易》卦，震位在卯，巽位在巳，震为长

① （宋）李昉等：《太平御览》，中华书局 1960 年版，第 1530 页。

男，巽为长女。而此女孙，正用兹日斯时，始瞻日月，岂伊先祖之灵，实临佑之！玄发素颜，妇人之上姿也；寿考无疆，生民之至愿也。故赐名曰'玄寿'焉。"①

5. 1932 年 10 月 29 日　第 845 页

春秋元命包曰"屈中挟一而起者为史。"(二百卅五职官部太史令)

案：此文引自《太平御览》卷二百三十五之《职官类》，其文载："《春秋元命苞》云：屈中挟一而起者为史，史之为言纪也，天度文法以此起也。"②

6. 1932 年 11 月 3 日　第 846 页

御览三百卅七旝条引魏武本纪曰："上令传言，旝动而鼓。"说文曰："旝，建大木置石其上发其机以追敌。"

侃案：文字当为衍文。吉光马也。云片羽，似误。

案：此内容引自《太平御览》卷三百三十七之《兵部》，其文载："《魏武本记》曰：上与袁绍军于官渡，贼射于营中，行者皆被甲，众皆恐。上令传言旝动而鼓。《说文》曰：旝，发石机也。乃造发石车击绍橹，一日尽坏。绍众号之霹雳车。"③

7. 1932 年 11 月 19 日　第 849 页

杨泉物理论(四百二)："在金石曰坚，在草木曰紧，在人曰贤。"

案：此文引自《太平御览》卷四百二之《人事部》，其文载："《物理论》

① (宋)李昉等：《太平御览》，中华书局 1960 年版，第 1670 页。
② (宋)李昉等：《太平御览》，中华书局 1960 年版，第 1113 页。
③ (宋)李昉等：《太平御览》，中华书局 1960 年版，第 1547 页。

曰：在金石曰坚，在草木曰紧，在人曰贤。千里一贤，谓之比肩。故语曰：'黄金累千，不如一贤。'"①

8. 1933年2月24日 第874页

郭文曰："情由意生，意息则无情。"

案：此文引自《太平御览》卷五百一十之《逸民部》，其文载："又曰：郭文举，河内轵县人……司徒王公迎置果园中，众人问文曰：'饥而思食，壮而思室，自然之性。先生安独无情乎？'文曰：'情由意生，意息则无情。'"②

9. 1933年3月4日 第876页

谈薮（太平御览六百五十五释部三僧人条引）：魏李恕聘梁，沙门重公接恕曰："向来全无菹膎。"（户佳切）恕父名谐，以为犯讳。恕曰："短发粗疏。"重公曰："贫道短发，沙门种类，以君交聘二国，不辩膎、谐。"重公常谒高祖，问曰："弟子闻在外有四声，何者为是？"重公应声答曰："天保寺刹"。向刘孝绰道，以此为能。绰曰："何如道天子万福。"

案：此文引自《太平御览》卷六百五十五之《释部》，其文载："魏李恕聘梁，沙门重公接恕，曰：'向来全无菹膎。'恕父名谐，以为犯讳。恕曰：'短发粗疏。'重公曰：'贫道短发，沙门种类，以君交聘二国，不辩膎谐。'重公常谒高祖，问曰：'弟子闻在外有四声，何者为是？'重公应声答曰：'天保寺刹。'及出，向刘孝绰道以此为能。绰曰：'何如道天子万福。'"③

---

① （宋）李昉等：《太平御览》，中华书局1960年版，第1858页。
② （宋）李昉等：《太平御览》，中华书局1960年版，第1323页。
③ （宋）李昉等：《太平御览》，中华书局1960年版，第2926页。

四、小说及小说家类

(一)《语林》

引文

1933年3月4日 第876页

语林，谢万就安，乞裘云畏寒。安曰："君妄语，正欲以为豪具耳。若畏寒，无复绵者。"

案：此句引自《裴启语林》，其文载："谢万就安，乞裘云畏寒。答曰：'君妄语，正欲以为豪具耳。若畏寒，无复绵者。'"①

(二)《酉阳杂俎》

引文

1933年4月7日 第886~887页

鱀是鳀。酉阳杂俎："奔䲜一名瀱。"

侃案：瀱即鱀也。然则，鱀即河豚，明矣。

案：此文引自《酉阳杂俎》卷十七之《广动植物二》，其文载："奔䲜，奔䲜一名瀱，非鱼非蛟，大如船，长二三丈，色如鲇，有两乳在腹下，雄雌阴阳类人。"②

(三)《太平广记》

黄侃于1928年8月26日至9月3日，读宋代李昉等人撰《太平广记》

① 鲁迅：《鲁迅全集》，人民文学出版社1981年版，第40页。

② (唐)段成式：《酉阳杂俎》，中华书局1985年版，第139页。

的诙谐、幻术部分。

案：《太平广记》是宋代李昉、扈蒙、李穆、徐铉、赵邻几、王克贞、宋白、吕文仲等12人奉宋太宗之命编纂的一部大型子书。全书分神仙、女仙、道术、方士、异人、异僧、释证、报应、征应、定数、感应、名贤、知人、廉俭、气义等九十二类，一百五十余细目，凡500卷。此书明以前很少刻本流传，原书已有缺佚舛误。明嘉靖四十五年(1566)，谈恺据传钞本加以校补，刻板重印，成为现存最早的版本，以后的几种刻本多从谈刻本出。另有沈与文野竹斋钞本和陈鳣校宋本。通行的版本是经过汪绍楹校点的排印本，1959年由人民文学出版社出版，1961年中华书局重印新一版。1995年上海古籍出版社版本的底本则来自“四库全书”本。

引文

1928年9月2日 第365页

悟通言“甚么”即“甚物”，吴语“勒海”即“乃许”也。

案：“甚么”引自《太平广记》卷三百三十三之《鬼》十八，其文载：“天宝中，有渤海高生者，亡其名。病热而瘠，其臆痛不可忍。召医视之，医曰：‘有鬼在臆中，药可以及。’于是煮药而饮之，忽觉暗中动摇。有顷，吐涎斗余，其中凝固不可解，以刀剖之，有一人涎中起。初甚么麽，俄长数尺。高生欲苦之，其人趋出，降阶遽不见。自是疾闻。”①

五、道家类

《庄子》

黄侃于1922年4月19、23日，略读清郭庆藩的《庄子集释》②；1929年6月15日至29日读《庄子》。

① (宋)李昉等：《太平广记》，影印文渊阁《四库全书》本第1045册，台湾“商务印书馆”1983年版，第417页。

② 黄侃著，黄延祖重辑：《黄侃日记》，中华书局2007年版，第153页。

引文

1. 1928 年 6 月 29 日 第 321~324 页

庄子云："儒以诗礼发冢"，谓发冢时歌诗而讲礼也。

侃案：此则为诗、礼而发冢也。近世碑志之学大兴，而端方辈以得原石相夸尚。予闻碑贾言，北芒古冢无一不遭发掘。自鸣沙石室书出，罗振玉辈印之以得利，王国维辈考之以得名，于是发丘中郎乘轺四出，人人冀幸得之。今之考古家，虑无不怀宋元之所怀者。惟汉之孔宅、淹中、河内，晋之汲郡，齐之襄阳，赵宋之陕右，清季之安西，遗书傥见，诚亦有之，然必以发得为急务，至于坏人冢墓而不恤，嘻！亦甚矣。宋元与？不准与？使诸学士愿为其后世者与？

案：此文扩引自《庄子·外物》，其文载："儒以诗礼发冢。大儒胪传曰：'事之何若？'小儒曰：'未解裙襦，口中有珠。'曰：'《诗》固有之曰：青青之麦，生于陵陂。生不布施，死何含珠为？'接其鬓，擪其顪，儒以金椎控其颐，徐别其颊，无伤口中珠。"①

2. 1931 年 8 月 17 日 第 732 页

庄子天运篇："以富贵为是者，不能让禄；以显为是者，不能让名；亲权者，不能与人柄。"

案：此文扩引自《庄子·天运》。郭象注曰："天下未有以所非自累者，而各没命于所是。所是而没其命者，非立乎不贷之圃也。"②

---

① （清）郭庆藩撰，王孝鱼点校：《庄子集释》，中华书局 1961 年版，第 927 页。

② （清）郭庆藩撰，王孝鱼点校：《庄子集释》，中华书局 1961 年版，第 521 页。

第四章 《黄侃日记》引集部文献考

黄侃在其日记中引用的集部类别主要别集类、总集类、诗文评类等。本章在论述《日记》引集部文献考时，分为两节：第一节是《日记》引别集文献考，按照作者朝代进行排序；第二节是《日记》引其他集部文献考，将诗文评类、总集类及词曲类编排在一起，按作者朝代排序。本章将对《日记》中所引的集部文献进行详细考查。

第一节 《黄侃日记》引别集类考

在别集类中，《日记》的引文主要来自《陶渊明诗集》《钱注杜诗》《樊南文补编》《山谷集注》《东莱诗集》《叠山集》《稼轩词》《张太岳文集》《复堂类集》等。本节将对《日记》中引别集类的引文进行详细考查。

一、陶渊明诗

引文

1. 1929 年 2 月 18 日　第 505~510 页

陶诗："驷马无贳患，贫贱有交娱"。

侃案："贳"，远也。"患"，虑也。"交"，近也。魏、晋人常用"交赊"字为远近。

案：此句引自晋陶渊明《赠羊长史》诗，其诗曰："紫芝谁复采，深谷久应芜。驷马无贳患，贫贱有交娱。”①

2. 1930 年 6 月 13 日　第 651 页

夜读陶诗“苍苍谷中树”，“蔼蔼堂前林”二首，有所会，遂咏至百十遍。

案：“苍苍谷中树”句，引自陶渊明《拟古九首》诗。其诗曰：“苍苍谷中树，冬夏常如兹。年年见霜雪，谁谓不知时？”②

“蔼蔼堂前林”句，引自陶渊明《和郭主簿》诗。其诗曰：“蔼蔼堂前林，中夏贮清阴。凯风因时来，回飙开我襟。息交游闲业，卧起弄书琴。园蔬有余滋，旧谷犹储今。营己良有极，过足非所钦。舂秫作美酒，酒熟吾自斟。弱子戏我侧，学语未成音。此事真复乐，聊用忘华簪。遥遥望白云，怀古一何深。”③

二、杜甫诗

黄侃于 1922 年 10 月 28 日，阅《钱注杜诗》；1933 年 10 月 19 日、12 月 21 日，续再读此书；1934 年 1 月，重温此书。

引文

1922 年 1 月 30 日　第 70 页

鸡虫得失无了时，注目寒江倚山阁。

侃案：张孝先来，言彼校事云，有吴姓人，倾侧险狠，善附诸生，以排同类……乃始驱之④。

① (晋)陶渊明撰，傅东华选注：《陶渊明诗》，商务印书馆 1931 年版，第 21 页。

② (晋)陶渊明撰，傅东华选注：《陶渊明诗》，商务印书馆 1931 年版，第 36 页。

③ (晋)陶渊明撰，傅东华选注：《陶渊明诗》，上海商务印书馆 1931 年版，第 2 页。

④ 黄侃著，黄延祖重辑：《黄侃日记》，中华书局 2007 年版，第 70 页。

案：此文引自杜甫《缚鸡行》诗。其诗曰："小奴缚鸡向市卖，鸡被缚急相喧争。家中厌鸡食虫蚁，不知鸡卖还遭烹。虫鸡于人何厚薄，我斥奴人解其缚。鸡虫得失无了时，注目寒江倚山阁。"①该句意为：像鸡啄虫，人缚鸡那样的得失。比喻微小的得失，无关紧要。

三、李商隐文

黄侃1922年1月略阅《樊南文集补编》；1934年2月9日至25日，详细阅读此书，并看《樊南文集》。

引文

1. 1934年2月15日 第963页

其署曹说官牒云："夫专于雷同，则无以贵吾道；苟务从派别，则无以致人和。允执厥中，惟理所在。"

侃案：数语殊可作箴铭读。

案：此文引自《樊南文集补编·为荥阳公桂州署防御等官牒》之《曹说》文，其文载："夫专于雷同，则无以贵吾道；苟务从派别，则无以致人和。允执厥中，惟理所在。"②

2. 1934年2月16日 第963~964页

其为濮阳公陈情表云："虽国家远敦上册，不事交争，然蛇豕难防，犬羊易纵。苟罢严徼警，则负约渝盟。"

侃案：今之吐蕃事亦若是矣。

① （唐）杜甫撰，（清）钱谦益笺注：《钱注杜诗》，上海古籍出版社1958年版，第176页。

② （唐）李商隐著，（清）冯浩详注，钱振伦、钱振常笺注：《樊南文集》，上海古籍出版社1988年版，第783页。

案：此文引自《樊南文集》卷一之《为濮阳公陈情表》，其文载："虽国家远敦上策，不事交争，然蛇豕难防，犬羊易纵，苟罢严彻警，则负约渝盟。"清冯浩详注曰："敦，一作追。"①

3. 1934 年 2 月 18 日　第 964~965 页

"况自元和以后，公侯冢嫡、卿士子孙，与之同时，历然可数。莫不翔逾鸟道，泳出龙津。或并命南台，或迭居青琐。金朱照耀，轩盖追随。某虽忝伊人，亦惟华胄。比王、谢之子弟，诚有重轻；在嵇、吕之交朋，宿常连接。而独分光邻女，贷润监河。野鹤、天麟，绝比伦于朝右；髯参、短簿，困拟议于军前。窃听重言，常兴深叹。是以愿驰蹇步，誓奉光尘。傥或厕错薪之期翘，咏归荑之自牧。少窥上路，试睨重宵。击水三千，暂随鹏运；澄流十二，免使鱼劳。犹能赞叙夔调，讴歌镕范。庶无雅拜，以累于君公；不使繁声，见忧于仲子。"

侃案：录其为张周封上杨相公启一段于后，亦陈情之佳文也。

案：此文引自《樊南文集》卷三，《为张周封上杨相公启》，引文与原文一致。②

4. 1934 年 2 月 21 日　第 965 页

梓州道兴观碑云："君平至死未出灵关；元彦平生不离严道。"

侃案：可见人未远游者多矣。

案：此文引自《樊南文集补编》卷九之《梓州道兴观碑铭》，其文载：

---

① （唐）李商隐著，（清）冯浩详注，钱振伦、钱振常笺注：《樊南文集》，上海古籍出版社 1988 年版，第 43 页。

② （唐）李商隐著，（清）冯浩详注，钱振伦、钱振常笺注：《樊南文集》，上海古籍出版社 1988 年版，第 151~152 页。

"君平至死未出灵关。"清冯浩详注曰："《汉书·王贡两龚鲍传》序：蜀有严君平，修身自保，卜筮于成都市。左思《蜀都赋》：廓灵关以为门。刘逵注：灵关，山名也。在成都西南汉寿界。"①"元彦平生不离严道。"冯浩详注曰："《晋书·谯秀传》：季字元彦，巴西人也。少而静默，不交于世。李雄据巴蜀，不应。桓温灭蜀，上书荐之。朝廷以秀年在笃老，兼道远，故不遣征使，赐四时存问。"②

5. 1934 年 1 月 19 日 第 954~957 页

谢先辈防记念拙诗甚多，异日偶有此寄：晓用云添句，寒将雪命篇。良辰多自感，作者岂皆然。熟寝初同鹤，含嘶欲并蝉。题时长不展，得处定应偏。南浦无穷树，西楼不住烟。改成人寂寂，寄与路绵绵。星势寒垂地，河声晓上天。夫君自有恨，聊借此中传。义山诗心，备在此篇。刘彦和云："诗、骚所标，并据要害；后进锐笔，怯于争锋。"

侃案：若济以义山此旨，亦何难英华日新哉！

案：此文引自《李义山诗集》卷一之《谢先辈防记念拙诗甚多，异日偶有此寄》，引文与原文一致③。

"诗、骚所标，并据要害；后进锐笔，怯于争锋。"引自《文心雕龙》卷十之《物色》篇④。

---

① （唐）李商隐著，（清）冯浩详注，钱振伦、钱振常笺注：《樊南文集》，上海古籍出版社 1988 年版，第 798~799 页。

② （唐）李商隐著，（清）冯浩详注，钱振伦、钱振常笺注：《樊南文集》，上海古籍出版社 1988 年版，第 799 页。

③ （唐）李商隐撰，（清）朱鹤龄注：《李义山诗集注》，上海古籍出版社 1994 年版，第 47 页。

④ （南朝）刘勰著，范文澜注：《文心雕龙注》，人民文学出版社 1958 年版，第 694 页。

四、韦庄词

引文

1928 年 7 月 9 日 第 332 页

韦庄词鹧鸪诗"懊恼泽家非有恨"。

侃案："懊恼泽家"，鹧鸪音也。作禽言诗者，多用"行不得也哥哥"为鹧鸪音，尚未见有用此者。

案：此句引自韦庄的《鹧鸪》诗，其诗曰："南禽无侣似相依，锦翅双双傍马飞。孤竹庙前啼暮雪，汨落祠畔吊残晖。秦人只解歌为曲，越女空能画作衣。懊恼泽家非有恨，年年长忆凤城归。"①

黄侃对韦庄将鹧鸪声音化入诗词的现象很惊讶，觉此种情况少见因而记载。

五、冯延巳词

1933 年 5 月 22 日 第 900 页

暮闻张生说求和事，为之悲愤。悠悠苍天，此何人哉！酒后忽记昔人词云："不知今夜月眉弯，谁佩同心双结依栏杆。"想倭奴此际，不知何等欢欣。真令人羡煞也！宁不痛乎？

案：此文引自冯延巳的《虞美人(玉钩弯柱调鹦鹉)》，其词曰："玉钩弯柱调鹦鹉，宛转留春语。云屏冷落画堂空，薄晚春寒无奈落花风。搴帘燕子低飞去，拂镜尘鸾舞。不知今夜月眉弯，谁佩同心双结倚栏杆。"②

---

① (唐)韦庄撰，向迪琮校订：《韦庄集》，人民文学出版社 1958 年版，第 78 页。

② (南唐)冯延巳著，陈秋帆笺：《阳春集笺》，南京书店 1933 年版，第 15 页。

黄侃从学生那里听说政府求和之事情，内心充满了愤怒，想到日寇正在举国欢庆，内心更是悲凉。

六、王安石诗

引文

1. 1932 年 9 月 18 日　第 836 页

读王文公诗："千蹊百隧散林丘，图画风烟一色秋。但有兴来随处好，杨朱何苦涕横流。"

侃案：见其识度。

案：此诗选自宋王安石的《千蹊》诗。宋李壁注曰："《淮南子》杨朱见歧路而哭之，谓其可以南可以北，伤其本同而末异也。"①

2. 1933 年 4 月 6 日　第 886 页

枕上忆荆公酬宋廷评请序经解诗云："训释虽工君尚少，不应急务世人传。"

侃案：因念吾辈今日仓皇著书，朝成暮刊，为悔多矣。

案：此句引自宋王安石的《酬宋廷评请序解经诗》，其诗曰："未曾相识已相怜，香火灵山亦有缘。训释虽工君尚少，不应急务世人传。"②

3. 1934 年 4 月 14 日　第 980 页

"默默长年有所思，世间谈笑强追随。苍髯欲出朱颜谢，更觉求

① (宋)王安石撰，(宋)李壁笺注：《王荆公诗笺注》，中华书局 1968 年版，第 540 页。

② (宋)王安石撰，(宋)李壁笺注：《王荆公诗笺注》，中华书局 1968 年版，第 544 页。

田问舍迟。”

案：此句引自王安石《默默》诗，其诗曰：“默默长年有所思，世间谈笑强追随。苍髯欲出朱颜谢，更觉求田问舍迟。”①

七、苏轼诗

引文

1922 年 1 月 30 日　第 69 页

苏子瞻冬日牡丹诗“一朵妖红翠欲流”。

侃案：疑翠为误字，加以直抹，今观注本引陆务观老学庵笔记谓成都有鲜翠红纸铺，问土人乃知鲜翠犹鲜明也。东坡盖用乡语。夫以乡语入诗，异地之人，百年之后，非注末解。

案：此句引自苏轼《冬日牡丹诗》，其诗曰：“一朵妖红翠欲流，春光回照雪霜羞。”②

八、黄庭坚文

黄侃于 1934 年 3 月 3 日至 30 日，阅宋黄庭坚撰，宋任渊、史容、史季荣注的《山谷集注》。认为其书“洵佳书，当讽味无斁”③

引文

1934 年 3 月 22 日　第 972~973 页

① (宋)王安石撰，(宋)李壁笺注：《王荆公诗笺注》，中华书局 1968 年版，第 683 页。

② (宋)苏轼：《东坡诗集注》，影印文渊阁《四库全书》本第 1109 册，台湾“商务印书馆”1983 年版，第 480 页。

③ 黄侃著，黄延祖重辑：《黄侃日记》，中华书局 2007 年版，第 968 页。

以俗为雅，以故为新；百战百胜，如孙吴之兵；棘端可以破镞，如甘蝇、飞卫之射：此诗人之奇也。（山谷内集十二）

案：此文引自《山谷内集》卷十二，《次韵杨明叔四首》之《再次韵并引》文。①

其文较长，黄侃将其写作特点概括出来。

九、吕本中诗

引文

1934年4月7日 第977页

吕本中东莱诗集十九有戒杀诗八首，其前三首，皆言勿杀犬。

1. 有云："主人调醋盐，欲以作滋味。"

侃案：是宋人好食犬也。

案："主人调醋盐，欲以作滋味。"此诗引自吕本中《戒杀八首》，其诗曰："主人调醋盐，欲以作滋味。"②

2. 又云："卖钱与屠宰，使得恣脔割。"

侃案：是宋世屠家尚卖犬肉也。

案："卖钱与屠宰，使得恣脔割。"此诗引自吕本中《戒杀八首》，其诗曰："卖钱与屠宰，使得恣脔割。"③

① （宋）黄庭坚著，（宋）任渊、史容、史季温注：《山谷集注》，上海古籍出版社2003年版，第303页。

② （宋）吕本中：《东莱先生诗集》卷十九，南宋乾道初沈公雅编刻1165年版，第8~9页。

③ （宋）吕本中：《东莱先生诗集》卷十九，南宋乾道初沈公雅编刻1165年版，第8~9页。

十、陆游诗

引文

1. 1931年8月27日 第734页

陆放翁诗："且令闲说乡村事，不问渠言是与非。"

侃案：此与俗物言谈之秘诀。

案：此诗句引自宋陆游的《出门与邻人笑谈久之戏作》："暮霭昏昏半掩扉，偶逢邻叟荷锄归。且令闲说乡村事，莫问渠言是与非。"①

2. 1931年9月3日 第736页

放翁诗云："儿童冬学闹比邻，据案愚儒却自珍。授罢村书闭门睡，终年不着面看人。"

侃案：晨其偶思此诗，羡慕此村夫子不置。

案：此诗引自宋陆游的《秋日郊居》诗。②

3. 1933年12月13日 第945页

陆放翁诗云："四十余年学养生，谁知所得亦平平。体孱不犯寒时出，路湿常寻乾处行。"

侃案：职业困人，岂能守陆公之教哉？

案：此句引自陆游的《春日杂兴》诗。其诗曰："四十余年学养生，谁

① (宋)陆游著，钱仲联校注：《剑南诗稿校注》，上海古籍出版社2005年版，第2836页。

② (宋)陆游著，钱仲联校注：《剑南诗稿校注》，上海古籍出版社1986年版，第1781页。

知所得亦平平。体孱不犯寒时出，路湿常寻乾处行。”①

十一、谢枋得文

黄侃于1934年2月24日至3月1日，读宋谢枋得的《叠山集》。

引文

1934年2月26日 第967页

愚公移山，精卫填海，取讪笑于腐儒、俗吏、鄙夫、庸人，固宜。程婴、杵臼、药毅、申包胥果何人哉！天地间大事，决非天地间常人所能办；使常人皆能辨大事，天亦不必产英雄矣。夷狄不可为诸夏之王，古今未有绝正统之时；使君臣、上下同一豺狼蛇豕之心而可立国，秦始皇、隋文帝必不再世而亡矣。使五帝、三王自立之中国，而终为戎狄所灭。使君无桀、纣、幽、厉之恶，而一废不复兴，少康、宣王、东周、蜀汉之事，皆不可信矣。人力终有穷，天道终有定。壮老坚一节，终始持一心，吾独扵养吾有望。某尝有言，人可回天地之心，天地不能夺人之心。大丈夫行事，论是非不论利害；论逆顺不论成败；论万世不论一生。志之所在，气亦随之；气之所在，天地鬼神亦随之。愿养吾益自珍重。儒者常谈所谓：“为天地立心，为生民立极，为去圣继绝学，为万世开太平。”

侃案：正在我辈人承当，不可使天下后世谓，程文之士皆大言无当也。

案：此文引自《谢叠山集·与李养吾书》。

其中“夷狄不可为诸夏之王，古今未有绝正统之时”之句，四部丛刊本

① （宋）陆游著，钱仲联校注：《剑南诗稿校注》，上海古籍出版社1986年版，第4359页。

作此句；1985年《丛书集成初编·谢叠山集》作“圣神乃可为天下之主，古今未有绝道统之时”，将“夷狄”改为“神圣”“正统”改为“道统”。①

十二、辛弃疾词

黄侃于1922年4月5日、10日，阅宋辛弃疾的《稼轩词》。

引文

1. 1922年4月10日　第143页

稼轩词临江仙为为岳母寿，此等俗称，入之文字，俗可讶也。

案：此文扩引自南宋辛弃疾《临江仙·为岳母寿》词，其全文曰：“住世都无菩萨行，仙家风骨精神。寿如山岳福如云。金花汤沐诰，竹马绮罗群。更愿升平添喜事，大家祷祝殷勤。明年此地庆佳辰。一杯千岁酒，重拜太夫人。”②

2. 1929年2月11日　第489~490页

辛弃疾稼轩词四西江月遣兴云：“只疑松动要来扶，以手推松曰：‘去’。”

侃案：今之谓俚诗喜之，不知弃疾用龚胜传：“以手推常曰：‘去’也。”

案：此文引自辛弃疾《西江月·遣兴》词，其词曰：“醉里且贪欢笑，要愁那得功夫？近来始觉古人书，信着全无是处。昨夜松边醉倒，问松：我醉何如？只疑松动要来扶，以手以手推松曰：‘去’”③

① （宋）谢枋得：《谢叠山集》，中华书局1985年版，第11页。
② （宋）辛弃疾：《稼轩长短句》，上海人民出版社1974年版，第100页。
③ （宋）辛弃疾：《稼轩长短句》，上海人民出版社1974年版，第132页。

十三、周密词

1929 年 1 月 16 日　第 414 页

王国维署其词曰《人间词》，用周公谨语也(周云，余与子皆人间人，子能道，余顾不能道也。)

案：此文引自周密《减字木兰花慢·西湖十景》之小序，其序文载："西湖十景尚矣。张成子尝赋《应天长》十阕，夸余曰：'古今词家未能道者。'余时年少气锐，谓此人间景，余与子皆人间人，子能道，余顾不能道耶，冥搜六日而词成。"①

意为：张成子写有《应天长》十阕词后，向周密夸耀说他写出了词人不能写出的内容，周密不服气，认为自己与他均为人世间之人，他可以作自己也可以作，因而写成《木兰花慢·西湖十景》十首词。

黄侃引此句的目的在于说明王国维将自己词集署名"人间词"的原因。

十四、张居正文

黄侃于 1933 年 3 月读张居正的《张太岳文集》，并为此书作序。

引文

1933 年 3 月 13 日　第 878~879 页

张居正答胡剑西太史(张太岳文集三十五)滏阳人来言：兄吏事精覆，不类迁谪者。弟为年兄虑者，正恐未透此关耳。果耳，复何言哉？易所谓"困亨"者，非以困能亨人，盖处困而不失其宜乃亨耳。弟甚喜杨诚斋易传，座中置一帙，常玩之。窃以为六经所载，无非格言。至圣人涉世妙用，全在此书。自起居言动之微，至经纶天下之大，无一事不有

① 唐圭璋：《全宋词》卷二百五十三，商务印书馆 1940 年版，第 1 页。

微权妙用，无一事不可至命穷神；乃其妙，即白首不能殚也，即圣人不能尽也。诚得一、二，亦可超世拔俗矣。兄固深于易者，暇时更取一观之，脱去训诂之习，独取昭旷之原，当复有得力处也。

案：上文引自《张太岳集》卷三十五之《答胡剑西太史》，此引文在文字上与原文并无差异。①

十五、王士祯文

引文

1928 年 8 月 26 日　第 361～362 页

阅唐诗二卷，四杰诗始是唐音之正。王士祯云“莫逐刀圭误后贤”，乃妄论也。

案：此句引自王士祯《论诗》，其诗曰：“接迹风人明月篇，何郎妙悟本从天。王杨卢骆当时体，莫逐刀圭误后贤。”②

十六、谭献文

黄侃于 1932 年 9 月 17 日至 19 日，读清谭献撰的《复堂类集》，认为“其文洵耆之俦也”③，并钞录书中与其父相关的一条。

引文

1932 年 9 月 19 日　第 836 页

午后翻复堂类集三山东道监察御史薛先生墓表，言“全椒薛淮生年(讳春藜，与弟时雨字慰农癸丑同榜，与先公同年)，入翰林，不事

① (明)张居正：《张太岳集》，上海古籍出版社 1984 年版，第 450 页。
② (清)王士祯：《渔洋山人精华录》，商务印书馆 1937 年版，第 118 页。
③ 黄侃著，黄延祖重辑：《黄侃日记》，中华书局 2007 年版，第 836 页。

冠盖征逐，所交惟王侍郎茂荫、尹御史耕耘、黄兵部(讳讳)、何员外秋涛，皆清介开明之贤者也”。

侃案：乃知先公之友，复有此数君。侃早遭孤露，于先公师友渊源多不详知，悲恨何已!

案：此文引自《山东道监察御史薛先生墓表》，此文载：“入翰林，锐志经世，自四世三通以致胥吏案牍，潜心研讨，不事冠盖征逐所交惟王侍郎茂荫、尹御史耕耘、黄兵部云鹄、何员外秋涛，皆清介开明之贤者也。”①

此条中，黄侃记录下自己父亲生前好友。

第二节 《日记》引其他集部文献考

《日记》中所引的其他集部文献，主要来自《文心雕龙》《文选》《唐文粹》《绝妙好词》《朝野新声太平乐府》《宋六十名家词》《宋诗纪事》《全唐诗》《元诗选》《宋诗略》《全上古三代秦汉三国六朝文》《宋诗钞补》《全唐文》。因黄侃对其故乡贤才比较重视，因而很多引文都与其故乡乡贤密切相关。本节将对《日记》中所引的其他集部文献进行详细考查。

一、《文心雕龙》

引文

1. 1922 年 10 月 12 日　第 230 页

枚皋以为赋俳见视如倡，自诋讥其文。王冲亦用浅露见疑于世士。束皙劝农饼赋，文颇鄙俗，时人薄之。成霄好为文咏，坦率多鄙俗，与河东王质等朋游相好，诗赋闲起，知音之士多哦嗤笑。杜荀鹤或比之太公家教。然刘舍人言：“‘谐之’言皆，辞浅会俗，皆悦笑也。”夫既以悦

① （清）谭献：《复堂类集》卷三，清光绪年间刻本。

俗为心，则文安得不俗？此乐天之所以必令老妪解其诗、李屏山之所以誉杨万里为活泼剌底人也。然而太玄湛博，终在人间；绍述艰深，仍存册府。不谐于俗，而仍足以自传者，又非俗所能抑阏也。

案：“‘谐之’言皆，辞浅会俗，皆悦笑也。”此句引自《文心雕龙·谐隐》篇，其文载：“谐之言皆也。辞浅会俗，皆悦笑也。”①

黄侃在此处论述“俗”“雅”的问题，认为文章无论雅、俗，都有很多流传世间的例子。

2. 1930 年 4 月 22 日　第 638 页

辨骚篇：“才高者菀其鸿裁，中巧者猎其艳辞。”

侃案：小石以所过录赵万里校唐写残本文心雕龙(起征圣，讫杂文)见视。因誊至纪评黄注本上，至明诗篇。向其“菀其鸿裁”句不甚了了。今见唐写本乃是“苑”字，始悟苑、猎对言。言才高之人能全取楚辞以为范；心巧之人亦能于篇中择其艳辞以助其文采也。书贵古本，信然。

案：此文引自《文心雕龙·辨骚》，其文载：“故才高者菀其鸿裁，中巧者猎其艳辞，吟讽者衔其山川，童蒙者拾其香草。”②

二、《文选》

引文

1. 1922 年 11 月 15 日　第 268 页

班孟坚幽通赋：“鲜生民之晦在。”曹大家注：“鲜，少也。晦，亡

① (南朝·梁)刘勰著，范文澜注：《文心雕龙注》，人民文学出版社 1958 年版，第 270 页。

② (南朝·梁)刘勰著，范文澜注：《文心雕龙注》，人民文学出版社 1958 年版，第 48 页。

几也。”

侃案：少、亡几不辞，当云：晦，几何也。毛诗小旻“民虽靡膴”，释文载韩诗作靡腜，犹无几何。是腜训几何。晦与腜声义同。孟坚此文用韩诗义也。正字作每。说文：“每，艸盛上出也。”引申为多。故三苍云：“每，非一定之辞也。”诗传：“每，虽也。”假借为腜。晦，几何也。又为某、谋，仪礼注：且字也，语原出于冂，重覆也，读若艸莓莓。

案：以上引文作如下整理：

(1)“班孟坚幽通赋：‘鲜生民之晦在。’曹大家注：‘鲜，少也。晦，亡几也。’”此文引自汉班固的《幽通赋》，其文载：“鲜生民之晦在。”曹大家注曰：言天地无穷极，民在其间，上寿一百二十年，少者亡几耳。《庄子》曰：“鲜，少也。晦，亡几也。天与地无穷，人死有时晦。”①

(2)“毛诗·小旻‘民虽靡膴’。”此文引自《诗·小雅·小旻》，其文曰：“民虽靡膴，或哲或谋。”②

(3)“说文：‘每，艸盛上出也。’”此条引自《说文解字·屮部》，其文载：“𣫭，艸盛上出也。”③

(4)“三苍云：‘每，非一定之辞也。’”此句引自慧琳《一切经音义》卷二十七，其文载：“每作，《三苍》：‘每，非一定之辞也，每犹数也屡也。”④

2. 1927年11月24日 第272页

(1)子建云：王其爱玉体，俱享黄发期。

① (梁)萧统编，(唐)李善注：《文选注》，中华书局1977年版，第209页。

② (清)阮元：《十三经注疏》，中华书局1980年影印版，第449页。

③ 许慎撰，(清)段玉裁注：《说文解字注》，上海古籍出版社1981年版，第21页。

④ (唐)释慧琳撰，(辽)释希麟：《正续一切经音义》，大通书局1985年版，第573页。

侃案：此言既爽。

案：此文引自汉魏时曹植的《赠白马王彪》，其文载："王其爱玉体，俱享黄发期。"①

(2) 筑归来之悲台，徒望思其何补。

侃案：深中我心意。

案：此文引自西晋潘岳的《西征赋》，其文载："筑归来之悲台，徒望思其何补。"②

3. 1928 年 6 月 14 日　第 308~309 页

宋玉赋云："纷纷扰扰，未知何意"。

侃案："天津全收复矣。张乃燕暂得留，蔡元培自请处分，萧纯锦造空气事宣露。"此句可以状今之骋骛者。

案：此文引自战国时宋玉《神女赋》，其文载："精神恍惚，若有所喜，纷纷扰扰，未知何意。"③

国家动乱，黄侃引此句形容当日之状况。

4. 1928 年 9 月 10 日　第 471 页

吴都赋曰"文欀桢橿"，刘渊林注曰："文，文木也；欀，木树皮中有如白米屑者，干捣之，以水淋之，所作饼似面。交趾卢亭有之"。蜀都赋曰："面有桄榔"，刘渊林注曰："桄榔，树名也。木中有屑如面，可食，出兴古。"

---

① (梁)萧统编，(唐)李善注：《文选注》，中华书局 1977 年版，第 341 页。

② (梁)萧统编，(唐)李善注：《文选注》，中华书局 1977 年版，第 156 页。

③ (梁)萧统编，(唐)李善注：《文选注》，中华书局 1977 年版，第 267 页。

侃案：今常食之西米，乃是桄榔面。

案："文欀桢橿"之句引自左思的《吴都赋》，其文载："绵杬杶栌，文欀桢橿。"注曰："文，文木也。材密致无理，色黑，如水牛角，日南有之，欀木，树皮中有如白米屑者，干捣之，以水淋之，可作饼，似面，交趾、卢亭有之。"①

"面有桄榔"引自左思《蜀都赋》，其文载："异物崛诡，奇于八方。布有橦华，面有桄榔。"注曰："桄榔，树名也，木中有屑，如面，可食，出兴古。"②

5. 1928 年 9 月 17 日　第 472 页

文选魏文帝典论论文"盖君子审己以度人，故能免于斯累而(类聚五十三作'乃')，作论文"。

侃曰：昔不解此语今案"而""乃"皆"耳"之误。"作论文"已上，乃论文篇之序也。

案：此文出自《文选》卷三十五的曹丕《典论·论文》，其文载："盖君子审己以度人，故能免于斯累，而作论文。"李善注曰《吕氏春秋》曰："君子必审诸己，然后任人。《楚辞》曰：羌内恕己以量人。王逸曰：量，度也。"③

6. 1930 年 5 月 23 日　第 646~647 页

文选三十八任彦升为范始兴作求立太宰碑表："青编落简"注引刘歆七略曰："尚书有青丝编目录。"汉书序传述艺文志云：刘向司籍，九流已别。爰著目录，略序鸿烈。七录序：刘向校书，辄为一录，皆载在本

① (梁)萧统编，(唐)李善注：《文选注》，中华书局 1977 年版，第 85 页。
② (梁)萧统编，(唐)李善注：《文选注》，中华书局 1977 年版，第 79 页。
③ (梁)萧统编，(唐)李善：《文选注》，中华书局 1977 年版，第 720 页。

书。此如四库全书每书各有提要，撮其旨意，录而奏之。汉书：歆总群书而奏七略。此如简明目录总群书即辑略也。略者，即简目也。

案：以上所引内容作如下整理：

(1)“青编落简”，引自《文选》卷三十八任彦升《为范始兴作求立太宰碑表》，其文载：“府之延阁，则青编落简。刘歆《七略》曰：孝武皇帝敕丞相公孙弘，广开献书之路。百年之间，书积如山，故内则延阁广内秘书之府。又曰《尚书》有青丝编目录。”①

(2)“刘向司籍，九流以别。爰著目录，略序鸿烈。”此句引自《汉书·叙传下》，其文曰：“刘向司籍，九流以别。爰著目录，略序鸿烈。”应劭曰：“儒、道、阴阳、法、名、墨、从横、杂、农，凡九家。”②

(3)“刘向校书，辄为一录，皆载在本书”句引自南朝阮孝绪《七录序》，其文载：“刘向校书，辄为一录，论其指归，辨其讹谬，随竟奏上，皆载在此书。”③

此引文与原文相比，少“论其指归，辨其讹谬，随竟奏上”句。

(4)“歆总群书而奏七略”，引自《汉书·艺文志》，其文载：“歆于是总群书而奏其七略，故有辑略，有六艺略，有诸子略，有诗赋略，有兵书略，有术数略，有方技略。今删其要，以备篇籍。”④

7. 1931 年 7 月 22 日　第 725 页

思玄赋：“不出户而知天下兮，何必历远以劳?”又曰“结精远游使心携”。

侃案：予熟读之，而未悟其妙，乃今悟矣。

① (梁)萧统编，(唐)李善：《文选注》，中华书局 1977 年版，第 542 页。

② (汉)班固撰，(唐)颜师古注：《汉书》，中华书局 1964 年版，第 4244 页。

③ (唐)道宣辑：《广弘明集》第三卷，商务印书馆 1929 年版，第 19 页。

④ (汉)班固撰，(唐)颜师古注：《汉书》，中华书局 1964 年版，第 1071 页。

案："不出户而知天下兮，何必历远以劳？"此句引自张衡的《思玄赋》，其文曰："此文不出户而知天下兮，何必历远以劬劳？"①

"结精远游使心携"引自《思玄赋》，其文曰："松乔高峙孰能离，结精远游使心携。"②

8. 1935 年 8 月 9 日　第 1096 页

北山移文："驰烟驿路，勒移山庭。"

侃案：山灵勒移于山，何故先言驿路？且"驰烟驿路"，语亦不可解，烟又不与移对。当作"驰烟驿雾"。此二语合之，止是"飞檄"二字之意尔。雾讹为路，露又烂(左提手右兑)为路，遂不可解。王勃乾元殿颂"绳幽架险，驿雾驰烟"，知所见孔稚圭文尚不误也。驰、驿相对，故王勃上武侍极启又以"驰魂雾谷"与"驰思霞丘"句俪。

案：此句引自《文选》卷四十三之孔德璋《北山移文》，其文载："驰烟驿路，勒移山庭。"③

"绳幽架险，驿雾驰烟。"此句引自《全唐文》卷一百七十八王勃的《乾元殿颂》，其文载："绳幽架险，驿雾驰烟。"④

黄侃在读《文选·北山移文》时，分析"驰烟驿路，勒移山庭"之句，认为应该是"驰烟驿雾"，此想法在王勃的《乾元殿颂》中得到证实。

三、《唐文粹》及《唐文粹补遗》

黄侃于 1928 年 7 月始点清郭麐的《唐文粹补遗》；1934 年 7 月 22 日至 1935 年 3 月 15 日，续点《唐文粹补遗》，并看宋姚铉的《唐文粹》；1935 年 8 月至 10 月 4 日，在去世前几天，仍继续点《唐文粹补遗》。

① (梁)萧统编，(唐)李善注：《文选注》，中华书局 1977 年版，第 222 页。
② (梁)萧统编，(唐)李善注：《文选注》，中华书局 1977 年版，第 223 页。
③ (梁)萧统编，(唐)李善注：《文选注》，中华书局 1977 年版，第 612 页。
④ (清)董诰等编《全唐文》，上海古籍出版社 1990 年版，第 796 页。

引文

1. 1934 年 8 月 27 日 第 1014~1015 页

刘太真送萧颖士赴东府序：顷东倭之人，逾海来宾，举其国俗，愿师于夫子，弗敢私请表闻于天子。夫子辞以疾而不之从也，退然贫居，述作万卷，去其浮辞，存乎正言。

案：此文引自《唐文粹补遗》卷二十五之刘太真的《送萧颖士赴东府序》，其文载："顷东倭之人，逾海来宾，举其国俗，愿师于夫子，非敢私请表闻于天子。夫子辞以疾而不之从也，退然贫居，述作万卷，去其浮辞，存乎正言。"①

引文"弗敢私请表闻于天子"之"弗"与原文"非敢私请表闻于天子"之"非"略有不同。

2. 1934 年 9 月 1 日 第 1016 页

杜牧李戡墓志铭(字定臣，居晋陵阳羡里) 戡尝曰："戡尝痛自元和以来，有元、白诗者，纤艳不逞，非庄士、雅人，多为其所破坏；流于民间，疏于屏壁，子父女母，交口教授，淫言媟语，冬寒夏热，入人肌骨，不可除去。吾无位，不得用法以治之。"

案：此文引自《唐文粹补遗》卷十五之杜牧的《唐故平卢军节度使巡官陇西李府君墓志铭》，其文载："痛自元和以来，有元、白诗者，纤艳不逞，非庄士、雅人，多为其所破坏；流于民间，疏于屏壁，子父女母，交口教授，淫言媟语，冬寒夏热，入人肌骨，不可除去。吾无位，不得用法以治之。"②

① (清)郭麐：《唐文粹补遗》卷二十五，江苏书局 1885 年版，第 7~8 页。
② (清)郭麐：《唐文粹补遗》卷十五，江苏书局 1885 年版，第 9~10 页。

3. 1934 年 9 月 20 日　第 1023 页

樊铸檄曲江水伯文："溺孙兴公于后湖之中。"（下文以帝女之事对，则指溺死也。）此事不见他书，未知所出。

案：此文引自《唐文粹》卷三十三之樊铸的《檄曲江水伯文》，其文载："溺孙兴公于后湖之中，沦炎帝女于东海之上。"①

4. 1934 年 11 月 23 日　第 1036~1037 页

自张孟将驳行三年之服制议始，议末有云："孔、郑、何、杜之徒，并命代挺生，范模来裔。宫墙积仞，未易可窥。但钻仰不休，必当渐入胜境，讵劳终年矻矻，虚肆莠言？请所有掎摭适先儒，愿且以时消息。"

侃案：此言真堪胝沫也。

案：此文引自《唐文粹》卷四十二之张谏之的《驳行三年之服议》："孔、郑、何、杜之徒，并命代挺生，范模来裔。宫墙积仞，未易可窥。但钻仰不休，必当渐入胜境，讵劳终年矻矻，虚肆莠言？请所有掎摭适先儒，愿且以时消息。"②

四、《绝妙好词》

引文

1922 年 3 月 22 日　第 123~124 页

宋词用字盖有三例：一曰熟语（如辛词摸鱼儿用长门事，用千金买相如赋，曰玉环飞燕，此用典故也。用匆匆脉脉、危阑之危，此用

① （宋）姚铉：《唐文粹》卷三十三，江苏书局 1883 年版，第 12 页。
② （宋）姚铉：《唐文粹》卷四十二，江苏书局 1883 年版，第 17~18 页。

训诂也。用典故训皆属此类。)。二曰造语(造字如姜词冰胶雪老、吹凉消酒、诸虚字之类。造句如"高柳晚蝉，说西风消息"之类。有造字造句之异。)。三曰时俗语(有用时俗语为形容接续介系助句之词，而中加以熟语造语者。如刘翰词："怨得王孙老。""得"字时俗也。刘克庄词："蓦然作暖晴三日。""蓦然"字时俗语也。韩疁词："待不眠还怕寒侵。"待字，还怕字，时俗语也。余皆熟语矣。有用时俗语而天然工緻绝类文言者。如辛词："是他春带愁来，春归何处，却不解带将愁去"是也。有貌似文言，实从俗语翻出者。如谢懋词云："无寻处，只有少年心"是也。有纯用时俗语而杂以文言仍不掩俗者，如赵与鐭词："有人嫌太清，又有人嫌太俗，都不是我知音"是也。有虽无时俗语虚字，而实时俗语之熟语者，如周晋词："薄幸东风，薄情游子，薄命佳人"是也。有不仅用时俗语，且用方言者，如吴词之"梦缘能短""能"作如此解。今苏州语也。陆词："你嚎早收心呵。""嚎早"作火速解。亦今苏州语也。有用方言为韵者，如姜词："不会得青青如此。"与语、虞、御、遇韵中字同押。刘过词："泪痕凝脸"与铣、獮、轮、换、阮、愿韵中字同押是也。)。拟专取宋人选词辑宋词用字举例一书，一以示填词用字造句之法，二以今之高举常语为诗者，知亦有矩，非能率尔成章也。若夫旨义、格调、声律，皆已见前人之书，不复覼缕可矣。

案：以上内容引文作如下整理：

(1)"长门事，用千金买相如赋，曰玉环飞燕"内容扩隐自宋辛弃疾的《摸鱼儿·更能消几番风雨》，其文曰："长门事，准拟佳期又误。蛾眉曾有人妒。千金纵买相如赋，脉脉此情谁诉。君莫舞。君不见、玉环飞燕皆尘土。闲愁最苦。休去倚危栏，斜阳正在，烟柳断肠处。"①

① (宋元)周密编，(清)查为仁、厉鹗笺：《绝妙好词笺》，世界书局 1935 年版，第 9~10 页。

(2)“冰胶雪老”出自姜夔《一萼红·人日登定王台》词，其文曰：“池面冰胶，墙腰雪老，云意还又沉沉。”①

(3)“吹凉消酒”出自姜夔的《念奴娇·吴兴荷花》词，其文曰：“翠叶吹凉，玉容消酒，更洒菰蒲雨。”②

(4)“高柳晚蝉，说西风消息”出自姜夔的《惜红衣·吴兴荷花》词，其词曰：“高柳晚蝉，说西风消息。虹梁水陌，鱼浪吹香，红衣半狼藉。维舟试望故国，渺天北。可惜柳边沙外，不共美人游历。问甚时同赋，三十六陂秋色。”③

(5)“怨得王孙老”出自刘翰《清平乐·萋萋芳草》，言：“萋萋芳草，怨得王孙老。”④

(6)“待不眠还怕寒侵”出自韩疁的《高阳台·除夕》词，其文曰：“老来可惯通宵饮，待不眠、还怕寒侵。”⑤

(7)“是他春带愁来，春归何处，却不解带将愁去”，出自辛弃疾《祝英台近·宝钗分》，其文载如下：“宝钗分，桃叶渡，烟柳暗南浦。怕上层楼，十日九风雨。断肠点点飞红，都无人管，倩谁劝、啼莺声住。鬓边觑。应把花卜归期，才簪又重数。罗帐灯昏，哽咽梦中语。是他春带愁来，春归何处？却不解、将愁归去。”⑥

(8)“无寻处，只有少年心”，出自章良能的《小重山·柳暗花明春事

① (宋元)周密编，(清)查为仁、厉鹗笺：《绝妙好词笺》，世界书局1935年版，第26页。

② (宋元)周密编，(清)查为仁、厉鹗笺：《绝妙好词笺》，世界书局1935年版，第26页。

③ (宋元)周密编，(清)查为仁、厉鹗笺：《绝妙好词笺》，世界书局1935年版，第27页。

④ (宋元)周密编，(清)查为仁、厉鹗笺：《绝妙好词笺》，世界书局1935年版，第21页。

⑤ (宋元)周密编，(清)查为仁、厉鹗笺：《绝妙好词笺》，世界书局1935年版，第41页。

⑥ (宋元)周密编，(清)查为仁、厉鹗笺：《绝妙好词笺》，世界书局1935年版，第10页。

深》，其文载：“柳暗花明春事深，小阑红芍药，已抽簪。雨余风软碎鸣禽，迟迟日，犹带一分阴。往事莫沉吟。身闲时序好，且登临。旧游无处不堪寻，无寻处，惟有少年心。”①

本条案：此句为南宋词人章良能所作，非谢懋作品，因为该词紧接谢懋词之后，黄氏未看清此词所属作者，因而钞录错误。

(9)“有人嫌太清，又有人嫌太俗，都不是我知音”，出自宋楼槃的《霜天晓角·梅》，其文载：“翦雪裁冰，有人嫌太清。又有人嫌太瘦，都不是，我知音。谁是我知音？孤山人姓林。一自西湖别后，辜负我，到如今。②

本条案：此句为南宋词人楼槃所作，非赵与鋤作品，因为该词紧接赵与鋤词后，黄氏时未看清此词所属作者，因而钞录错误。

(10)“薄幸东风，薄情游子，薄命佳人”，出自周晋的《柳梢·青杨花》，其词曰：“似雾中花，似风前雪，似雨余云。本自无情，点萍成绿，却又多情。西湖南陌东城，甚管定年年送春。薄幸东风，薄情游子，薄命佳人。”③

(11)“梦缘能短”，出自吴文英的《三姝媚·过都城旧居有感》，其文曰：“春梦人间须断，但怪得当时，梦缘能短。”④

(12)“泪痕凝脸”，出自刘过的《贺新郎·老去相如倦》词，其文载：“晚妆残、翠钿狼藉，泪痕凝脸”⑤。

① (宋元)周密编，(清)查为仁、厉鹗笺：《绝妙好词笺》，世界书局1935年版，第13页。

② (宋元)周密编，(清)查为仁、厉鹗笺：《绝妙好词笺》，世界书局1935年版，第55页。

③ (宋元)周密编，(清)查为仁、厉鹗笺：《绝妙好词笺》，世界书局1935年版，第48页。

④ (宋元)周密编，(清)查为仁、厉鹗笺：《绝妙好词笺》，世界书局1935年版，第62页。

⑤ (宋元)周密编，(清)查为仁、厉鹗笺：《绝妙好词笺》，世界书局1935年版，第13页。

五、《朝野新声太平乐府》

引文

1922 年 10 月 2 日 第 216~217 页

元曲有“沉鱼落雁”之言，以状殊色，本于宋之问诗。而违其本意。宋有浣纱篇云：“一朝还旧都，靓状寻若耶。林鸟惊入松书，网鱼畏深渊。始觉冶容妄，方悟君心邪。”宋又本于庄子：“貌嫱、西施，人之美也，鱼见之深入，鸟见之高飞。”此以异类则所美非同；非以异类能知人之殊色也。

案：以上引文整理如下：

(1)元曲有“沉鱼落雁”，此句引自元朝杨果的《小桃红·采莲湖上曲》，此文曰：“羞花闭月，沉鱼落雁，不恁也魂消。”①

(2)“一朝还旧都，靓状寻若耶。林鸟惊入松书，网鱼畏深渊。始觉冶容妄，方悟君心邪。”此文引自宋之问的《浣纱篇赠陆上人》，其文曰：“一朝还旧都，靓状寻若耶。林鸟惊入松书，鱼畏沉荷花。始觉冶容妄，方悟君心邪。”②

引文“网鱼畏深渊”与原文“鱼畏沉荷花”有所不同。

(3)“貌嫱、西施，人之美也，鱼见之深入，鸟见之高飞。”此文引自《庄子·齐物论》，其文曰：“貌嫱、丽姬，人之美也，鱼见之深入，鸟见之高飞。”③

引文“貌嫱、西施”与原文“貌嫱、丽姬”略有不同。

---

① (元)杨朝英：《朝野新声太平乐府》卷三，商务印书馆 1936 年版，第 47 页。

② (清)彭定求：《全唐诗》，中华书局 1979 年版，第 287 页。

③ (先秦)庄子撰，(清)王先谦集解：《庄子集解》，上海书店 1936 年版，第 15 页。

六、《宋六十名家词》

黄侃1922年3月29日至5月4日读明毛晋编撰的《宋六十名家词》。

案：该书由明毛晋朝选编，原名《宋名家词》，又名《宋六十名家词》。这是一本宋词总集，自晏殊《珠玉词》至卢炳《烘堂词》共61家，每家之后，各附以跋语。所刻先后次序，按得词付刻之时为准，不依时代排列。

引文

1922年4月22日　第152~153页

1. 其深至曲折处，真可钱吟万讽，毛晋评其纤巧，则非也。

案：此文引自《宋六十名家词 · 竹山词》毛晋的跋，其文载："今读竹山词一卷语语纤巧，真世说糜也。字字妍倩，真六朝俞也。"①

黄侃认为蒋捷之词曲折有致，讽诵万千，毛晋评价其纤巧是不准确的。

2. 其贺新郎秋晓（竹几一灯人做梦，嘶马谁行古道。起搔首、窥星多少。月有微黄，篱无影挂，挂牵牛数朵青花小。旧院隔霜帘不卷，金粉屏边醉倒。计无此、中年怀抱。）

案：此文引自蒋捷的《贺新郎 · 秋晓》词，其词曰："渺渺啼鸦了，亘鱼天、寒生峭屿，五湖秋晓。竹几一灯人做梦，嘶马谁行古道。起搔首、窥星多少。月有微黄篱无影，挂牵牛、数朵青花小。秋太淡，添红枣。愁痕倚赖西风扫，被西风、翻催鬓鬓，与秋俱老。旧院隔霜帘不卷，金粉屏边醉倒。计无此、中年怀抱。万里江南吹箫恨，恨参差、白雁横天杪。烟

① （明）毛晋：《宋六十名家词》第六册《竹山词》，商务印书馆1933年版，第19页。

未敛，楚山杳。”①

3. 约友三月旦饮（宝钗楼上围帘幕，小婵娟、双调弹筝，半霄鸾鹤。我辈中人无此分，琴思诗情当却。也胜似、愁横眉角。）

案：此文引自蒋捷的《贺新郎·约友三月旦饮》词，其词曰：“雁屿晴岚薄，倚层屏、千树高低，粉纤红弱。云际东风藏不尽，吹艳生香万壑。又散人、汀蘅洲药。扰扰匆匆尘土面，看歌莺舞燕逢春乐。人共物，知谁错。宝钗楼上围帘幕，小婵娟、双调弹筝，半霄鸾鹤。我辈中人无此分，琴思诗情当却。也胜似、愁横眉角。芳景三分才过二，便绿阴门巷杨花落。沽斗酒，且同酌。”②

4. 感旧（化作娇莺飞归去，犹认纱窗旧绿。待把宫眉横云样，描上生绡画幅。怕不是新不是新来妆束。）

案：此文引自蒋捷的《贺新郎·怀旧》词，其词曰：“梦冷黄金屋，叹秦筝、斜鸿阵里，素弦尘扑。化作娇莺飞归去，犹认纱窗旧绿。正过雨、荆桃如菽。此恨难平君知否？似琼台、涌起弹棋局。消瘦影，嫌明烛。鸳楼碎泻东西玉，问芳踪、何时再展，翠钗难卜。待把宫眉横云样，描上生绡画幅。怕不是新来妆束。彩扇红牙今都在，恨无人、解听开元曲。空掩袖，倚寒竹。”③

黄侃标题为“感旧”与原文标题“怀旧”略有差异。

---

① （明）毛晋：《宋六十名家词》第六册《竹山词》，商务印书馆 1933 年版，第 1 页。

② （明）毛晋：《宋六十名家词》第六册《竹山词》，商务印书馆 1933 年版，第 1 页。

③ （明）毛晋：《宋六十名家词》第六册《竹山词》，商务印书馆 1933 年版，第 1 页。

5. 瑞鹤仙乡城见月(劝清光乍可幽窗相伴，休照红楼夜笛。怕人间换谱伊、凉，素娥未识。)

案：此文引自蒋捷的《瑞鹤仙·乡城见月》，其词曰："绀烟迷雁迹。渐断鼓云钟，街喧初息。风檠背寒壁。放冰蜍飞到，丝(一作蛛)丝帘隙。琼瑰(一作魂)暗泣。念乡关、霜芜似织。漫将身、化鹤归来，忘却旧游端的。欢极。蓬壶蕖浸，花院梨溶，醉连春夕。柯云罢弈，樱桃在，梦难觅。劝清光乍可，幽窗相伴，休照红楼夜笛。怕人间、换谱伊凉，素娥未识。"①

6. 木兰花慢冰(罗帱。少年梦里，正窥帘、月浸素肌柔。)

案：此文引自《木兰花慢·冰再赋》，其词曰："渺琉璃万顷，冷光射，夕阳洲。见败柳漂枝，残芦泛叶，欲去仍留。罗帱，少年梦里，正窥帘、月浸素肌柔。谁念衰翁自老，断髭冻得成虬。凝眸。一望绝飞鸥，宇宙正清幽。漫细敲紫砚，轻呵翠管，吟思难抽。飕飕。晚风又起，但时听、碎玉落檐头。多少梅花飞脑，醉来误整香篝。"②

蒋捷《木兰花慢·冰》词，总共写有两首，黄侃选录的是第二首。

7. 高阳台送翠英(别酒才斟，从前心事都休。飞莺纵有风吹转，奈旧家苑已成秋。莫思量、杨柳湾西，且棹吟舟。)

案：此文引自《高阳台·送翠英》，其词曰："燕卷晴丝，蜂粘落絮，天教绾住闲愁。闲里清明，匆匆粉涩红羞。灯摇缥晕茸窗冷，语未阑、娥影分收。好伤情、春也难留。芳尘满目悠悠，问萦云佩响，还绕谁楼？别

① (明)毛晋：《宋六十名家词》第六册《竹山词》，商务印书馆 1933 年版，第 5 页。

② (明)毛晋：《宋六十名家词》第六册《竹山词》，商务印书馆 1933 年版，第 6 页。

酒才斟，从前心事都休。飞莺纵有风吹转，奈旧家苑已成秋。莫思量、杨柳湾西，且棹吟舟。”①

8. 南乡子塘门元宵(旧说梦华犹未了，堪嗟。才百余年又梦华。)

案：此文引自《南乡子·塘门元宵》，其词曰：“翠幰夜游车，不到山边与水涯。随分纸灯三四盏，邻家。便做元宵好景夸。谁解倚梅花，思想灯毬坠绛纱。旧说梦华犹未了，堪嗟。才百余年又梦华。”②

9. 七天乐元宵阅梦华录(淡柳湖山，浓花巷陌，唯说钱塘而已。)

案：此文引自《七天乐·元夜阅梦华录》，其词曰：“银蟾飞到觚棱外。娟娟下窥龙尾。电紫鞘轻，云红莨曲，雕玉舆穿灯底。峰缯岫绮。沸一簇人声，道随竿媚。侍女迎銮，燕娇莺姹炫珠翠。华胥仙梦未了，被天公澒洞，吹换尘世。淡柳湖山，浓花巷陌，惟说钱塘而已。回头汴水。望当日宸游，万□□□。但有寒芜，夜深青磷起。”③

黄侃引文题目为“元宵阅梦华录”与原文“元夜阅梦华录”略有差异。

黄侃总案：(《贺新郎·秋晓》《约友三月旦饮》《感旧》《瑞鹤仙·乡城见月》《木兰花慢·冰》《高阳台·送翠英》《南乡子·塘门元宵》《七天乐·元宵阅梦华录》)诸词，或追年华，或隐伤亡国，思表纤旨，文外曲致，正有咏味靡穷者已。

① (明)毛晋：《宋六十名家词》第六册《竹山词》，商务印书馆1933年版，第7页。

② (明)毛晋：《宋六十名家词》第六册《竹山词》，商务印书馆1933年版，第12页。

③ (明)毛晋：《宋六十名家词》第六册《竹山词》，商务印书馆1933年版，第16页。

七、《宋诗纪事》

引文

1922年9月18日　第178~183页

1. 林敏修，字子来，敏功弟，有无思集。（后村诗话二：林诗极少。曾伯端作高隐小传云，有诗文百二十卷，今所存十无一二。兄弟皆隐君子，不但以诗重。）

文湖州作山水横轴吴希全家藏其子诚伯求苏养直赋诗语特奇妙遂用其韵同赋：明窗十日复五日，出此湖光与山色。前身画师语不妄，文侯乃是金门客。乍从云际辨远岫，争数乔林夸眼力。波漂菰米岁事空，水滨柱下南飞鸿。欲投晓渡唤舟子，急桨已入昏烟中。径思天边问归路，错认江乡旧洲渚。能传万里在尺素，豪夺应防卷寒雨。

竹溪：张牧之隐于竹溪，不喜与世接。客来，蔽竹窥之。或韵人佳士，则呼船载之，或自刺船与语。俗子十返不一见，怒骂相踵弗顾也。人或以少漫郎，余独喜与古人意合，乃作竹溪诗。幽闲古城阴，结屋清溪曲。溪流湛回映，上有青青竹。漫郎欣得之，绿发咏空谷。高风及前修，胜趣随远瞩。恶客徒扰人，立谈非我欲。麾去宁汝嗔，真意聊自足。或言不当尔，往往相谤讟。答云岂吾私，恐作林泉辱。源流别泾渭，臭味同草木。肯当百事胜，容此一物俗。独余稽阮辈，荡桨戒臣仆。浊醪浇古胸，日没还秉烛。仆忝瓜葛后，意气颇相属。平生几两屐，共老三径菊。行年事无定，此计诺已宿。径须买牛衣，儿亦荷书簏。从子竹间游，溪鱼斫寒玉。

案：以上内容引自《宋诗纪事》卷三十三，其内容与原文无差异。①

① （清）厉鹗：《宋诗纪事》，商务印书馆1937年版，第858页。

2.(夏)倪字均父，蕲州人，英公(英公，宋史江州德安人)之孙。宣和中，自府朝左官祈阳监酒，有远游堂集。(刘后村诗话：均父集中，如拟陶、韦五言，亹亹逼真。律诗用事琢句，超出绳墨，言近旨远，可以讽味。然竦之诸孙，故其诗云：“堂堂文庄公，事业何峥嵘。”孟子曰：“孝子慈孙，百世不能改。”均父欲改之乎？其志亦可悲已。江西诗派图录：均父文词富瞻，侪辈罕及，尝以“天寒霜露繁，游子有所之”为韵作十诗留别饶德操，曲尽芊绵之致。赴江守日，张彦实赠诗云：“未觉朝廷疏汲黯，极知州郡要文翁。”均父朝夕讽诵之。诗文一集，吕紫薇为之序。)

次韵汉阳蔡守题阳关图：君不见季子敝尽黑貂裘，一生车辙环九州。使之负郭有二顷，未必肯相六国侯。此郎亦复何为者，浪自出入不肯休。东风夹道罗供帐，饮马欲行那得上。绿尊翠勺浩纵横，四座哀歌互酬倡。阴云漠漠天四垂，行子多著短后衣。金羁滴沥鸣翠弭，负羼蹶倒从卢儿。渔舟微茫出浦溆，远山无数迎修眉。倾曦驮醉出关去，纵有离愁渠得知。长安春色浓如酒，乃向斯时别亲友。可怜儿女浪苦辛，奔走功名逮华首。浊醪百榼胸崔嵬，暮色惨惨羇鸿哀。羊肠鸟道天尺五，尔独胡为来此哉。水有蛟龙狞口眼，陆有兕虎潜岩隈。嗟尔游子不顾返，富贵有时终自来。

题宗室永年画犬图：公子朝回玉宸里，戏弄丹青歌扇底。兴来貌写到浓鬖，拳尾如摇欲投背。丰颅阔腋伟骨相，纵逸未饶卢鹊使。庭除夜间《声画集》卷一作花开春尚寒，屈藏短喙眠朝暾。其一狺狺口若犬，欲前却立客在门。俗言犬马最难画，众所共识谁面谩。非如鬼物隐幽眇，反复丑好悬毫端。纷纷众史坐叹息，笔仗突兀不可扳。乃知心匠本神授，以心运手不作难。我家败物依破垣，偷儿踏瓦惊夜眠。四壁虽如长卿第，旧物犹存子敬毡。就君乞取挂墙壁，端能警我窥窬客。

跋聚蚁图：纷纷虫臂蚁争环，付与高人一解颜。不待南柯婚宦毕，始知身寄大槐。

题汉阳郎官湖：太白当年夜郎谪，一樽聊与故人留。南湖乞得郎官号，从此名传五百秋。

句：犹喜平生蟹螯手，尚能半幅写竹书。(风月堂诗话：王立之、夏均父俱以宗女夫人仕。均父饶财亦好学，立之晚年中风，以左手作字，均父寄诗云云。)

案：以上内容引自《宋诗纪事》卷三十三，无“英公，宋史江州德安人”一句，剩余其内容与原文一致。①

3. 林敏功，字子仁，蕲春人，以春秋乡荐不第，有高隐集。尚友录：子仁年十六，预乡荐，下第归。杜门不出者廿年。元符末，诏征不赴，与弟敏修居，比邻终老，以文字相友善、敏修亦终身不举进士，世号二林。政和中，林震为郡首，谓吾宗有隐君子，出郊见之。还朝，举起隐德，赐号高隐处士，旌表其门。子仁谢表云：“自是难陪英俊之游，何敢妄意高尚之事？卧牛衣而待旦，伤如之何；搔鹤发以兴怀，老其将至。”江西宗派土录：“山谷云，林处士诗甚佳，碧落碑无赝文也。”

书吴熙老醉杜甫像：清晨出寻酒家门，蹇驴破帽衣悬鹑。年年碧鸡坊下路，野梅官柳惯寻春。酒钱有无俱醉倒，改罢新诗留腹稿。儿童拍手遮路衢，拾遗笑倩旁人扶。百年风雅前无古，沈宋曹刘安足数。后来一字人难补，君莫笑渠作诗苦。

子瞻画扇：夫子江湖客，毫端托渺茫。攒峰埋暮雨，古树困天霜。逼侧余僧舍，溟濛失雁行。生死随化尽，此意独难忘。

春日有怀：君心恨不走天涯，不比衰翁只恋家。最是横塘黄叶路，今年无伴折梅花。

句：尝忆他年接绪余，饶三落托我迂疏。溪桥几换风前柳，僧壁今留醉后书。(寄夏均父苕溪渔隐丛话)

① (清)厉鹗：《宋诗纪事》，商务印书馆1937年版，第875~877页。

案：以上内容引自《宋诗纪事》卷三十三，其内容与原文一致。①

八、《全唐诗》

黄侃于1913年12月25日买《全唐诗》；1928年7月7日至10月28日，点阅此书，并记下每日所读诗之作者；1929年6月10日至16日，继续读此书孟浩然部分；1930年1月18日、19日，读李商隐诗歌部分；1935年8月19日、20日，再读此书。

引文

1. 1928年9月8日 第471页

宋之问诗："桥寒金雁落"。

侃案：是金雁桥入诗。

案：词文引自《全唐诗》卷五十二宋之问的《送赵司马赴蜀州》，其诗曰："饯子西南望，烟绵剑道微。桥寒金雁落，林曙碧鸡飞。职拜舆方远，仙成履会归。定知和氏璧，遥掩玉轮辉。"②

2. 1928年10月5日 第473页

骆丞代女道士王灵妃赠道士李荣诗："千回鸟信说众诸"。

侃案："众诸"，犹今言许多。

案：此句引自骆宾王《代女道士王灵妃赠道士李荣》诗，其诗曰："千回鸟信说众诸，百过莺啼说长短。"③

① （清）厉鹗：《宋诗纪事》，商务印书馆1937年版，第878~879页。

② （清）彭定求：《全唐诗》，中华书局1979年版，第297页。

③ （清）彭定求：《全唐诗》，中华书局1979年版，第387~388页。

3. 1934 年 3 月 28 日 第 974 页

(1)忽闻梅福来相访，笑著荷衣出草堂，儿童不惯见车马，走入芦花深处藏。(喜韩少府见访)

案：此文引自《全唐诗》卷七百二十七胡令能的《喜韩少府见访》，其诗曰“忽闻梅福来相访，笑著荷衣出草堂，儿童不惯见车马，走入芦花深处藏”①。

(2)蓬头稚子学毛终，偶坐莓苔草映身。路人借问遥招手，唯恐鱼惊不应人。(江际小毛儿钓)

案：此文引自《全唐诗》卷七百二十七胡令能的《小儿垂钓》，其诗曰“蓬头稚子学垂纶，偶坐莓苔草映身。路人借问遥招手，怕得鱼惊不应人”②。

引文“毛终”“唯恐”与原文“垂纶”“怕得”不同。

九、《元诗选》

黄侃于 1928 年 8 月 30 日翻《元诗选》。

案：《元诗选》是清代顾嗣立(1665—1722)编的一本元代诗歌总集。全书本书分初、二、三编，每编再分为甲集至壬集，另以癸集收录零篇断章和不成卷帙之作。

引文

1928 年 8 月 30 日 第 468 页

吴渊颖有岭南宜濛子解渴水歌，此物又名“黎朦”“宜母”“里木”，皆今之柠檬也。

---

① (清)彭定求：《全唐诗》，中华书局 1979 年版，第 3733 页。

② (清)彭定求：《全唐诗》，中华书局 1979 年版，第 3733 页。

案：此文来自《元诗选初集》丙集之元吴莱的《岭南宜濛子解渴水歌》。此文前四句曰："广州园官进渴水，天风夏熟宜蒙子。夏花酝作甘露浆，南园烹成赤龙髓。"①

黄侃根据吴莱的《岭南宜濛子解渴水歌》内容，认为元代的宜濛子即为现在的柠檬。

十、《宋诗略》

黄侃于1922年9月14日，阅读汪景龙、姚埙辑的《宋诗略》，钞录蕲春林敏修、林敏功的诗歌。

案：《宋诗略》宋诗选本，全书凡十八卷，清汪景龙、姚埙编选。景龙字翼青，埙字和伯，"均为清乾隆时人，仕履不详"。全书共取宋人四百三十四家诗，共录诗一千一百九十一首，以人为中心，按时代先后编次。凡是入选的作品，编选者都作了校勘，并博采诗之本事和前人的评论，并附有编选者简单的评语。此选以王禹翱开篇，终于连文凤。②

引文

1922年9月14日　第171~172页

卧阅嘉定汪景龙、姚埙辑宋诗略，其卷九中，有选吾州二林诗二首：

1. 林敏功，敏功字子仁，蕲春人，有高隐集。春日有怀：风高收急雨，日薄过窗微。梅蕊初迎腊，春溪欲染衣。形容今日是，游衍昔人非。节物关愁绪，归鸿正北飞。

案：此部分选自《宋诗略》卷九，其内容与原文一致。③

① （清）顾嗣立：《元诗选初集》，中华书局1985年版，第1542页。

② 王学泰：《中国古典诗歌要集丛谈》，天津古籍出版社2004年版，第119页。

③ （清）汪景龙、姚埙编选：《宋诗略》卷九，姚氏竹雨山房刻本1770年版，第30~31页。

2. 林敏修，敏修字子来，敏功弟，有无思集(二林皆隐君子，不但以诗重)。阎立本画醉道士图：破除万事无过酒，有客何须计千斗？解将富贵等浮云，醉乡即是无何有。昔人绘事亦有神，丹青写出青天真。尊酹未耻月渐倾，更待晓出扶桑暾。餐霞服气浪自苦，自厌神仙足官府。脱巾解带衣淋漓，眼花错莫谁宾主。君不见，炙手可热惟权门，欲观佳丽争怒嗔，何如衔杯乐甚籍地饮，安用醉吐丞相茵？

案：此部分内容引自《宋诗略》卷九，其内容与原文一致。①

十一、《全上古三代秦汉三国六朝文》

黄侃于 1928 年 5 月 18 日至 1929 年 2 月 3 日，看、点清严可均编撰的《全上古三代秦汉三国六朝文》，并钞编严辑全文所据书目。②

案：《全上古三代秦汉三国六朝文》是由清代严可均编的一部大型的唐前文学总集，共分十五集《全上古三代文》《全秦文》《全汉文》《全后汉文》《全三国文》《全晋文》《全宋文》《全齐文》《全梁文》《全陈文》《全后魏文》《全北齐文》《全后周文》《全隋文》《先唐文》，共收录唐以前作者三千四百九十七人。

此书到目前主要出版以下几个版本：光绪十八年(1893 年)，张之洞主持粤政，载广雅书局初刊；1929 年，丁福保影印，上海医学书局出版；1958 年，中华书局据广雅书局本影印出版 4 册，并附《全上古三代秦汉三国六朝文篇名目录及作者索引》；1999 年，商务印书馆整理出版简体本；2000 年，河北教育出版社也有出版。

此外，钱锺书的《管锥编》第三、四册专论《全上古三代秦汉三国六朝文》共 277 则。

---

① (清)汪景龙、姚埙编选：《宋诗略》卷九，姚氏竹雨山房刻本 1770 年版，第 31 页。

② 黄侃著，黄延祖重辑：《黄侃日记》，中华书局 2007 年版，第 407 页。

引文

1. 1928 年 6 月 28 日　第 320~321 页

有感于公叔绝交之论。予致世议，亦缘绝存问，不见客，亦不答。近日有缪生者，尝与吾同在承德，而缪先归。及闻吾将南行，不亮予之婘累多，装囊磊坉，乃令其友人强予携其铁箱遗在承德者，予实不敢允，果至大连予失一藤笈，方幸不为彼带物之得策，而彼则怨矣。来上元后复与彼同业，其居在旭初室后。予未尝诣之，来访又不答，弥致其恨，讪议遂繁，然予初不恤也。前日偶未伯弢先生言之，兹因阅公叔文牵缀记于此。

案：此文引自严可均的《全后汉文》卷二十八朱穆的《绝交论》，其文载如下：

或曰："子绝存问，不见客，亦不荅也，何故？"曰："古者，进退趋业，无私游之交，相见以公朝，享会以礼纪，否则朋徒受习而已。"曰："人将疾子，如何？"曰："宁受疾。"曰："受疾可乎？"曰："世之务交游也久矣，敦于业不忌于君，犯礼以追之，背公以从之。其愈者，则孺子之爱也；其甚者，则求蔽过窃誉，以赡其私。以利进义，退公轻私，重居劳于听也。或于道而求其私，赡矣。是故遂往不反，而莫敢止焉。是川渎并决，而莫之敢塞；游豮蹂稼，而莫之禁也。诗云：'威仪棣棣，不可选也。'后生将复何述？而吾不才，焉能规此？实悼无行，子道多阙，臣事多尤，思复白圭，重考古言，以补往过。时无孔堂，思兼则滞，匪有废也，则亦焉兴？是以敢受疾也，不亦可乎！"①

① （清）严可均：《全上古三代秦汉三国六朝文·全后汉文》卷二十八，广雅书局 1893 年版，第 11 页。

2. 1928 年 6 月 29 日 第 321~324 页

如云："遥望其人，端如行朽兀。或以为小白石，或以为冰雪。久之，白者移过树，乃知是人也。"又云："两从者扶掖，前人相牵后人见前人履底，前人见后人顶，如画重累人矣。"又云："五六步一休，蹀遽顿地，不避燥湿，前有燥地，目视而两脚不随。"又云："日暮时颇雨，不见其道，一人居其前，先知蹈有，人乃举足随之。"又云："有青气上与属，遥望不见山岭，山岭人在气中不知也。"

侃案：谛观马第伯封禅仪记，善于叙事状者不过数所，此诸文毋过常状，而序之甚真切，后之游记，刻画山川，曾不能如此适称也。可谓妙文矣。

案：以上选自严可均的《全后汉文》卷二十九马伯第《封禅仪记》，其引文与原文一致。①

黄侃对马伯第的《封禅仪记》中写人、写景的部分十分赞赏因而钞录。

十二、《宋诗钞补》

引文

1928 年 9 月 2 日 第 365 页

今日偶翻宋诗钞补，得之于所南集，题曰隐居谣，故知买书有益，开卷有益也。

案：《隐居谣》为宋代诗人郑思肖的作品，诗曰："布衣暖，菜根香，诗书滋味长。"②

① (清)严可均：《全上古三代秦汉三国六朝文 · 全后汉文》卷二十九，广雅书局 1893 年版，第 5 页。

② 北京大学古文献研究所：《全宋诗》，北京大学出版社 1998 年版，第 43426 页。

十三、《全唐文》

引文

1. 1927 年 11 月 24 日　第 238 页

杜牧上池州李使君书："今之言者必曰：使圣人微旨不传，乃郑玄辈为注解之罪。仆观其所解释，明白完具，虽圣人复生，必挈置数子坐于游、夏之位。若使玄辈解释不足为师，要得圣人复生。"

案：此文引自《全唐文》卷七百五十一之杜牧《与池州李使君书》，其文载："今之言者必曰：使圣人微旨不传，乃郑玄辈为注解之罪。仆观其所解释，明白完具，虽圣人复生，必挈置数子坐于游、夏之位。若使玄辈解释不足为师，要得圣人复生。如周公、夫子亲授微旨，然后为学。"①

2. 1928 年 9 月 27 日　第 473 页

韩愈答张籍书云："今夫二氏之所宗，而事之者，下及公卿辅相，吾岂敢昌言排之哉！择其可语者诲之，犹时与吾悖，其声哓哓。若遂成其书，则见而怒之者必多矣，必且以我为狂为惑。其身之不能恤，书于吾何有？"此虽强词以解不能著书之嘲，然末世恶俗，诚有如愈所云者。诗云："民之多僻，毋自立僻。"

侃案：古人见之矣。

案：此文引自《全唐文》卷五百五十一之韩愈《答张籍书》，其文载："今夫二氏之所宗，而事之者，下及公卿辅相，吾岂敢昌言排之哉！择其可语者诲之，犹时与吾悖，其声哓哓。若遂成其书，则见而怒之者必多矣，必且以我为狂为惑。其身之不能恤，书于吾何有？"此虽强词以解不能

① （清）董诰等：《全唐文》，中华书局 1983 年版，第 7781 页。

著书之嘲，然末世恶俗，诚有如愈所云者。《诗》云："民之多僻，毋自立僻。"①

3. 1934 年 9 月 15 日 第 1021 页

自契丹背恩，营州失守，前军丧律，榆关不开，幽平鸟栖于重堑，戎羯虎食于四野，燕南诸城，十仅存一；河朔之地，人挟两端。由是豺狼入于牢，蜂虿出于怀袖。

案：此文引自《全唐文》卷二百二十四之张说《论神兵军大总管功状》，其文载："自契丹背恩，营州失守……由是豺狼入于牢，蜂虿出于怀袖"②引文与原文一致。

① （清）董诰等：《全唐文》，中华书局 1983 年版，第 5577 页。

② （清）董诰等：《全唐文》，中华书局 1983 年版，第 358 页。

第五章 《黄侃日记》引书特点分析

本章为总结性内容，分为四个部分：首先，对《日记》中引四部文献的部分进行表格化处理，使人对《日记》引四部文献内容一目了然。其次，对《日记》引四部文献部分进行全面分析，进而得出黄侃三个重要的观念。这三个观念分别是思想观念、治学理念及俗文观念。接下来的第二、三、四节即对《日记》引书反映的三个重要观念进行详细论述。

第一节 《黄侃日记》引书条理

本节对《日记》的引书分为经、史、子、集四个表格进行条理化处理，每个表格分为书名、时间、页码、引文、条数、备注六个部分。其中，书名，即为引文出处；日期，即为引文在《日记》中出现的日期(公历)；页码，即为引文在《日记》中的页码；引书，即为引书的详细内容；条数，引文的条数，若引文来自不同的文献则在后面括号内作详细说明；备注，即用简短话语概括黄侃引此文的目的。

一、引“经部”文献条理

由表一可知，《日记》除全部钞录的《通俗编》之外，引经部文献凡 203 条，其具体所引书目及条数作如下分析：《十三经注疏》类①共 72 条，其中《周易集解》1 条，《周易正义》6 条，《汉上易丛说》1 条，《周易口诀》1

① 包括黄侃读《十三经注疏》的同时参考的经部文献书。

条，《尚书正义》23 条，《毛诗正义》8 条，《周礼注疏》6 条，《礼记注疏》15 条，《仪礼注疏》2 条，《周礼》1 条，《春秋左传正义》4 条，《春秋穀梁传注疏》1 条，《论语注疏》1 条，《尔雅注疏》2 条；小学类共 131 条，其中《方言》2 条，《说文解字》3 条，《一切经音义》3 条，《广雅》《经典释文》《字林》各 1 条，《恒言录》120 条。《黄侃日记》中所引经部文献中，《恒言录》《尚书正义》及《礼记注疏》在引用次数方面居于前三位。

表一 **《日记》引经部文献条目**

书名	时间	页码	引文	条数	备注
十三经注疏①					
《周易集解》	1922. 1. 1	43	“乾九干注”条	1	理解文义
《周易正义》	1922. 1. 9	46~47	“辅嗣岂能尽屏卦气”条	4	总结，王弼注易特点
	1922. 1. 10	47~48	“处困求济，在于身心修德”条	1	理解文义
	1935. 8. 9	1095~1096	“易文言称：亢，知进而不知退”条	1	正误，指出王肃、孔颖达注错误
《汉上易传丛说》	1922. 1. 13	49~50	“序称辅嗣注睽六二”条	1	正误，指出王弼注释错误
《周易口诀议》	1922. 1. 17	53	“乐耽于酒”条	1	自诫，不耽于酒乐
《尚书正义》	1922. 1. 31	71	“奏罔功”条	1	对比，《尚书》《史记》相似句子
			“在治忽”条	2（《尚书》《尚书古文疏证》各 1 条）	考证“在治忽”

① 此部分包括黄侃在读“十三经注疏”的同时参考的经部书。

续表

书名	时间	页码	引文	条数	备注
《尚书正义》	1922. 2. 4	82	“禹贡”条	1	引证
	1929. 2. 16	498~501	“以王莽大诰勘周书大诰”条	19	对比，《尚书·大诰》与《汉书》中王莽《大诰》
《毛诗正义》	1925. 1. 10	272	“零星之尸”条	1	考证“零星”
	1933. 10. 10	929	“晨诵《沔水》”条	1	忧国
	1933. 10. 27	934	“淇则有岸，隰则有泮”条	1	自诫，心应约束
	1933. 12. 16	946	“彼汾沮洳，言采其莫”条	1	考证，“莫”为蕲春米荠
	1934. 2. 16	963	“诗南有嘉鱼疏云”条	1	总结，唐人注疏多世情语
	1934. 10. 9	1027	“舍尔介狄，维予胥忌”条	1	理解文义
《周礼注疏》	1922. 1. 1	42	“周礼太祝，六祝”条	1	忧国忧己
	1922. 1. 4	44	“博局彩注及五木”条	2（《周礼》《经典释文》）	考证“彩”
	1922. 2. 6	44	“备波洋卒至沉溺”条	1	正字，洋为漾
	1931. 2. 25	685	“周礼地官遗人”条	2	考证“候馆”
	1932. 4. 27	795~796	“郊特牲注”条	1	理解文义

续表

书名	时间	页码	引文	条数	备注
《礼记正义》	1922.4.12	145	“唯当为虽”条	2	正音，唯
	1922.4.28	154	“教学相长”条	1	回答学生问题而有收获
	1929.9.14	574	“礼记王制疏引郑君释废病”条	2(礼记1条，毛诗1条)	自诫，做学问应慎重
	1932.4.7	790	“礼不讳嫌名”条	2(《礼记》1条，《经典释文》1条)	考证“嫌名”
	1932.4.27	795~796	“礼器记蘧伯玉”条	1	正误，指出注疏错误
	1932.5.1	798	“少仪不旁狎”条	1	自诫，不轻浮
	1932.5.3	798	“乐记正义”条	1	总结古人观点
	1932.5.9	801	“将欲发言能豫前思定”条	1	自诫，慎言
			“不考文”条	1	古文新体会
			“殷民之蔽，荡而不静”条	1	
			“大鸟姜姜于上”条	1	
			“言有物而行有格”条	1	
《仪礼注疏》	1932.4.21	795	“《曾子问》注”条	2(《仪礼》1条，《经典释文》1条)	正音，“敦”

续表

书名	时间	页码	引文	条数	备注
《春秋左传正义》	1922. 2. 5	83	“昭公四年”条	1	考证“夏口”
	1932. 1. 16	767	“左传襄公廿六”条	1	评判时政
	1932. 1. 23	768	“史皇谓子常”条	1	
	1933. 5. 23	900	“左传曰城下之盟”条	1	评判时政
《春秋穀梁传注疏》	1928. 10. 5	474	“穀梁传注”条	1	古文释今义
《论语注疏》	1922. 1. 21	57	“多闻阙疑”条	1	告诫，慎言
《尔雅注疏》	1928. 10. 5	473	“菿蘵”条	1	怀疑文中所指，菿蘵今无见
			“出队”条	1	古文释今指
小学类					
《方言》	1922. 1. 23	59	“方言十”条	1	释义，何为今怎
《说文解字》	1922. 1. 30	70	“䵷，水虫”条	1	释义，䵷为今蛤蟆
	1933. 12. 25	948	“说文臾曳连言”条	1	分析古人诗歌特点
《一切经音义》	1928. 9. 9	471	“秘书说·为易”条	1	引书证丁福保解释错误
	1929. 4. 14	542	“刀鞘”条	1	正音
《广雅》	1922. 1. 22	58	“猫”条	5（《广雅》《方言》《字林》《周礼》《仪礼》）	考证“猫”
《经典释文》	1928. 6. 18	314	“墨书经本”条	1	记录读书方法
《通俗编》	1922. 9. 27～10. 24				全部钞录

续表

书名	时间	页码	引文	条数	备注
《恒言录》	1922.22、23	184~196		120	钞录书中唐宋诗词部分

（说明：本书中表格的日期、页码、内容均依据2007年版中华书局《黄侃日记》。）

二、引“史部”文献条理

由表二可知，《日记》引史部文献凡275条①，所引书目及条数作如下分析：正史类共228条，其中《史记》6条，《汉书》124条，《后汉书》17条，《三国志》6条，《晋书》1条，《宋书》2条，《南齐书》1条，《梁书》1条，《魏书》1条，《南史》2条，《隋书》1条，《旧唐书》1条，《新唐书》40条，《宋史》5条，《明史》3条，《清史》19条；编年类共19条，其中《资治通鉴外纪》3条，《续资治通鉴》14条，《明通鉴》1条，《明史纪事本末》1条；别史类共两条，《国语》两条；传记类共1条，即《明儒学案》1条；载记类共3条，《越绝书》《马氏南唐书》《陆氏南唐书》各1条；地理类共4条，其中《水经注》两条，《深州风土记》《观光游记》各1条；史评类共18条，全部引自《史通通释》。在史部文献引书方面，《汉书》《后汉书》《新唐书》引书次数居于前三位。

表二 **《日记》引史部文献条目**

书名	时间	页码	引文	条数	备注
正史					
《史记》	1922.2.4	82~83	“织皮西倾”条	1	考证“桓水”
	1928.9.9	471	“能明驯德”条	1	
	1934.6.15	996	“夏后召孟”条	1	记录不理解处

① 此统计包括表一中涉及的《汉书》20条、《国语》1条，表四中涉及的《汉书》2条。

续表

书名	时间	页码	引文	条数	备注
《汉书》	1929.1.16	414	“八岁入小学”条	1	古文新发现，三国时已学外国
	1929.2.5	421~423	“轻重”“文无害”“计画无俚”“朝庭见人”“乾没”“无状子”六条	6	古文释今义
			“及视鬼夜祠”条	1	指出颜师古注释错误解
			“躬僁骿胝无胈”条	1	区分注、正文
			“使疏逖不闭昒爽”条	1	指出颜师古注错误
			“卒述陶唐以来”	1	解释“陶唐”“麟止”
	1929.2.6	423	“凿孔”“乞其夫钱”两条	2	古文释今义
			“诗诵君德”条	1	古文新发现，诗、乐异经
			“太公体行仁意”条	1	
	1929.2.8	423~424	“闻苦脚胫泄”条	1	正音
			“丈人所”条	1	分析结构
			“风流犹存”条	1	古文释今义
			“租铢之律”	1	指出颜师古错误
	1929.2.12	490~492	“谣俗民所疾苦”条	1	比较，并古文释今义
			“事即有业”条	1	指出颜师古错误
			“辄傅吏”条	1	正音
			“胜从父子建字长卿”“易有阴阳”条	1	古文新发现

续表

书名	时间	页码	引文	条数	备注
《汉书》	1929. 2. 13	492~493	“重轑”条	1	指出师古之误
			“湖三老公乘兴”“露索去刀兵”两条	2	古文释今义
			“臣奉窃学齐诗”条	1	劝诫自己不夸耀
			“侯年宁能父我”条	1	指出服虔、刘攽、刘奉世注释错误
	1929. 2. 14	493~496	“且兵凶器”条	1	指出宋祁断句错误
			“罪恶轻重”条	1	比较，解释“轻重”意思
			“驷先生蓄积道术”条	1	考证书中人物是否存在
			“天人之际”条	1	考证，并解释“精祲”
			“有诏谢主簪履”条	2	考证书中相同行为
			“蹻音如今作乐蹻行之蹻”条	1	古文释今义
	1929. 2. 15	496~497	“汾阴脽上地名本郏”条	1	正音
			“能言鸟”条	2（《汉书》《隋书》各1条）	记录起始性事件
			“翟方进传”条	1	对历史人品评

续表

书名	时间	页码	引文	条数	备注
《汉书》	1929. 2. 16	501	“小子为君侯安此”“天命去就”两条	2	古文释今义
			“掠立迫恐”“所白奥内”“亦惟先正克左右”三条	3	指出颜师古错误
			“建始元年以来二十载间”	1	指出李奇断句错误
			“疏贱独偏见”“时见大夫无无可以使者”	2	解释古文“内”的词意
	1929. 2. 17	502~505	“何文肆而质齇”“恤胤锡羡”“大语叫叫”条	3	解释古文词意
			钦吊楚之湘累”条	1	指出晋灼的错误
			“反离骚”条	1	探求《离骚》创作原因
			“堪舆”条	1	指出今词来源
			“呹肸”条	1	正误，“肸”
			“跖魂负沴”“勤大禹于龙门”条	2	正音
			“双鸧下”条	1	古文今指
			“天丽且弥”条	1	正误，易解释
			“宓羲氏之作易”条	1	指出扬雄错误
			“胥靡为宰”条	1	指出李奇、张晏注释错误
			“弦者高张急徽”条	1	指出古文出处
			“雄素不与事”条	1	考证文章中的史实
			“欲谈者宛舌而固声”条	1	考证“固”

续表

书名	时间	页码	引文	条数	备注
《汉书》	1929. 2. 18	509~510	“以治礼掌故以文学礼仪为宦”条	1	解释古文词意
			“吾始以尚书为朴学”条	1	指出“朴学”出处
			“此家人言耳”“齐学者颇能言尚书”	2	指出注释错误
			“司空城旦书”“此廪廪庶几德让君子之遗风”条	2	解释古文词意
			“禹为人廉裾”条	1	评品历史人物
	1929. 2. 19	510~514	“通往就狱”“股弁”条	2	古文释今义
			“虽子贡冉有通艺”“吾闻岷山之下”“自与杀身成名”“軥牛”“旦夕上下”五条	5	解释古文词意
			“子贷金钱千贯”	1	指出今词出处
	1929. 2. 20	514~517	“主臣”“孤偾之君”“至制易姓”条	3	比较，判断此句注释正误
			“天下莫不咸嘉使汉与匈奴为邻敌之国”	1	句读
	1929. 2. 21	517~520	“令吾太子为质”“金留犂”“衔尾相随”条	3	指出注释对错
			“其颇不得失”	1	句读
			“介弟兵就舍”“汉使西域者益得职”条	2	解释古文词意
			“南越桂林监有居翁”条	1	“居姓”首见史书
			“饮器”条	1	读书新发现
			“乌孙昆莫本名猎骄靡”条	1	以史证实

续表

书名	时间	页码	引文	条数	备注
《汉书》	1929. 2. 23	523~525	“莽孙宗刻印三”条	1	指出书错误
			“莽立载行势”“不保中室”条	2	指出注释错误
			“王况所作谶”条	1	分析历史事实
	1929. 2. 24	526~527	“定计于鲜”条	1	古文释新意
			“入市斗变”条	1	解释古文义
	1929. 2. 27	529	“壹笑相乐”条	1	指出注释错误
	1929. 3. 30	541~542	“汉书李寻传”条	1	“纬”出处
	1931. 7. 20	724	“卒述陶唐以来”条	1	再次引，与章太炎讨论
			“类祃厥宗”条	1	解释古文义
	1932. 11. 26	851	“遮钩营之道”条	1	解释古文义
《后汉书》	1929. 2. 24	526~527	“其命郡国有谷者给禀高”条	1	指出黄焯断句错误
			“冒彨之类”条	1	古文释今义
			“元熹二年”条	1	记录出处
			“长安中谣”条	1	指出错误
			“庶无负子之责”条	1	解释古文义
			“老子不率宗族”条	1	记录出处
			“装直进楼船冒突”条	1	古文今指
	1929. 3. 5	531	“维汜称神”条	1	
	1929. 3. 10	532~533	“嫚子反于彭城兮”条	1	指出错误
			“周先姑氏”条	1	正音
			“将为巢”条	1	指出注释错误
	1929. 3. 14	535	“张仲在周”条	1	钞录模糊处
			“何汤为桓荣去妻”条	1	引古书鉴现实

续表

书名	时间	页码	引文	条数	备注
《后汉书》	1929. 4. 11	541	“流目俯乎衡阿兮”条	1	记录出处
			“汤蠲体以祷祈兮”条	1	读书新发现
	1929. 7. 5	556~557	“冲中五里蛮”条	1	正音
	1930. 10. 18	675~676	“诸郎多文俗吏”条	1	对比
《三国志》	1922. 11. 15	268	“迁魏郡太守时”条	1	对比
	1929. 1. 31	419~420	“易之为书”条	1	钞录钟会赞王弼注易
	1932. 10. 17	842	“谏喻未尝切愕”条	1	学习古人说理方法
	1934. 4. 22	982	“至于贵州养生之具”条	1	
《晋书》	1933. 3. 5	876	“晋梁孝王肜以单衣”条	1	
《宋书》	1932. 6. 15	812	“亡命马大玄”条	1	
	1932. 7. 25	821	“为萧道成弑宋后废帝者”条	1	
《南齐书》	1922. 10. 18	242	“百年亦何可得”条	1	考证“东西”
《梁书》	1933. 3. 1	875	“凡圣可讲之书”条	1	钞录梁时有关《周官》的资料
《魏书》	1932. 8. 10	826	“石铭刊史”条	1	对魏石铭刊史不存表示可惜
《南史》	1933. 3. 6	876~877	“齐狗儿之役”条	1	
	1935. 3. 14	1059~1060	“颜延之性既偏激”条	1	记录颜延之性格
《隋书》	1922. 9. 29	210~213	“张骘假伪之辞”条	2(《隋书》1条，《三国志》1条)	考证“张骘”

续表

书名	时间	页码	引文	条数	备注
《新唐书》	1928.9.5	441~442	“顾少连夷仲吴人”“大隐洞”“李德裕罕接士”“与陈归同对”“沈约年八十”“猱子劝吾食饱”六条	6	
	1928.9.7	442~444	“孔巢父从子戣”“孔巢父从子戡”“穆宁”等十七条	17	记录下这些人特殊事迹
	1928.9.8	445~446	“归崇敬”“子登”“登子融”“孙盈孙”“王彦威”等十五条	15	记录这些人特殊事迹
	1928.10.7	377	“汉刘向论朋党”条		评价古人
《宋史》	1928.10.5	376~377	“何子恭凡所读书”条	1	学古人学习法
	1933.6.16	905~906	“比年诸道多水旱”	1	
《明史》	1931.12.6	757	“王时槐”条	1	考证章太炎书信中的王时槐
	1934.4.28	983	“宋初御史入台”条	1	
	1934.5.13	987	“章德懋为学恪守先儒训”条	1	
《清史》	1933.3.7	877	“时准噶尔役未竟”条	5	记录清初对边境的用兵
	1933.4.30	894	“纽欢台吉武笃本贝子佛”条	5	记录清朝的吉礼，并鄙夷
	1933.6.24	908	“自光绪初定制”条	1	记录出处
	1934.3.5	969	“光平之篡”条	1	记录可笑事
			“惟冯子材镇南关之捷”条	1	赞冯子材

续表

书名	时间	页码	引文	条数	备注
《清史》	1934. 6. 24	998	李慈铭可谓山人而擅主爵之权	1	批评李慈铭
	1934. 7. 26	1005~1006	“蔆汁污衣”条	1	指出错误
	1934. 9. 13	1020~1021	“冯铨之赐婚满洲”等三条	3	记录可笑事
	1935. 7. 7	1087	戴敦元金溪	1	记录异事
编年类					
《资治通鉴外纪》	1934. 6. 20	996~997	“闾巷贱隶”条	1	品评古人
			“德不纯而福禄并至”条	1	记录相同部分
			“世不与善”条	1	修身养性
《续资治通鉴》	1933. 7. 15	911	“宋仁宗庆历五年”条	1	
	1933. 8. 3	915	“盗入邻家不能救”条	1	
	1933. 8. 24	919~920	“张钧为金虏完颜亶作罪己诏”条	1	不可侍夷狄
	1933. 8. 29	920	“今天下譬如中人之家”条	1	
	1933. 9. 5	921~922	“完颜亮南侵略至和州”条	1	
	1933. 10. 14	930	“宋宁宗庆元三年闰年甲午”条	1	记录伪学之忧
	1933. 10. 19	932	“贼胜则民皆为贼”条	1	
	1933. 11. 2	936	“元顺帝时”条	1	
	1933. 11. 12	938	“所谓真刚者”条	1	
	1933. 11. 19	940~941	“居此之时”“孔子为万世王者师”条	2	

续表

书名	时间	页码	引文	条数	备注
《续资治通鉴》	1933.11.25	942	“蒙古汪惟正悬灯”条	1	古文今指
			“清心、寡欲、崇简”条	1	修身养性
	1933.11.30	943	“禄耳可以钓天下之中才”条	1	
《明通鉴》	1934.5.27	990	“努尔哈赤始起”条	1	记录清第一次进攻明朝时间
《明史纪事本末》	1934.5.29	990~991	“杨绍程阻倭封贡”条	1	对比，痛恨同治癸酉订约
别　史　类					
《国语》	1934.6.17	996	“臣委质于敌之鼓”条	1	引古讽今，讥笑罗振玉等
传　记　类					
《明儒学案》	1931.12.19	760	“焚大鉴衣”条	1	
载　记　类					
《越绝书》	1931.4.26	700~701	“神农赫胥之时”条	1	
《马氏南唐书》	1934.5.11	986	“彭利用掉书袋”条	1	记录书中好笑之事
《陆氏南唐书》	1934.5.8	985	“陆书中有陈起传”条	1	记录蕲春人第一次载入历史
地　理　类					
《水经注》	1921.12.12	38	“观鸡水东有寺”条	3(《水经注》《旧唐书》《汉书》各1条)	考证“炕”
	1928.12.26	406~407	“白楸树之棺”条	1	记录异事
《深州风土记》	1922.1.15	51~53	“洪武二年”条	1	钞录明奏章，钞不理解处
《观光游记》	1933.11.23	942	“小人好谈当世”条	1	赞冈千仞见识

续表

书名	时间	页码	引文	条数	备注
史评类					
《史通通释》	1929. 2. 11	489～490	“续以金行版荡”条	1	探讨对先代帝王称呼
			“亦有姓氏本复”	1	探讨姓氏称呼
《史通通释》	1929. 2. 12	490～492	“战国以前”“设使丘明重出”“应以一言蔽之者”三条	3	探讨记史语言繁简
			“必谓遭彼腐刑”条	1	指出浦起龙注释错误
	1929. 2. 13	492～493	“自班、马以来”条	1	史书不公正性
			“施于本国”条	1	借古批评章学诚等人
	1929. 2. 14	493～496	“史通三亡篇仅见内篇目录之末”“固集复有难左氏九条三评等”条	2	读书新发现
			“夫以传自委巷”“斯皆不因真律”二条	2	指出错误
			“採访家人”	1	学做学问法
			“使世人习春秋”条	1	记录疑问处
	1929. 2. 15	496～497	“征褰与襦”条	1	指出浦起龙错误
			“又观世之学者”条	1	学做学问法
	1932. 10. 25	844	“夫十室之邑”条	1	
	1934. 4. 9	978	“蜀志载王崇补东观”条	1	记录疑问处

三、引“子部”文献条理

由表三可知，《日记》除去基本钞录的《太玄集》前四章外，引子部文献凡70条①，具体所引书目及条数作如下分析：儒家类共6条，其中《法言》2条，《孟子》《荀子》《申鉴》《孟子外书》各1条；法家类共11条，其中《管子》9条，《韩非子》2条；艺术类共10条，其中《法书要录》4条，《广川画跋》1条，《广川书跋》3条，《书史》2条；谱录类共1条，即《茶经》1条；杂家类共16条，其中《吕氏春秋》3条，《淮南鸿烈》2条；《白虎通》《刘子》各1条，《东观余论》1条，《懒真子》2条；类书类共21条，其中《艺文类聚》4条，《太平御览》17条；小说及小说家类共3条，其中《裴启语林》《酉阳杂俎》《太平广记》各1条；道家类共2条，即《庄子》2条。《日记》所引子部文献中，《太平御览》《东观余论》《管子》居于引书前三位。

表三 **《日记》引子部文献条目**

书名	时间	页码	引文	条数	备注
儒　家　类					
《孟子》	1931. 4. 13	696	“充类至义至尽”条	1	借鉴当世
《荀子》	1931. 2. 24	684～685	“荀子天论篇”条	1	
《太玄集》			钞录前四卷重点部分		钞难理解部分
《法言》	1922. 2. 21	122～123	“灵场之威，宜夜矣乎”条	1	引文赞美《学衡》杂志
	1933. 12. 27	949	“言不能达其心”条	1	感谈教学之难
《申鉴》	1922. 10. 12	230	“辞达而已矣”条	1	补充《文心雕龙》的部分
《孟子外书》	1928. 10. 15	381	“山高而水流”条	1	指伪

① 包括表四中涉及《庄子》1条。

续表

书名	时间	页码	引文	条数	备注
法　　家					
《管子》	1922. 3. 31	126～127	“定心在中”条	7	修身养性
	1931. 2. 24	684～685	“千里之路”条	1	
	1933. 3. 16	880	“辽东”条	1	考证“辽东”出处
《韩非子》	1931. 2. 25	685	“韩非子外储”条	1	解释古文义思
	1933. 4. 9	887～888	“数变业者无成功”条	1	自诫，专一
艺　术　类					
《法书要录》	1934. 1. 21	957～958	“张芝始作一笔飞白书”条	1	钞开始者
			“勿欺数行”等三条	3	
《广川画跋》	1934. 1. 13	951～952	“书锁树谏图”条	1	深明夷夏之辨
《广川书跋》	1934. 1. 17	953～594	“仓颉作大篆”条	1	广川书跋石鼓文条亦引
			“三代书名”条	1	尊古文而薄秦篆的记录
	1934. 1. 19	954～957	“王右军作书”条	1	钞趣闻
《书史》	1934. 1. 19	954～957	“本朝太宗时”条	1	
			“荆公学杨景度”条	1	钞趣闻
谱　录　类					
《茶经》	1928. 5. 29	296～297	“飞廉藿菌□荈诧”条	1	古文今指
杂　家　类					
《吕氏春秋》	1930. 4. 6	631～632	“奚仲作车”“勿躬篇”条	2	此文当皆出世本
	1930. 4. 19	636	“具备篇”条	1	古人于书亦求其工善

续表

书名	时间	页码	引文	条数	备注
《淮南鸿烈》	1929. 8. 28	569	“圣人之处治世”条	1	由秋雨想句合景致
	1930. 5. 17	645	“钟律上下相生”条	1	解释古文义
《白虎通》	1922. 4. 22	153	“于臣民亦得以甲乙生名子”条	1	钞矛盾处
《刘子》	1929. 3. 1	529~530	钞录卷三《审名》全文		钞录佳文
《东观余论》	1934. 1. 19	954~957	“政和初”条	1	出土章草
			“永初二年六年丁末朔”条	1	出土文书
			“飞白全用隶法”条	1	论飞白法
			“流俗言作书皆欲悬腕而聚指管端”条	1	论写书法姿势
			“后魏北齐人书”条	1	
			“始观张旭所书千字文”条	1	钞《论张长史书》全文
			“僧书多蔬茹气”条	1	
			“政和六年冬”条	1	
			“朱方鹤铭石顽难刊”条	1	
《懒真子》	1922. 9. 15	172~174	“成汤既没”条	1	赞赏古人见解
	1922. 9. 16	174~176	“古今之语大都相同”条	1	解释古文中俗语
类　书　类					
《艺文类聚》	1929. 3. 17	535~536	“乃观乃详”“泰康二年”	2	钞录奇灯
			“李斯击节长歌”条	1	记不理解处
			“驾兰单之疲牛”年	1	

续表

书名	时间	页码	引文	条数	备注
《太平御览》	1928.6.20	314~315	“余同时佐郎官有梁子初”	1	博闻强记是两回事
	1928.6.29	321~324	“如意条”条	9	考证如意
			“文信者”条	1	钞可笑事
	1929.1.12	412~413	“新妇荀氏所生女”条	1	钞不懂处
	1932.10.29	845	“屈中挟一而起者为史”条	1	
	1932.11.3	846	“上令传言”条	1	指出书中错误
	1932.11.19	849	“在金石曰坚”条	1	
	1933.2.24	874	“情由意生，意息则无情”条	1	
	1933.3.4	876	“向来全无菹脤”条	1	
小说及小说家类					
《裴启语林》	1933.3.4	876	“谢万就安”条	1	
《酉阳杂俎》	1933.4.7	886~887	“鬣是鯅”条	1	古文今指
《太平广记》	1928.9.2	365	“甚么”条	1	古文释今义
道　家　类					
《庄子》	1928.6.29	321~324	“儒以诗礼发冢”条	1	批评罗振玉等人考古
	1931.8.17	732	“以富贵为是者”条	1	

四、引“集部”文献条理

由表四可见，《日记》所引集部文献凡94条，所引书目及条数具体分析如下：别集类共28条，其中陶渊明诗3条，《钱注杜诗》1条，《樊南文补编》5条，韦庄词1条，冯延巳词1条，王安石诗3条，苏轼诗1条，

《山谷集注》1 条，《东莱诗集》2 条，陆游诗 3 条，《叠山集》1 条，《稼轩词》2 条，周密词 1 条，《张太岳文集》1 条，王士祯 1 条，《复堂类集》1 条；总集类 63 条，其中《文选》9 条，《唐文粹》2 条，《唐文粹补遗》2 条，《绝妙好词》12 条，《朝野新声》1 条，《宋六十名家词》9 条，《宋诗纪事》14 条，《全唐诗》5 条，《宋诗略》2 条，《元诗选》1 条，《全上古三代秦汉三国六朝文》2 条，《宋诗钞》1 条，《全唐文》3 条；诗文评类共 3 条，《文心雕龙》3 条。《日记》所引集部文献中，《宋诗纪事》《绝妙好词》《宋六十名家词》居于引书前三位。

表四 **《日记》引集部文献条目**

书名	时间	页码	引文	条数	备注
别集类					
陶渊明诗	1929. 2. 18	505~510	“驷马无贳患”条	1	解释古文义
	1930. 6. 13	651	“苍苍谷中树”“蔼蔼堂前林”条	2	排遣感情
《钱注杜诗》	1922. 1. 30	70	“鸡虫得失无了时，注目寒江倚山阁”条	1	告诫自己
《樊南文补编》	1934. 2. 15	963	“夫专于雷同”条	1	引古文告诫自己
	1934. 2. 16	963~964	“虽国家远敦上册”条	1	引文应对现实
	1934. 2. 18	964~965	“况自元和以后”条	1	记录佳文
	1934. 2. 21	965	“君平至死未出灵关”条	1	古文解释
	1934. 1. 19	954~957	“晓用云添句”条	2(《樊南文补编》《文心雕龙》)	钞佳文
韦庄词	1928. 7. 9	332	“懊恼泽家非有恨”条	1	记录文学创作特别用法

续表

书名	时间	页码	引文	条数	备注
冯延巳词	1933.5.22	900	“不知今夜月眉弯”条	1	为国事悲愤
王安石诗	1932.9.18	836	“千蹊百隧散林丘”条	1	佩服古人识度
	1933.4.6	886	“训释虽工君尚少”条	1	批评当时
	1934.4.14	980	“默默长年有所思”条	1	
苏轼诗	1922.1.30	69	“一朵妖红翠欲流”条	1	评论以乡语入诗
《山谷集注》	1934.3.22	972~973	“以俗为雅”条	1	雅俗问题
《东莱诗集》	1934.4.7	977	“主人调醋盐”“卖钱与屠宰”两条	2	
陆游诗	1931.8.27	734	“且令闲说乡村事”条	1	总结处世学问
	1931.9.3	736	“儿童冬学闹比邻”条	1	羡慕古教师
	1933.12.13	945	“四十余年学养生”条	1	养身
《叠山集》	1934.2.26	967	钞录《与李养吾书》全文	1	
《稼轩词》	1922.4.10	143	“稼轩词临江仙为为岳母寿”条	1	俗文入词
	1929.2.11	489~490	“辛弃疾稼轩词四西江遣兴云”条	1	俗语入词
周密词	1929.1.16	414	“余与子皆人间人”条	1	王国维《人间词》名字来历
《张太岳文集》	1933.3.13	878~879	钞录《答胡剑西太史》后半部分	1	有关易经论述
王士祯	1928.8.26	361~362	“莫逐刀圭误后贤”条	1	指出此句错误
《复堂类集》	1932.9.19	836	“全椒薛淮生年”条	1	钞下与其父相关内容

续表

书名	时间	页码	引文	条数	备注
总集类					
《文选》	1922. 11. 15	268	“鲜生民之晦在”条	1	解释古文义
	1927. 11. 24	272	“王其爱玉体”条	1	养身
			“筑归来之悲台”条	1	形容内心悲伤
	1928. 6. 14	308～309	“纷纷扰扰”条	1	为国事担忧
	1928. 9. 10	471	“文欀桢榲”条	1	古文今指
	1928. 9. 17	472	“盖君子审己以度人”条	1	过去疑惑解开
	1930. 5. 23	646～647	“青编落简”条	4(《文选》1,《汉书》2,《广弘明集》1)	考证目录
	1931. 7. 22	725	“不出户而知天下”条	1	过去疑惑今解开
	1935. 8. 9	1096	“驰烟驿路”条	2(《文选》《全唐文》)	指出错误
《唐文粹》	1934. 9. 20	1023	“溺孙兴公于后湖之中”条	1	记下不解处
	1934. 11. 23	1036～1037	“自张孟将驳行三年之服制议始”条	1	
《唐文粹补遗》	1934. 8. 27	1014～1015	“刘太真送萧颖士赴东府序”条	1	
	1934. 9. 1	1016	“李戡墓志铭”条	1	雅文流入民间变俗
《绝妙好词》	1922. 3. 22	123～124	“宋词用字盖有三例”条	12	总结宋词用字特点
《朝野新声》	1922. 10. 2	216～217	“沉鱼落雁”条(《朝野新声》《全唐诗》《庄子》)	3	考证“沉鱼落雁”

续表

书名	时间	页码	引文	条数	备注
《宋六十名家词》	1922. 4. 22	152～153	“其深至曲折处”	1	指出毛晋对蒋捷词评价失真
			“贺新郎秋晓”条	8	总结蒋捷词特点
《全唐诗》	1928. 9. 8	471	“桥寒金雁落”条	1	以桥入诗
	1928. 10. 5	473	“赠道士李荣诗”条	1	古文释今义
	1934. 3. 28	974	“忽闻梅福来相访”条	2	钞胡令能诗
《元诗选》	1928. 8. 30	468	“吴渊颖有岭南宜濛子解渴水歌”条	1	古文今指
《宋诗略》	1922. 9. 14	171～172	钞录林敏功、林敏修全部内容	2	钞蕲春人内容
《全上古三代秦汉三国六朝文》	1928. 6. 28	320～321	“予致世议”条	1	引文以抒发自己当时感情
	1928. 6. 29	321～324	“遥望其人”条	1	钞录下佳文
《宋诗钞补》	1928. 9. 2	365	“隐居谣”条	1	读书新发现
《全唐文》	1927. 11. 24	238	“上池州李使君书”条	1	高度评价郑玄之注
	1928. 9. 27	473	“韩愈答张籍书”条	1	钞古人观点
	1934. 9. 15	1021	“自契丹背恩”条		
诗文评类					
《文心雕龙》	1922. 10. 12	230	“枚皋以为赋俳见视如倡”条	1	钞录下论雅俗问题
	1930. 4. 22	638	“才高者菀其鸿裁”条	1	读古本知文义
《宋诗纪事》	1922. 9. 18	178～183	钞录林敏功、林敏修、夏倪全部内容	14	钞蕲春人的内容

由笔者对《日记》全面整理可知，全书涉及书籍1000余种，直接引用文献囊括经、史、子、集四部者，凡106种，642处，另抄录清翟灏《通俗编》全部内容、汉扬雄《太玄集》前四章主要内容。这些引文集中反映了黄

侃的思想观念、治学理念及俗文观念。

第二节　《黄侃日记》引书反映的思想观念

黄侃是一位风流名士，他的学者性情、逸闻趣事在坊间流播，而他的真性情、真思想在《日记》得到深刻体现。

一、深切的家国之情

黄侃十八岁开始自觉接受民主思想，进而积极走上反封建革命道路，其爱国思想可想而知①。就《日记》而言，黄侃的爱国思想具有以下三个方面的特点。

1. 关注时局，终生不改

首先，黄侃时刻关注国家时局。1914 年，黄侃见新政府内忧外困，政府黑暗，无奈离开政界一心做学问，但从未忘记国事，其爱国思想在《日记》中多有体现。黄侃常在一天日记末尾加上时事记载，有时读书也会引文以感慨时事。全书涉及对时局忧虑的引文有七条：1922 年 1 月 1 日元旦，新年伊始，黄侃引六祝条，希望国家风调雨顺、粮食丰收，百姓安居乐业，富足健康，战火平息②，对国家、人民寄以美好希望；1933 年 5 月 22 日，黄侃从朋友那里听说了中国向日本割地求和之事，当即引写“不知今夜月眉弯，谁佩同心双结依栏杆”句，并且说“城下之盟，有以国毙，不能从也”③，想象着日本人得地后期国人欢欣鼓舞的场面，内心充满了愤怒；1933 年 10 月 10 日为中华民国国庆日，举国欢庆，黄侃“晨诵《沔水》之诗，凄然泣下”，认为国家仍在难中，不应庆祝④……

① 柳作林：《国学大师黄侃的传奇人生》，《书屋》，2013 年第 8 期。
② 黄侃著，黄延祖重辑：《黄侃日记》，中华书局 2007 年版，第 42 页。
③ 黄侃著，黄延祖重辑：《黄侃日记》，中华书局 2007 年版，第 900 页。
④ 黄侃著，黄延祖重辑：《黄侃日记》，中华书局 2007 年版，第 929 页。

其次，黄侃一生以兴国救民为务①。黄侃生活在我国内忧外患、风雨飘摇之时，不到二十岁就积极参加反清资产阶级民族民主革命运动，为革命奔走呼号。1912 年中华民国建立后，就积极参加国家活动，即使 1914 年弃政从学后，他仍然关心国家大事，对国民党的腐败、军阀混战等现状都给予尖锐抨击，尤其痛心疾首于日本帝国主义之侵略。闻“九一八”后，黄侃立即拍案而起，作《勉国人歌》，劝勉四亿中国同胞应当联合起来反抗日本侵略②。此后，黄侃每与师友、亲朋谈话，都不忘国事，敦促学生时时处处应当以国家民族之事为念③。爱国思想，贯穿其一生，即使在去世前夕他仍念念不忘国事。据其妻黄菊英女士回忆，黄侃临终前仍问其子女：“河北近况如何？”最后叹息道：“难道国事果真到了不可为的地步了吗？”④黄侃弥留之际，不忘国事如此，其拳拳爱国之情可得而知。

2. 排满斥夷，贯穿学术

首先，黄侃常在《日记》中常发泄排满情绪，嘲笑满清遗老。1907 至 1914 年间，黄侃一直在从事推翻清政府的活动，因而在其思想上极其排满⑤。甚至对历史上的少数民族政权也十分厌恶，称呼少数民族政权为夷狄⑥，对辽、金、元政权十分不屑，对满族建立的清王朝更是愤怒。这在他《日记》里有明显体现，黄侃在读《清史》《明通鉴》《明史纪事本末》时，有关清朝的间接引文很多，但对清朝的称呼均为满夷、建夷⑦，对清政府充满了鄙夷之情，认为清政府是造成中国当前内忧外困、遭人欺凌的根本

① 卞晓萱：《读〈黄侃日记〉》，《南京师范大学文学院学报》2004 年第 4 期。

② 程千帆、唐文：《量守庐学记》，生活 · 读书 · 新知三联书店 2006 年版，第 136 页。

③ 程千帆、唐文：《量守庐学记》，生活 · 读书 · 新知三联书店 2006 年版，第 136 页。

④ 张晖：《量守庐学记续编》，生活 · 读书 · 新知三联书店 2006 年版，第 18 页。

⑤ 程千帆、唐文：《量守庐学记》，生活 · 读书 · 新知三联书店 1985 年版，第 11 页。

⑥ 黄侃著，黄延祖重辑：《黄侃日记》，中华书局 2007 年版，第 920 页。

⑦ 黄侃著，黄延祖重辑：《黄侃日记》，中华书局 2007 年版，第 92 页。

原因①，所以对那些站在清政府立场、帮清政府说话的人，黄侃一律抨击批评。1934 年 6 月 17 日，黄侃引《国语》“臣委质于敌之鼓，未委质于晋之鼓”句嘲笑自以为清遗臣的郑孝胥、罗振玉。②

其次，学术研究中黄侃也不忘表达其排满斥夷之情。1932 年至 1933 年，黄侃据所买张源旧钞本《日知录》与通行刻本进行校对，认为通行本删去了原稿中的《胡服》《素夷狄行乎夷狄》两条，且窜入了《皇明》《我朝》等条。因而，黄侃作《日知录校记》中称赞顾炎武“思故国、尊中夏之心”③，认为顾炎武有尊华夏、思念明正统政权之心。后来，章太炎为黄侃《日知录校记》写序，序末不署年月，而言“于时戎祸纷拏，倭为溥仪蹂热河之岁”④，表达自己对国家的热爱和对时局的忧虑。黄侃则在章师序后题曰：“虏清虽覆，何国暇隙者何时蔑有……所以待之者，亦仍用少年之心而已矣。”⑤

3. 乡音乡贤，情系故乡

黄侃六岁由四川返回故乡蕲春，十八岁离开故乡，此后很少在家乡逗留，但其故乡之情从未改变。《日记》中涉及蕲州的引文有 43 条，约占全部引文的 6%。此内容在黄侃引书中所占比列并不大，但钞录十分仔细，尤其是故乡人物、事物积累，具体分为下三类：

首先，关注其父。在读书中有提到其父黄云鹄的地方，黄侃都会详加记录。黄侃十三岁失父，对其父生前之事了解甚少，但常读其父著述，也注意其父交友情况。在读谭献的《复堂类集》过程中，他发现其父与王茂荫、史耕耘、何秋涛相友善，记录下以了解父亲的师友渊源。⑥

其次，关注乡贤。黄侃对蕲州在历史上留名的人物很重视，并加以记

① 黄侃著，黄延祖重辑：《黄侃日记》，中华书局 2007 年版，第 883 页。
② 黄侃著，黄延祖重辑：《黄侃日记》，中华书局 2007 年版，第 996 页。
③ 卞晓萱：《读〈黄侃日记〉》，《南京师范大学文学院学报》2004 年第 4 期。
④ 章炳麟：《太炎文录续编》，上海人民出版社 2014 年版，第 236 页。
⑤ 黄侃著，黄延祖重辑：《黄侃日记》，中华书局 2007 年版，第 456 页。
⑥ 黄侃著，黄延祖重辑：《黄侃日记》，中华书局 2007 年版，第 836 页。

录。有关蕲春人物的引书，凡十七条，涉及五人，南唐时的陈起，宋朝诗人林敏功、林敏修及夏倪。陈起为蕲春第一个在历史上留名之人，因而黄侃在1934年5月8日的日记中给予记载。① 对宋朝蕲春诗人也是十分重视，钞录《宋诗纪事》卷三十三中所有关于林敏功、林敏修兄弟和夏倪的信息：关于林敏修介绍一条，诗两首；夏倪介绍一条，诗四首，外加一句；林敏功介绍一条，诗三首，外加一句，凡十六条。他将蕲春乡贤作品详细记录下来为后人研究蕲春文人提供了方便。

其三，重视乡音。黄侃读书过程中，很多时候用蕲春之言、蕲春之物去释古文。如《汉书·张汤传》"乾没与长安富贾田甲鱼翁叔之属交私"中"乾没"，释为不计成败而为之，今吾乡人言人妄行不择者，曰"泥裹一脚水裹一脚"，又曰："干一脚湿一脚"。《诗经》曰："彼汾沮茹，言采其莫"，黄侃则认为"莫"为蕲州的米荠。《汉书·司马相如传》："双鸧下"，黄侃通过颜师古的解释，认为"鸧"为蕲春的"割赖"鸟。他用这种蕲春方言解释经典的方法为后人解释经典提供了新思路。

二、坚定的保存国粹之志

黄侃在学术上是以经学、小学闻名。其实在思想上，黄侃是站在爱国的高度的层面上进行的小学、经学研究，因而他对国学的研究、传承具有了维系中华民族文化的积极意义。为了昌明国粹，黄侃精勤刻苦，尊师爱生，积极推进国学的学习、传播。

1. 爱国护种，力保国粹

首先，保存中国传统学术文化是维护中华民族生存发展的根本。黄侃认为保存了传统学术中华民族才有发展之可能，这是1914年黄侃远离政治全身心投入学术研究的原因之一。其婿潘重规在《黄季刚先生遗书影印记》中说："(黄侃)亲见革命之成，实由民气，民气发扬，实赖数千年汉学术典柯不绝，历代圣哲，贤豪精神流注，俾人心不死，文字不灭，种姓不

① 黄侃著，黄延祖重辑：《黄侃日记》，中华书局2007年版，第985页。

亡，是以国祚屡斩而不殊，民族屡危而复安。”①黄侃认为：革命成功与否与民气密切相关，民气又与中国几千年来先贤积累下来的精神财富相关，因而将载有中国先贤精神财富的学术典籍发扬光大才是爱国护种根本。

其次，在中国内忧外患之际，传承传统学术是我国人民自救救人的方法。黄侃曾在课堂中与其生曰：“余于中国学术，犹蜂腰也，其屑微已甚，然不可断。断，学术其亡乎！”②基于此认识，在新旧文化交替的历史转折点上，黄侃严守旧说，力保国粹，坚决站在新文化运动的反面。但他与封建文化殉道者不同，其保存国粹目的是爱国护种，特别是日本入侵中国后，黄侃更是以治国学来保存中华民族的种族。他认为，现今国家的当务之急是维护领土完整，现今学术的当务之急是保全中国学术本来的面目。中国人民自救及救人之法有两条：“刻苦为人，殷勤传学”③。他认为，研究中国学术的目的不是单纯作学问，也不可为作学问而作研究，而是要为亿万中国人民的长远利益作打算，④ 因而他不在乎别人骂他守旧，刻苦学习传播国学以保存国粹。黄侃高足陆宗达曾说，黄侃是“因为热爱自己的祖国，从而十分热爱祖国优秀的文化遗产”⑤。

2. 精勤刻苦，孜孜不倦

为了救亡存种，黄侃学习极为精勤刻苦，曾与黄焯言：“汝见有辛勤治学如我者否？人言我天资高，徒恃天资无益也！”⑥其妻黄菊英言，黄侃

① 程千帆、唐文：《量守庐学记》，生活·读书·新知三联书店 2006 年版，第 33 页。

② 湖北省人民政府文史研究馆：《黄季刚先生逝世五十周年诞生一百周年纪念集》，华中师范大学出版社 1993 年版，第 8 页。

③ 程千帆、唐文：《量守庐学记》，生活·读书·新知三联书店 2006 年版，第 39 页。

④ 程千帆、唐文：《量守庐学记》，生活·读书·新知三联书店 2006 年版，第 39 页。

⑤ 湖北省人民政府文史研究馆：《黄季刚先生逝世五十周年诞生一百周年纪念集》，华中师范大学出版社 1993 年版，第 8 页。

⑥ 程千帆、唐文：《量守庐学记》，生活·读书·新知三联书店 2006 年版，第 37 页。

每日清晨五点开始看书，“从不间断，晚上坚持写日记、做札记，直至十一二点。”①这些话语绝非夸大，在《日记》中常有读书至深夜、通宵达旦之记载，且基本每天日记都有读书记录，即使大年除夕也不例外。如1922年1月27日，此日为除夕，黄侃仍旧对灯读书至初一早上，彻夜无眠。② 正是黄侃的这种刻苦精神，才使得其一生圈点之书数量巨大。黄焯曾言，黄侃读书应该说数以千计，经、史、子、集无所不包，仅以《清史稿》《四库全书总目提要》为例，两书卷数就达七百多卷。③ 也正是因为黄侃所读、所圈之书众多，所以他可以背诵许多书，除《说文》《文选》外，《汉书》《杜工部集》《李义山全集》基本可以朗朗上口。④ 由此可见，黄侃读书之勤、之博、之精，让我们难以望其项背。

3. 尊师重道，关爱学生

黄侃因对国粹之重视，因而对国学大师十分敬重，突出表现在侍奉章太炎、刘师培二师上面。1906年开始，黄侃跟随章师学习，二十多年间对章师十分恭敬，执弟子之礼不变。尤其是章师被袁世凯幽禁北京时，黄侃也至北京强烈要求与章师同入狱，入狱后与章师一室，朝夕请益。⑤ 在师事刘师培上，也充分体现了黄侃的尊师精神。刘师培与黄侃年龄相近，但刘师培经学造诣较高，黄侃便不以年龄为念坚持拜刘师培为师。然刘师培早年曾参加资产阶级革命运动，不久便投靠端方，反对革命，拥护袁世凯称帝。黄侃坚决斥责刘师培的反革命行为。刘师培劝学者入职袁世凯政府，语及半，黄侃曰：“如是，请先生一身任之！”随后就离开现场，其他学者见状纷纷随黄侃离开。⑥ 虽在政治上斥责刘师培，但对刘弟子之礼不

---

① 张晖：《量守庐学记续编》，生活·读书·新知三联书店2006年版，第16页。

② 黄侃著，黄延祖重辑：《黄侃日记》，中华书局2007年版，第65页。

③ 程千帆、唐文：《量守庐学记》，生活·读书·新知三联书店2006年版，第30页。

④ 程千帆、唐文：《量守庐学记》，生活·读书·新知三联书店2006年版，第30页。

⑤ 司马朝军、王文晖：《黄侃年谱》，湖北人民出版社2005年版，第20页。

⑥ 司马朝军、王文晖：《黄侃年谱》，湖北人民出版社2005年版，第20。

变。1919年刘病危，黄侃毅然往执称弟子，刘去世后，黄侃写了《先师刘君小祥奠文》《刘先生挽诗》等一系列悼念诗文，终其一生称刘师培为师。① 以上，足见黄侃尊师重道之诚意。

在尊师同时，黄侃对有志于学术的青年多加提拔，常常赠诗鼓励学生，对殷孟伦、陆宗达、潘重规、刘太希等人都有赠诗，字里行间流露出了一片关怀爱生之情。黄侃在学问上育人，在生活上与学生关系也十分要好，常与学生同游览、互唱和。在黄侃细心教导下，形成了以陆宗达、黄焯、潘重规、程千帆、徐复等在内的"黄门侍郎"学术圈。在黄侃去世后，其学生无不感念师恩，将黄侃的人格学风发扬光大，形成了"章黄学派"。由此可见，"章黄学派"的形成与黄侃尊师重道、关爱学生密切相关。

三、全面的养身修性之好

坊间流传，黄侃是一个生活随性放达、狂放不羁②之人，有魏晋名士风范、不重修养身心之人，然《日记》中记载了许多有关修身养性内容，可在实际中又常不遵守，常常违反。

(一)理论上，养身修性的全面性

黄侃在《日记》中记载了许多保养身体，修养性情的内容。此内容引文凡27条，约占整个引文的4%。

1. 修养身体

黄侃自幼体弱多病，因而在读书时较为在意养身方面的记载。具体说，他注重的养身包括以下几个方面：内心清正，少欲求，生活节俭，是长寿的本源；爱惜身体应从小时候开始，正如其说"其爱玉体，俱享黄发期"③；不可食生物，即使在暑气蒸人的夏季也不可以；身体羸弱者不可居住在湿处，更不可在天冷时出行，不可从湿处行走，即所谓"体孱不犯寒

① 经盛鸿：《黄侃与刘师培》，《文史杂志》，1992年第5期。

② 陈平原：《"当年游侠人"》，《读书》，1995年第11期。

③ 黄侃著，黄延祖重辑：《黄侃日记》，中华书局2007年版，第272页。

时出，路湿常寻乾处行”①。

2. 养性修心

众所周知，黄侃本人学问好，脾气也很大，尤其是酒后举止狂疏，常常因为小事与他人争执，争执之后又懊恼不已，在日记里反省自己②，写言自诫。黄侃所认为的养性修心包括以下三个方面：

首先，慎言。黄侃酒后的狂言妄语，常会使其得罪很多人，与吴梅绝交很大程度上都是其酒后失言导致③，因此他常告诫自己要戒酒慎言。语言要深思熟虑之后再出口，“将欲发言能豫前思定，然后出口”④，说话时要谦虚谨慎，多听多思，不可将话说全说满，要“多闻阙疑，慎言其余”⑤。与人闲谈，不可谈人是非，将陆游的“且令闲说乡村事，不问渠言是与非”作为自己谈话的座右铭，认为是“俗物言谈之秘诀”。即使自己好意给他人提意见，也应态度和蔼，娓娓道来，由他人已知引导其接受未知，让他人有好心情接受自己意见。因此，黄侃较推崇三国诸葛瑾的说话方式，诸葛瑾进谏孙权“未尝切愕，微见风彩，粗陈指归，如有不合，则舍而之他，徐复托事造端，以物类相求，于是权之意往往而释”⑥。可见，黄侃提倡说话要在谨言基础上给人如沐春风之感。

其次，淡泊。为人处世要不狎戏，将名利之事看淡。狎戏，即为过分亲近与人嬉戏、玩闹，黄侃认为，狎戏可能导致意想不到的官司，因此待人接物要谦恭有礼、进退有度。同时，黄侃还主张将很多名利之事看淡，如 1922 年 1 月 30 日，张孝先来玩，告诉黄侃关于他们学校内部尔虞我诈的斗争，听完后黄侃引杜甫“鸡虫得失无了时，注目寒江倚山阁”诗句，认为这些事情都是鸡啄虫，人缚鸡那样小事，不可太在意。⑦

---

① 黄侃著，黄延祖重辑：《黄侃日记》，中华书局 2007 年版，第 945 页。

② 程章灿：《黄季刚先生与酒》，《文史知识》，2002 年第 6 期。

③ 程章灿：《黄季刚先生与酒》，《文史知识》，2002 年第 6 期。

④ 黄侃著，黄延祖重辑：《黄侃日记》，中华书局 2007 年版，第 801 页。

⑤ 黄侃著，黄延祖重辑：《黄侃日记》，中华书局 2007 年版，第 51 页。

⑥ 黄侃著，黄延祖重辑：《黄侃日记》，中华书局 2007 年版，第 842 页。

⑦ 黄侃著，黄延祖重辑：《黄侃日记》，中华书局 2007 年版，第 70 页。

最后，养心。内心要有所拘束，要安静，不因外物忧喜。黄侃认为“淇则有岸，隰则有泮”，人心要有所约束，否则淇、隰不如。① 这种约束，要让自己不贪酒，不享乐，要习诗、书之道，“乐耽于酒，则有沈酗之凶；志累于乐，则有伤性之患，所以君子乐之美者，莫过于诗、书，习道义”②。在习诗书道义的同时，也要内心安定，止怒去忧，为此黄侃将《管子·内业篇》里有关静心之句钞录下来，时常朗诵。以“允执厥中，惟理所在”作为箴铭读。

(二)实际上，身、性俱损而早逝

黄侃常写应该怎样修身养性，才可长寿，可最终四十九岁溘然长逝，这可在《日记》中找到原因：

1. 性情不定

黄侃是性情中人，周围事对其心情影响甚大。他易怒、多疑多愁的性格对其身体产生了很大的影响。

首先，易怒。黄侃常为了很小的事情发脾气。如 1935 年 7 月 5 日，“午有人叩门甚厉，诘之，言不逊，屏弗纳。”③仅因他人敲门声音过响，黄侃就愤怒批评他人，对其他事情的态度我们可想而知了：学生学习半途而废，他疾言厉色，“痛责其作辍不恒”④；看见有人伪造其师刘师培文章，黄侃便“甚可忿恨也”⑤，难以控制个人的情绪。

其次，多疑多愁。因长期生病，黄侃形成了多愁善感性格，不仅对自己、他人遭际同情感慨，即使听到夜半的秋雨也是内心凄然，难以入睡，1929 年 9 月 24 日记道“半夜醒，闻雨凄然，辗转至曙”⑥。同时，黄侃也是个大孝子，即使父亲去世多年，每逢忌日仍然尚飨为忌，以 1929 年 9 月

① 黄侃著，黄延祖重辑：《黄侃日记》，中华书局 2007 年版，第 934 页。
② 黄侃著，黄延祖重辑：《黄侃日记》，中华书局 2007 年版，第 53 页。
③ 黄侃著，黄延祖重辑：《黄侃日记》，中华书局 2007 年版，第 1087 页。
④ 黄侃著，黄延祖重辑：《黄侃日记》，中华书局 2007 年版，第 1104 页。
⑤ 黄侃著，黄延祖重辑：《黄侃日记》，中华书局 2007 年版，第 1104 页。
⑥ 黄侃著，黄延祖重辑：《黄侃日记》，中华书局 2007 年版，第 577 页。

21日为例，“先府君忌日。自戊戌至今，盈三十一年矣，音容日远，痛哉！痛哉！”①黄侃之父黄云鹄已经去世三十一年，但每逢祭日他仍然悲痛万分，其孝顺如此，多愁善感也如此。

2. 生活习惯不好

纵观《日记》，黄侃的不良嗜好很多，这些严重损害了其身体健康。

首先，暴食暴饮。黄侃对食物十分挑剔，去饭馆酒楼吃完饭后还会对店里的食物评价，如1913年7月25日“食西菜燕园春，极劣”②。《日记》中，黄侃一方面经常哭穷，一方面出入茶楼酒肆之频繁，令人瞠目。以1913年农历6月为例，笔者粗略统计发现黄侃记录宴饮的就达十四次，岷江春、聚贤堂、醉琼林、燕春园等酒楼是其跟他人聚会之地，平均隔一天就会有一次宴会，参加宴会本无甚过错③，但作为性情中人的黄侃常常不知节制，每每饮食无度。农历6月3日，和汪东拜访章太炎后，“同往张园、徐园，还至醉，呕晚餐”④，即可见一斑。

其次，好饮酒。据黄焯说，黄侃“每餐豪饮，半斤为量”⑤，每顿喝酒不少于半斤。黄侃对酒不挑剔，不专认什么牌子，只要有酒即可，能醉就是好酒。程章灿说其“经常喝的酒有米酒、麦酒、茅台之外，葡萄酒、白兰地、德国酒或者其它洋酒，他都来者不拒，兼收并蓄”⑥。《日记》中有关其“醉甚”“大醉”“醉卧”之类的记载，不计其数。根据《日记》分析，尤其是1928年黄侃定居南京以后，饮酒的机会更多，有时与良朋故交畅饮酒肆，有时和亲戚友生饮酒于郊野，有时在家中持螯独饮。黄侃的嗜酒成性，其妻因此无数次跟他吵架⑦，而黄侃不仅不思改正，反而将妻子视为自己的“附疽之痛”。如此长期暴饮暴食，怎能不损害身体？

① 黄侃著，黄延祖重辑：《黄侃日记》，中华书局2007年版，第576页。
② 黄侃著，黄延祖重辑：《黄侃日记》，中华书局2007年版，第6页。
③ 黄侃著，黄延祖重辑：《黄侃日记》，中华书局2007年版，第3~6页。
④ 黄侃著，黄延祖重辑：《黄侃日记》，中华书局2007年版，第3页。
⑤ 黄侃著，黄延祖重辑：《黄侃日记》，中华书局2007年版，第15页。
⑥ 程章灿：《黄季刚先生与酒》，《文史知识》，2002年第2期。
⑦ 黄侃著，黄延祖重辑：《黄侃日记》，中华书局2007年版，第1092页。

然后，喜赌博，好手谈，且每次活动持续时间长。《日志》中，黄侃多次谈到自己喜打牌之事。1922 年 1 月 15 日，黄说自己“日事蒱博而废诵读”①；外出旅游、讲学时晚上常以赌博为消遣，可是在家时晚上也打牌，很多时候赌瘾很深一直持续到深夜。② 黄侃对围棋可以说到了痴迷地步。为了下围棋，黄侃经常和棋友通宵达旦。《日记》中“手谈殊乐”③“手谈至夜”④之类的记载，随处可见。下过围棋的人都知道，这项运动以耗时长、劳心神著称，黄侃本想借围棋以调节身心，却不知克制，结果事与愿违，雪上加霜。

再次，缺少运动，且爱食强刺激性食品。众所周知生命在于运动，黄侃也明白此道理，他说“非不爱动，实职业所限”。“竟日读书”之语，在《日记》中随处可摘，若整天读书无人打扰，黄侃很欣慰。因长时看书，黄侃也觉自己体力不支，因此他经常购买烟、茶、咖啡强刺激性物品来提神⑤，这也大概和他经常熬夜相关。

最后，身本羸弱，但过分食蟹⑥。这是造成黄侃早逝的直接原因。黄本人体质弱惧寒，有时初秋即服皮裘，且多病，然多大非重症，如齿痛⑦、失眠⑧、咯血⑨、便秘⑩等，这些症状和他好烟酒及喜欢辛辣刺激的东西有密切关系，应节制或戒除。对此，黄侃也知道，并曾断烟⑪、戒酒，但

① 黄侃著，黄延祖重辑：《黄侃日记》，中华书局 2007 年版，第 53 页。
② 黄侃著，黄延祖重辑：《黄侃日记》，中华书局 2007 年版，第 289 页。
③ 黄侃著，黄延祖重辑：《黄侃日记》，中华书局 2007 年版，第 51 页。
④ 黄侃著，黄延祖重辑：《黄侃日记》，中华书局 2007 年版，第 .48、53、132 页。
⑤ 黄侃著，黄延祖重辑：《黄侃日记》，中华书局 2007 年版，第 18、326、338、645. 页。
⑥ 黄侃著，黄延祖重辑：《黄侃日记》，中华书局 2007 年版，第 42 页。
⑦ 黄侃著，黄延祖重辑：《黄侃日记》，中华书局 2007 年版，第 640 页。
⑧ 黄侃著，黄延祖重辑：《黄侃日记》，中华书局 2007 年版，第 18 页。
⑨ 黄侃著，黄延祖重辑：《黄侃日记》，中华书局 2007 年版，第 397 页。
⑩ 黄侃著，黄延祖重辑：《黄侃日记》，中华书局 2007 年版，第 403 页。
⑪ 黄侃著，黄延祖重辑：《黄侃日记》，中华书局 2007 年版，第 361 页。

后来均破戒①。体弱、畏寒，本不宜食蟹，但黄侃好像受了古人“一手持蟹螯，一手持酒杯，便足了一生”名士习气的生活态度影响，嗜蟹如命②。后来虽也言“当戒蟹”，可没过两天，黄侃就“自往买蟹，归与石禅共饮”③，甚至最后其猝死的直接诱因就是酒蟹中毒。

3. 对待疾病态度不积极

黄侃对生病不重视，不及时就医，延误病情，有时生病并不就医，而是自己阅览古代医书，自择医方抓药而治，如 1922 年 2 月 22 日，黄侃阅寇宗奭《本草衍义》，见药方：“桑螵蛸、远志、菖蒲、龙骨、人参、茯神、当归、龟甲醋炙，以上各一两为末”，可调补心肾、缩尿固精，治疗遗尿、尿频、健忘等病，当天晚上即用此方熬药服下。④《日记》中很少见黄侃生病去就医，只有在忍无可忍时他才会就医。如：1929 年 9 月 10 日“齿痛”，一直持续到 13 日无法入眠，严重影响正常生活，忍无可忍情况才去就医。⑤ 正是这种消极态度促成了黄侃的早逝。黄侃在去世前些天已经明显感觉不适，但其仍然拒绝就医。1935 年 10 月 3 日《日记》记录其“晨腹不畅”，5 日“晨腹不适”⑥，6 日“腹不适，膈满腹胀，气喘心摇，冷汗蒙头而下”⑦，7 日“晨起，吐泄皆作黑色涎块”。连续几天的腹痛，且越来越严重，并没有引起黄侃的高度重视，更没有吃药就医，最终延误病情，于 1935 年 10 月 8 日去世。

总之，通观《日记》，黄侃对其性格弱点及不良生活习惯清醒认识，并且还针对自己的特点提出了养心修身之法，养身八字法，可他终究无法做到，《日记》中颇多因饮馔等伤身后，后悔自责的记载，但终未改变。最后

① 黄侃著，黄延祖重辑：《黄侃日记》，中华书局 2007 年版，第 376、746 页。
② 黄侃著，黄延祖重辑：《黄侃日记》，中华书局 2007 年版，第 564、566、583、605 页。
③ 黄侃著，黄延祖重辑：《黄侃日记》，中华书局 2007 年版，第 574 页。
④ 黄侃著，黄延祖重辑：《黄侃日记》，中华书局 2007 年版，第 110 页。
⑤ 黄侃著，黄延祖重辑：《黄侃日记》，中华书局 2007 年版，第 572 页。
⑥ 黄侃著，黄延祖重辑：《黄侃日记》，中华书局 2007 年版，第 1110 页。
⑦ 黄侃著，黄延祖重辑：《黄侃日记》，中华书局 2007 年版，第 1111 页。

导致身体逐渐亏损，酿成悲剧。①

第三节 《黄侃日记》引书反映的治学理念

一、系统全面、博览群观

学问欲专而精，读书定要广而博。黄侃对此有明确认识："夫一书有一书之条例，治之者必首知其书之例而分讨之；次综群书之例而比类旁通之，夫而后言专则精，言博则通矣。"②黄侃认为专一研究一样知识前应当博学一类知识，因此他非常系统地安排个人读书。

1. 读书之前，系统列出需要之书目

黄侃给学生列出基本的研读书籍，包括《十三经注疏》《大戴礼记》《说文解字》《广韵》《史记》《汉书》《资治通鉴》《通典》《荀子》《庄子》《文选》《文心雕龙》等。他认为"不读《史》《汉》，不能治经，反之亦然"；"不读《荀子》，不以明礼"③；"不读《庄子》，不能明理"；《资治通鉴》"不徒事实详赡，文亦极佳"；"不读《通典》，不能治《仪礼》"④，这些书对治学问之人的明理、明礼、文学修养有很大好处。此外，黄侃列有唐后和清代书。唐后和清代书又分成三类：训诂类、音韵类、金石类，比如《通志七音略》《集古录》《广雅疏证》《尔雅义疏》《段氏说文解字注》等。⑤ 以上是立志做学问者必读之书，也是黄侃细读之书，有的还不止读一遍，如《十三经注疏》《说文解字》《汉书》，他反复阅读、标点、断句，并作详细记录。黄侃甚至在买书方面也很有系统性，常会根据下一阶段研究重点制订买书

① 孙德贤：《黄侃的早逝与章太炎的谶语——从〈黄侃日记〉分析其早逝原因》，《长春教育学院学报》2014 年第 12 期。

② 黄侃：《文字音韵训诂笔记》，上海古籍出版社 1983 年版，第 71～72 页。

③ 张晖：《量守庐学记续编》，生活·读书·新知三联书店 2006 年版，第 11 页。

④ 张晖：《量守庐学记续编》，生活·读书·新知三联书店 2006 年版，第 11 页。

⑤ 黄侃：《文字音韵训诂笔记》，上海古籍出版社 1983 年版，第 83 页。

目录，而后着人寻求。

2. 读书之时，严格执行读书计划，有主有次

黄侃读书有很强的计划性与执行力度，其高足潘重规说其“治学有定程，围场以人事、疾病更改恒度”①。他常在年初制订一年读书计划，如：民国十一年元旦节(1922年1月1日)日记记载：“今岁所拟为之事，略记于左。属于学业者：一着手为《经典集音长编》，二赓前治《说文》，三翻史籍、辑《文章志》，四缮录文、诗稿。”②制订完计划后，黄侃在新的一年就会严格执行计划，很难改变，这种执行力度让其好友汪很钦佩，称其“严定日程、贯彻条例，所治经、史、小学著书，皆反复数十过”③。

将读书计划落到实处，黄侃主次搭配得当，在一段时间主治一本书，尽可能多地参读其他相关书。如1922年1月至2月期间，黄侃主治《周易正义》，参考其他与《易》相关书目。其参考之多达12种，分别是：唐陆德明的《经典释文》、唐史征的《周易口诀议》、唐李鼎祚的《周易集解》、宋王应麟的《周易郑康成注》、南宋朱震的《汉上易传》、清李光地的《周易通论》、清孙星衍的《孙氏周易集解》、清李富孙的《李氏易解賸义》、清李道平的《周易集解纂疏》、清陈寿熊的《读易汉学私记》、清阮元辑的《周易经疑》、其父黄云浩的《易集解》等书。这种治一本书为主，同时详细参考其他书的做法为黄侃发明新观点提供了思路。

3. 读书之后，年底对本年治学任务进行总结、检查

黄侃常会在年底记录下本年在学业方面已完成之事，并加以反省，以图来年改正。如：民国十八年除夕夜(1929年2月9日)其日记载：“今年买书甚多，而读书甚少。所可粗慰心者，校《经典释文》一过；读《全上古文》《全汉文》《全后汉文》《全三国文》尽、加点；写《论语》《孝经》《尔雅》一通；读《新唐书》传一过；钞唐诗三本，此工程之可计者也。其余零星琐

① 司马朝军、王文晖：《黄侃年谱》，湖北人民出版社2005年版，第11页。
② 黄侃著，黄延祖重辑：《黄侃日记》，中华书局2007年版，第42页。
③ 司马朝军、王文晖：《黄侃年谱》，湖北人民出版社2005年版，第21页。

碎，不成条理矣。作诗百余首，略有吟咏之乐耳。”①《日记》中常有此记载，用以敦促自己按时、保量、保质完成个人读书任务。

4. 时刻关注学术动向

黄侃对学术界的新动向总是积极关注，深入了解，也发表评论。20世纪初，敦煌文献被发掘，大量敦煌资料进入学者手中，黄侃就积极整理有关敦煌之资料。如1933年4月18日，黄侃大量整理敦煌出土的有关韵书之资料目录②；1934年8月11日，黄侃购买日本新出版的《东洋历史参考图系》……

同时，黄侃也批判学界歪风。黄侃对当时朝成暮刊出书风、“诗礼发冢”的研究行为进行批评。黄侃自言五十而著书，是强调著书要慎重，要有足够的积累，但是当时许多学者出书迅速，学术不严谨，因此黄侃主张学术著作应少而精，不可急于刊刻流传，即为王安石所谓的“训释虽工君尚少，不应急务世人传”③。同时，黄侃还批评以学问为幌子盗人冢墓之行为。碑石之学兴起，端方以得原石炫耀，导致后来全国各地争相挖古墓，罗振玉等人刊印以得利，王国维等人考证以得名，黄侃在1928年6月29日引《庄子》“儒以诗礼发冢”之句加以批评。

5. 重视书法、选择钞录

众所周知，黄侃不仅是小学家、经学家，其书法也广为人称道，他本人也很重视。1933年12月至1934年1月底，黄侃主要研阅书法方面书籍。全书涉及此方面的引文凡19处，约占全部引文的3%，且黄侃在此方面钞录十分详细，每条引文字数相对较多。主要钞录之书有四种：唐张彦远的《法书要录》、宋董逌的《广川书跋》、宋米芾的《书史》、宋黄伯思的《东观余论》。引文按内容分为三类：

第一，书法创作过程。黄侃钞录了有关书法创作的整个过程需要注意之事：创作前，要有恭敬的心态，“勿欺数行尺牍，即表三种人身”；选纸

① 黄侃著，黄延祖重辑：《黄侃日记》，中华书局2007年版，第424~425页。

② 黄侃著，黄延祖重辑：《黄侃日记》，中华书局2007年版，第881页。

③ 黄侃著，黄延祖重辑：《黄侃日记》，中华书局2007年版，第886页。

张时，要像王羲之那选紧光深丽之纸，便于行笔；作书时，执笔可不拘一格，“悬腕而聚指管端”之说为谬论；作品完成，应以美观为善。

第二，书法流变。黄侃特别关注北宋的书法流变状况：宋初多学钟繇、王氏父子，李宗谔主文后，士子又学其书，后韩琦主政好颜书，士又学颜书。及蔡襄贵，又学蔡襄，王安石作相，又学其书，王安石则是学杨景度书法。由此，黄侃将整个北宋书体发展勾勒出来。

第三，书体特点。黄侃关注那些较为特别的书体，并记录下其特点。如张芝的“飞白”书，张彦远在《法书要录》中说，张芝首创一笔飞白书，孔敬东所创反左书，后世无人能继承，因而黄侃钞下《东观余论》中张怀瓘对“飞白”书体特点的介绍——浓淡相错成字；王献之的书法，在行草之外更开一门，其特点是非行非草，离方遁圆；张旭的狂草，千状万变，左驰右骛，但不离绳矩；僧人书法多蔬茹气。

二、实事求是，不惑前人

乾嘉以来，学界出现了对典籍破字意说现象，清末又有学者对其进行附会，加上民国时期新文化运动的干将胡适提出“大胆假设、小心求证”说法，让此风气愈演愈烈。身处如此大的学术背景之下，黄侃本着尊重知识的态度，“小心求证”，谨慎立论，这种客观、缜密的态度对于纠正当时的学风很有意义。《日记》中很明显地表现了黄侃的这种治学态度。

1. 追本溯源、多方考证

黄侃十分注重对事物、称呼等的追本溯源，涉及事物之考证部分的内容有 10 种，涉及引文凡 61 处，约占整个引文比例的 10%，根据内容不同可分为三类：

第一，对常见之物追本溯源。黄侃在日常生活中仍然保持着强烈的求知心，每遇一物，若有疑惑，即会求诸书籍，力求摸清其来龙去脉，如生活中习以为常的猫、博彩、炕、东西等。如：1922 年 1 月 22 日，见猫捕猎物，于是翻阅《广雅》《方言》《字林》《尔雅》《周礼》《礼记》六书中有关“猫”的解释，得出本无“猫”字，实为“苗”字为之，猫此物是狸驯化而来。

第二，不尽信书。读书中有矛盾的地方或怀疑的地方也详加考证，如《史记》中的“桓水”，《汉书》中“金玉”之说、“驷先生”，《文史传》作者等。1922年9月29日，黄侃翻阅《隋书·经籍志》中有“《文士传》五十卷，作者张隐(注曰：隐又作骘)”句，因此查阅《三国志·魏志·王粲传》注、钟嵘《诗品》《旧唐书·经籍志》《玉海·中兴书目》《北堂书钞》《世说新语》等书，经过全面的对比分析，得出这样结论：《文士传》作者一人名字有四异，即张隐、张骘、张鄢、张衡实为一人，有力补充了《隋书》的说法。

第三，读书求甚解。黄侃读书时遇到比较特别的词也会加以考查，从不轻易跳过或不顾。如《尚书》里的“在治忽”，《诗》里的“零星”“候馆”，《左传》里的“夏汭”，“如意”等内容，黄侃都会一一考查其意思、流变。1922年1月31日，黄侃读《尚书·益稷》篇有“在治忽”句，便查阅阎若璩的《尚书古文疏证》《汉书·律例志》《隋书·音乐志》等书，清理出了一条有关“在治忽”意义的演变路线。

2. 多闻阙疑、记下疑问

黄侃读书十分留意，有疑问之处便会记录下来。《日记》记载其疑问部分有14处，约占全部引文比例的2%，根据内容不同可分三类：第一，对于整段不理解的内容，黄侃将全部正文、注文均钞录下来，仔细分析。这一特点重点体现在其对《周易》《太玄集》的阅读上。第二，对个别句子不理解，黄侃也会记录下来。此类内容，如黄侃读《史记·晋世家》“夏后召盂”，不知为何人；《艺文类聚·人部》“人作崄易，俄顷成此蹇，多谢悠悠子，悟之亦不晚”，不知是何义；《太平御览·人事部》“此月斗建巳，其日又巳”，意思不懂；《唐文粹》樊铸文《檄曲江水伯文》“溺孙兴公于后湖之中”，典故不知出自哪里。句意、书中人物、典故等都是黄侃读书时的考察对象。第三，以前有疑问，随着读书的增多理解了以前疑问，黄侃也会记录下来。此类内容较多，如黄侃以前以为“饮器”是“溺器”，后来读《汉书·匈奴传》才豁然大悟为“饮酒器”；以前读曲子词不理解“兀底”“阿堵物”之类的语言，后在《懒真子》中才理解，因而记下。

3. 明辨是非、校勘正误

黄侃读书善于比较，勤于思考，对注释、史实、文献、评论等都有很深的思考，《日记》中关于指出前人之正误的引文达36处，约占整个引文比例的6%。其中，指出《周易》注疏1处，《汉书》注释之是非者25处，《后汉书》1处，《清史》1处，《史通》3处，《太平御览》2处，《文选》1处，《宋六十名家词》1处，详细分为以下几种：

第一，校注释。指出注释正误，尤其是《汉书》中颜师古、应劭、李奇、晋灼注释之正误。如1929年2月21日，黄侃读《汉书·匈奴传》"金留犂"句，应劭以金为契金，黄侃认为以金为留犂，其注释不正确。同月23日，黄侃读《王莽传》"莽立载行势"句，颜师古以为立乘车，黄侃认为"立载"读为"里而栽"之栽，谓立筑墙板干，颜师古的注释是错误的。

第二，校史实。指出史实错误。1934年7月26日，黄侃读《清史·洪承畴传》，发现此书将"薓汁污衣"改为"梁尘污衣"；酋黄台吉妻谓承畴必降，改为范文程语，这些不符合历史史实。因而将其记录下来以备查看。

第三，校文献。指出文集刊印、传钞之误。1935年8月9日，黄侃读《文选·北山移文》中"驰烟驿路，勒移山庭"句时，对此句不解，认为山灵勒移于山，何故先言驿路？并且，驰、驿相对，烟、路不对，翻看王勃的《乾元殿颂》中"绳幽架险，驿雾驰烟"句，认为"驰烟驿路"应该是"驰烟驿雾"，此乃传钞、刊印之误。

第四，校评论。指出品论之误。1928年6月26日，黄侃读《全唐诗》有关"初唐四杰"的部分，认为四杰是正音之始，而王士祯"莫逐刀圭误后贤"乃妄论①；1922年4月22日读毛晋编的《宋六十名家词》中《竹山词》部分，毛晋评说"语语纤巧，真世说靡也"，黄侃则认为"其深至曲折处，真可钱吟万讽，毛晋评其纤巧，则非也"②，毛氏对蒋捷之词评价是不准确的。

① 黄侃著，黄延祖重辑：《黄侃日记》，中华书局2007年版，第36页。

② 黄侃著，黄延祖重辑：《黄侃日记》，中华书局2007年版，第152页。

三、文本细读，触类发明

黄侃在世时，常对其学生言："所贵乎学者，在乎发明，不在乎发现。"①此言既是黄侃教学之法②，也是其治学之精要③。黄侃不赞成罗振玉、王国维等以发现资料为主的研究方法，而是强调"对重要的书踏踏实实地用功细读，去发掘其中的某些重要的东西"④，即重在发明。这条精髓在《日记》中深刻表现出来。

1. 注重对比、找出差异

黄侃读书习惯将类似之书、类似之句进行对比，找出不同，《日记》中涉及对比之处引文凡46处，约占全部引文比例的7%。按其主要内容分为两类：

第一，互补法。黄侃将不同书进行比较，对一类内容，取此书之有，以补充彼书之不足。此种情况较少，仅有3处：1922年11月15日，读《三国志·魏书·国渊传》中，有关于张衡《二京赋》的内容论述，但以博引旁征诸城的《文选考证》并未钞录此条，黄侃钞下以补《文选考证》之缺；1922年10月12日，读《申鉴》卷五有阐述文章写作"玄、妙、包、要、文"五种奥妙的部分，黄侃认为此义《文心雕龙·宗经》未论及，存下以备查看；1928年5月23日，黄侃读严可均的《全隋文》未见《籁纪序》及陈记室参军沈志道撰《故陈智武将军东中郎将东阳州刺史侍中国子祭酒新蔡王墓志铭》两篇文章，故记下篇名以补严氏遗漏。

第二，互校法。黄侃善于将类似句子进行比较，引文与原文进行比较，找出不同，主要有两种情况：即《史记》《汉书》前后相似句子比较，《汉书》中王莽所作的《大诰》与《尚书·周书·大诰》相似句子比较。前者

① 黄焯：《蕲春黄氏文存》，武汉大学出版社1993年版，第221页。

② 张晖：《我们怎样理解黄侃》，《读书》，2006年第10期。

③ 任新：《〈黄侃日记〉中所见治学法略说》，《内蒙古大学学报》2011年第4期。

④ [日]吉川幸次郎著，钱婉约译：《我的留学记》，光明日报出版社1999年版，第63页。

引文较少，仅有4处。如1929年2月5日，黄侃读《汉书·项籍传》，便将此传中“轻重困辱秦卒”句与《汉书·张骞传》“轻重度汉兵远不能至，而禁其食物，以苦汉使”句相比较，认为二“轻重”皆作今俗语“横竖”或“左右”解，意思相同。尤其是后者引书达38处，其中引《尚书·周书·大诰》中19处内容与《汉书·翟方进传》中王莽《大诰》之19处内容进行比较，总结出王莽用字与《尚书》中的不同。

2. 立足文本、善于发明

《日记》中涉及黄侃读书新发明内容的引文凡12处，约占全部引文的2%。根据引书内容可分为两类：

第一，内容上的新推论。黄侃读书常会立足文本，推出新结论。主要有：黄侃由《礼记·中庸》“不考文”，联想到此话涉及了目录学内容；由《汉书·食货志》苏林注曰“五方之异书，如今秘书学外国书也”，推出三国时已经学习国外；由《汉书·张骞传》“诗诵君德，乐舞君功，异经而同指”，推出诗、乐异经；由《汉书·翼奉传》“易有阴阳，诗有五际，春秋有异”，推出阴阳、灾异、谶纬同原；由《汉书·夏侯胜传》不同人对《尚书》作理解的内容，推知《今文尚书》之学及诸家学说异同说的来源。

第二，文字训诂的新体会。黄侃读书细致，书中每一处注释都会留意，常会根据注释内容推知有关字音、字形的新解释。主要有：由慧琳《一切经音义》给“刀鞘”注音，推知唐时萧、宵不同读；由《汉书·武帝纪》颜师古注说脽、郷、葵、谁本为读音相同之字，悟出尻、脽亦一字；由《汉书·南蛮传》中注音“充音冲”，悟出唐时东、钟音有别。扬雄《甘泉赋》中“芗呹肸以掍根兮，声駍隐而历钟”句，萧该《汉书音义》认为“肸，别本作盻”，由此推出《汉书》传写过程中出现了错误。

3. 古文今译、以今释古

《日记》中关于文献解释方面的引文52处，约占全部比例的10%。黄侃对文献的解释分为两种情况：

第一，指出古文今义。黄侃解释古文时，多用今语、今物去对应、解释古语，此种情况约有40条。如骆宾王《代女道士王灵妃赠道士李荣》“千回鸟信说众诸”句中“众诸”，意为许多；《汉书·萧何传》中“文无害”，意为“笔下不错”；《汉书·季布传》中“计画无俚”，意为主意靠不住。同时，也找出古文今指。如吴渊颖有《岭南宜濛子解渴水歌》，因而认为此物又名“黎朦”“宜母”“里木”，皆今之柠檬；《尔雅·释草》“出队，蘧蔬”，认为是现今菌即菰子。

第二，单纯解释意思。此种情况约有11处。如“恤胤锡羡”之“锡羡”，谓锡福厥子民；《汉书·西南夷传》“介弟兵就舍”中“介”，意为恃。

4. 着眼现实、记史之最

全书记录历史之“最”的引文凡9处，约占全书引文的1%。根据引书内容主要分为两类：

第一，引文与当时学术潮流密切相关。20世纪初正是罗振玉、王国维大兴发冢考古之学时期，黄侃读《后汉书·张衡列传》见李贤注文曰“衡山南有南正重黎墓。楚灵王时山崩，毁其坟，得营丘九头图焉”，认为是发冢得书事之最古者；丁福保刊印慧琳《一切经音义》时把“秘书”解释错误，因而记下第一次置秘书监官为东汉孝桓帝元熹二年；当时学界大规模整理有关清朝资料，在读《明通鉴》时记录下努尔哈赤在明神宗万历十一年癸未起兵。

第二，引文与个人生活紧密相连。有居姓人来请黄侃给其父写墓志铭，所以黄侃读《汉书》时特意记下居姓第一次出现在历史上的时期；1934年1月、2月研究书法，从而记下书法史上创建性的人物：张芝始创一笔飞白书。反左书，孔敬东所创。

第四节 《黄侃日记》引文反映的“俗文”观念

1914年以前，以姚永概、姚永朴、林纾为代表的桐城派主政北大，提倡桐城散文。1914年以后，章太炎的弟子们如黄侃、沈尹默、朱希祖、沈兼士、钱玄同等纷纷进入北京大学，以宣扬《文选》理论来批判桐城派，被称为“文选派”。① 1917 年，陈独秀、胡适等一批文化革新者进入北大批判桐城、文选二派，提倡白话文创作，掀起了新文化运动。② 于是，一场新旧文学之争就诞生了。随后章门弟子钱玄同加入新文化阵营，旧派学者则成立《国故》月刊宣传其思想，以刘师培、黄侃为总编辑。

1919 年 3 月，黄侃撰写了《国故》第一期的题词，在题词中说新文化运动者“伤国事之陵夷，见异物而思迁”，批评他们崇洋媚外，鼓励有志之士继绝学，弘扬国粹。③ 但新文化运动轰轰烈烈地进行，旧文学派无法与之抗衡，不久，黄侃辞职离开了北大。其师章太炎解释其离开北大的原因是“季刚生平，敢于侮同类，而不敢排异己”④，即黄侃敢于与桐城派论战，但不会反对白话文运动。事实上，黄侃也确实极少发表公开的正式文章明确地反对白话文⑤，但其在《日记》中时时关注白话文。在黄侃看来，白话文与俗文意思基本一致。

新文学领袖人物胡适认为白话文学“包括旧文学中那些明白清楚近于说话的作品”。“白话”有三个意思：“第一，戏台上说白的‘白’，就是说得出，听得懂的话；二是清白的‘白’，就是不加粉饰的话；三是，明白的‘白’，就是明白晓畅的话。”⑥黄侃在《日记》关注的白话文与胡适一致，但进一步认为凡是用白话文写成的作品均为“俗文”，包括古代白话作品、当下推行的白话作品。

一、《黄侃日记》所引俗文考

《日记》中有关俗文的引文相当多，无论是报纸、民国书还是民国以前

---

① 周勋初：《黄季刚先生〈文心雕龙札记〉的学术渊源》，《文学遗产》，1987 年第 1 期。

② 陈寿立、胡钢：《中国现代文学简明教程》，中国国际广播电视出版社 1989 年版，第 17~18 页。

③ 王学珍、郭建荣：《北京大学史料》，北京大学出版社 2000 年版，第 2718 页。

④ 章太炎著，马勇：《章太炎书信集》，河北人民出版社 2003 年版，第 335 页。

⑤ 李婧：《黄侃文学研究》，复旦大学博士毕业论文，2011 年。

⑥ 胡适：《白话文学史》自序，百花文艺出版社 2001 年版，第 8 页。

的书，只要是提到俗的部分都加以钞录。如1922年9月25日，就钞录《东方》杂志载王国维写的《敦煌发现〈唐朝之通俗小诗及通俗小说〉》，通过报纸知道有关俗文的最新动向。有关俗文的引书在整个引书中占有十分重要的地位。具体引文主要涉及以下四种书：

第一，清翟灏的《通俗编》。1922年9月27日至10月24日，黄侃在读清翟灏的《通俗编》，书前有周天度序曰：“语有见于经传，学士大夫所不习，而荛僮宠妾，口常及之若中古以还，载籍极博，抑又不胜举矣。盖方言疏注，或每当变而移其初，而人情尤忽于所近也。”黄侃对序加以钞录，并以为此言数精①。由此可见，《通俗编》是一本以人们口语为主要收集、研究对象之书。该书凡三十八卷，黄侃在《日记》中钞了每一卷的唐宋俗语诗，约一千多条。

第二，清钱大昕的《恒言录》。该书也是研究俗语的著作，全书解释词语751个、俗语153条，黄侃在1922年9月23日、24日，钞录该书俗语达120条。

第三，宋周密的《绝妙好词》。1922年3月22日，黄侃读完此书后，归纳宋词用字特点盖有三例：一曰用熟语，二曰造语，三曰时俗语，并引12条文以证明。

第四，清吴汝纶的《深州风土记》卷六“金石”部分。1922年1月15日，黄侃将书中明洪武年间的碑文全部钞录，并且由此感悟明代圣旨鄙俗浅俚，进而分析中国历代诏书、圣旨，推而广之追溯整个中国白话文历史，最终将矛头指向白话文。

二、《黄侃日记》中的俗文观点

黄侃在《日记》中记录了许多其关于俗文的观点，通过横向、纵向比较，坚持雅、俗顺时，不应强求。

① 黄侃著，黄延祖重辑：《黄侃日记》，中华书局2007年版，第208页。

(一)崇雅抑俗

1. 纵向分析，以雅为胜

首先，分析中国诏令、王言的特点。黄侃在钞录完《深州风土记》中明洪武诏令后，认为明朝诏书粗俗浅薄，因而追溯了历代诏令、王言的用语。黄侃认为，汉族自古以来诏令、王言一直驯雅，即使开国者是武夫的前、后五代诏令也是文采可观，即所谓："自古王言，无不驯雅。虽前后五代，其君往往武人，而诏令必皆学士大夫所代撰，类有辞采可观诵。"到了元朝，元朝统治者是塞外少数民族，本来不通汉语，入主中原后能说汉语已经非常难得，同时他们不熟悉汉文化，担心润色者会失去诏令本意，因此多俚言俗语。① "明太祖起自诸夏，乃亦因袭不改，是其失之尤甚者也。其后宦寺传宣，则尤以但俗为纶脖矣。"②朱元璋是汉族人，匡扶了华夏正统，但是诏令因袭元朝是其失误。

其次，追溯了中国的白话文历史。黄侃认为，中国"以语为文"的现象最早追溯到晋六朝时期，陆士衡、陆士龙兄弟的创作已经夹杂了有当时人的口语；到了宋朝，诸史、书说、禅宗语录中常见俗语、口语；再到元、明时期，朝廷颁布的诏令、法制里面竟然以俗语、口语为主，这些状况让人奇怪、可笑。③

再次，将矛头指向新文学。黄侃直接批评新文学，指出胡适提倡的白话文即是以语为文，以俗为文，这样颠倒俗雅，最终会使吴敬梓《儒林外史》的价值超过方苞，徽州山歌的名誉高出姚鼐。还进一步嘲讽说，如果国家政令也使用白话，那么将会和明朝诏令一样鄙俗："一旦大总统之策令，国务院之呈文，悉变新文，而远与明祖争美，使恁、每、那个之文盈于纸上，则未始非中华民国维新之治也。"④

① 黄侃著，黄延祖重辑：《黄侃日记》，中华书局 2007 年版，第 52 页。
② 黄侃著，黄延祖重辑：《黄侃日记》，中华书局 2007 年版，第 52 页。
③ 黄侃著，黄延祖重辑：《黄侃日记》，中华书局 2007 年版，第 52 页。
④ 黄侃著，黄延祖重辑：《黄侃日记》，中华书局 2007 年版，第 52 页。

最后，分析新文化运动提倡白话文的深层原因。黄侃认为，元朝诏令用俗语，是为了方便宣示臣僚，元人可以理解，即所谓“胡元以但言俗语宣示臣僚之故，则良吊当”，而胡适提倡的白话文，则“是故恶中书之难解，则喜观白话文；患中字之难识，则赞美注音字母，固异邦人所同然也”①。实为狂妄小子，是以得西人之一誉为荣的崇洋媚外的小人。

2. 横向分析，俗不如雅

黄侃认真比较书面文言与口头白话的优劣，认为白话文不能代替文言文。在读完《通俗编》后，黄侃总结了书面文言与口头白话的四个差异：“文与言判：一由修饰，二由迁移，三由摹仿，四由齐同。”②详细解释此四语如下：

首先，白话太质朴粗鄙，文言则华美修润。黄侃说：“言辞修润，即成文章，而文与言讫于分乖者亦有。故撰述之家，求其文之简当，或志在行远，亦必美其采章。简与美相乘，自与造次口谈不能同状。此即以语为文之民，亦必有其区别，非然者，谓之无文，无不可也。”③黄侃认为好文章是语言修饰的产物，讲究语言的简当与美感，这种效果是口语难以达到的。同时，他还以《文选》中《奏弹刘整》为反例。针对此文中引用了大量俗语的情况，黄侃发表言论说，此类文字极不美观，让人瞠目结舌，难以置信，④ 口语极其不简美，不合适以此作为书面文章。

其次，白话变化较快，随时代变化而变化，文言相对稳定。正如黄侃所说，白话为口头所言，时代不同则口头不同；文言是被记录在书帛之上，时代变化而其凝定，“故有尔雅解诗、书之诂，𬨎轩记绝代之言”⑤，口头语要时时更新，而文章则遵循一定的旧规则⑥。在这里，黄侃指出白话作为口头语一言，极易变化，但书面语则需要相对稳定。

---

① 黄侃著，黄延祖重辑：《黄侃日记》，中华书局 2007 年版，第 52 页。
② 黄侃著，黄延祖重辑：《黄侃日记》，中华书局 2007 年版，第 203 页。
③ 黄侃著，黄延祖重辑：《黄侃日记》，中华书局 2007 年版，第 203 页。
④ 黄侃：《文选平点》，中华书局 2006 年版，第 467 页。
⑤ 黄侃著，黄延祖重辑：《黄侃日记》，中华书局 2007 年版，第 203 页。
⑥ 黄侃著，黄延祖重辑：《黄侃日记》，中华书局 2007 年版，第 203 页。

再次，白话随世而俗，文章师古而雅。黄侃认为，文章与模仿密不可分，后人写文章很难有自树立之情况，此如“婴倪效语，庄岳教言，陶染所成，若出天性。”经过长期的摹拟，文章的语言便形成一定的套数：“模放既久，与之同化。句度声辞，宛有定规。”因此各类文章有其难以改变的定规，如诗歌创作的很广，但常用的诗歌是四言、五言、七言，相应的四、五、七言的诗歌韵律也有自己的规定性。所以，“语言以随世而俗，文章以师古而雅”。作文应当从摹仿前代佳作开始，这样才能典雅规范，通俗的白话文是难以传承文章这种典雅规范的。

最后，白话受时间、地域限制，文言则易统一。黄侃指出，不同时间、不同地域的人们口语差异很大——同一时间不同地域人们的口语就像不同国家人的话语，彼此很难懂；不同时期同一地域的人的口语，彼此也很难懂，因此“越歌山木，待楚译而始通；秦语素青，候郑言而方晓”。现在人读元代的诏令，很难句读元代人的口语。若使用文言，就不会出现这样的情况。① 黄侃认为，口语的时空限制较大，只有用文言文才能突破这种限制。

基于上述观点，黄侃认为文言写成的文章是高雅的，而白话写成的文学则是俗鄙的，不应该被提倡。接下来，黄侃在读《绝妙好词》过程中探讨思考了“俗”的问题。

(二)雅俗应顺时

黄侃在其学术著作中没有系统提出“俗文”观点，但在《日记》中记录了大量有关“俗文”的看法。黄侃认为自己对“俗温”看法有十分重要的意义，他认为指意、格调、声律，前人已经有系统的讨论，自己不必再多述，有关“俗”的方面前人很少提到，自己提出很有创建意义②。笔者通过仔细阅读《日记》，对黄侃“俗文”观点整理如下：

① 黄侃著，黄延祖重辑：《黄侃日记》，中华书局 2007 年版，第 203 页。
② 黄侃著，黄延祖重辑：《黄侃日记》，中华书局 2007 年版，第 124 页。

1. 总结俗文用字特点

首先，总结宋词用词特色。黄侃认为宋词用字有三种情况：其一，熟语。熟语，即为用典故、训诂入文，不属于俗的范围。如辛弃疾《摸鱼儿》(更能消几番风雨)用长门事、用千金买相如赋、玉环飞燕等典故；匆匆脉脉、危阑之危等是用训诂①，这些将典故、训诂等内容入文学作品，不属于俗的范围。其二，造语。造语，即为以前没有出现过、属于作者自己创造的语言。造句分为两类：造字，如姜夔词中冰胶雪老、吹凉消酒、诸虚字之类；造句，如“高柳晚蝉，说西风消息”之类②。这些以前没有出现、作者生造又造得高妙之语，不在俗之列。其三，时俗语。时俗语，即为当时在普通人群中流行的语言。

其次，指出俗文特点。在黄侃看来，熟语和造语不属于俗语的范围，时俗语是属于俗的范围。因此，他将时俗语的使用分为以几种情况：其一，用时俗语为形容接续介系助句之词，而中加以熟语造语者。如刘翰词：“怨得王孙老。”“得”字时俗也。韩瞟词：“待不眠还怕寒侵。”待字，还怕字，时俗语也。余皆熟语矣。其二，用时俗语而天然工緻绝类文言者。如辛词：“是他春带愁来，春归何处，却不解带将愁去”是也。其三，从俗语翻出的很像文言的部分。如谢懋词云：“无寻处，只有少．心”是也。其四，纯用方言。陆词：“你嚎早收心呵。”“嚎早”作火速解。亦今苏州语也③。

最后，在仔细分析、比较宋词语言使用特点后，黄侃指出俗语、造语不在“俗”文之列，时俗语属于俗文，它是由当时的口语与方言两大类构成，但这些俗语的用法有它们自己的原则、规定，不可以草率使用。④

2. 追溯雅俗互变过程

黄侃追溯了由雅到俗的变化过程，反对诗文写作过俗。黄侃认为雅、

① 黄侃著，黄延祖重辑：《黄侃日记》，中华书局 2007 年版，第 123 页。
② 黄侃著，黄延祖重辑：《黄侃日记》，中华书局 2007 年版，第 124 页。
③ 黄侃著，黄延祖重辑：《黄侃日记》，中华书局 2007 年版，第 124 页。
④ 黄侃著，黄延祖重辑：《黄侃日记》，中华书局 2007 年版，第 124 页。

俗之间是有明确的界限，尤其是在唐以前，二者之间不可以混淆。正如他所言："《诗三百》篇与左氏所记童谣、舆诵殊体；曹、王五言亦与乐府相和有分。陆士衡之作，不杂吴歌；谢灵运之篇，宁须楚译？雅俗之别，畴可淆之？"①到了唐代，文学发生了极大的变化，向两个极端的方向发展：一个是"诘诎难通"的方向，一个是"鄙俚是贵"的方向。尤其是"鄙俚是贵"这一枝，导致后来诗道大坏，使人们"不悟文质之分，遂泯雅郑之别。"②对于雅俗不分，以过俗的内容入诗的作者持批评态度。如：稼轩词《临江仙——为岳母寿》，黄侃认为"岳母"是俗称，进入诗歌，"殊可讶也。"③不应当将"岳母"这样俗的词进入诗词作品中。

3. 不刻意模古，不率先开俗，应顺时代

黄侃阐明雅俗互变的道理，指出今人应遵循其道。他认为雅俗的变换有"变而下"与"变而上"两种方式。"变而下"指的是"雅俗有代降，其初尽雅，以雅杂俗，久而纯俗"，即一开始的纯雅文在发展中夹杂了俗文，再到后来随着时间的推移就变成纯俗文。此种现象是时代变迁中文章为了适应时代的需要而产生的，正如"宋词出于唐诗，元曲出于宋词，正如子之肖父，虽性情、形体酷似，遭逢既异，行事亦殊。"④"变而上"指的是"雅俗有易形，其初尽俗，文之以雅，久而毕雅"，即为在每个时代都有雅、俗两种文学样式，属于俗的文学样式刚开始是尽俗，但是慢慢的有人向里面加入雅的成分，慢慢地就变成了纯雅文学。雅俗互换的结果就是：变而下，则高文可流为俳体；变而上，则舆颂可变为丽词。黄侃进一步指出今人如何面对雅俗的问题："效人俗则不能，率己俗则不必，亦循其中道而已矣。"⑤一个时代有一个时代的雅俗文学，我们今人不用刻意效仿古人之俗，自己也不用率先开拓新的俗文，要遵循时代的潮流。

---

① 黄侃著，黄延祖重辑：《黄侃日记》，中华书局 2007 年版，第 183 页。
② 黄侃著，黄延祖重辑：《黄侃日记》，中华书局 2007 年版，第 184 页。
③ 黄侃著，黄延祖重辑：《黄侃日记》，中华书局 2007 年版，第 134 页。
④ 黄侃著，黄延祖重辑：《黄侃日记》，中华书局 2007 年版，第 220 页。
⑤ 黄侃著，黄延祖重辑：《黄侃日记》，中华书局 2007 年版，第 221 页。

总论：本书整体上分为六部分：绪论、《黄侃日记》引经部文献考、《黄侃日记》引史部文献考、《黄侃日记》引子部文献考、《黄侃日记》引集部文献考及《黄侃日记》引书特点。绪论中，本书从整体上介绍黄侃生平、黄侃其人、著作整理及研究状况，同时也介绍了本书的研究意义。接下来四章则仔细核对《日记》经部、史部、子部、集部引文情况，并将引文与原文进对比：第一章，引经部文献考，黄侃阅读、引用了大量经学、小学之书，尤其是《十三经注疏》，小学引书主要有《说文解字》《方言》《一切经音义》《广雅》《经典释文》《通俗编》及《恒言录》等。第二章，引史部方面，引文最多，其中以《史记》《汉书》为主，还涉及其他的正史、杂史、别史、传记、谱录等类别的书。第三章，引子部文献考，此部分黄侃引书涉及比较广泛，儒家类、法家类、艺术类、谱录类、杂家类、类书类、小说类等都有所涉及。第四，引集部文献考，引文稍微少了一些，但也不容忽视。第五章，最后对《黄侃日记》所引“四部文献”内容进行全面梳理、分析，发现《日记》反映了黄侃的思想观念、治学理念及俗文观念三个方面。在思想观念方面，他有深切的乡国之情，坚定的保存国粹之志及全面的修身养性之好，然因终未按其修身养性之法生活导致了其英年早逝。笔者在此处全面考察《日记》分析其早逝之因。在治学理念方面，他全面系统、博览全观，实事求是、多方考证，文本阅读、触类发明，为后人提供了学习、研究经典之法。在俗文观念方面，黄侃从纵向、横向两个方面分析雅俗文学，认为俗不如雅，为文之写作不可刻意仿古，更不可率意争俗，应顺应时代潮流。

附录：《黄侃日记》引书索引

凡例：

1. 本索引页码以2007年中华书局出版的《黄侃日记》为底本进行标注。

2. 本索引以字母表顺序进行排序，每个字母下的书名以其在书中出现的先后顺序进行排序。

3. 本索引所涉及的书名，"《》"内是该书的全称，"( )"内为作者对其书的简称。

4. 同一书名连续出现在三个或三个以上页码中，则取首页码与尾页码，中间用"～"连接。

5. 本处"引书"是广义上的引书，即凡是提到书名、内容或对其书作评论的部分，均在本索引之内。

附表

《黄侃日记》引书索引

续表

续表

续表

续表

续表

续表

续表

书　　名	出 现 页 码
《湖北金马考》	198
《韩非子集解》	217
《湖北金石存佚考》	221；264
《汉晋书影》	309
《汉官仪》	366
《湖海楼丛书》	375
《滑疑集》	381
《湖北先正遗书》	382；845
《湖北丛书》	398
《涵芬楼秘笈》	399；488
《黄氏逸书考》	400；573～580；969
《海东古籍丛残》	423
《画中人传奇》	470
《洪武正韵》	477
《汉会要》	482
《海山仙馆丛书》	486
《黄帝内经》	488
《黄氏逸书改》	488
《汉晋春秋辑本》	489
《画墁录》	507
《画墁集》	507
《后汉书》	523；526；527；528；531～544；551～558；675；963
《好古堂书目》	532
《洪武金陵图志》	532
《弘法大师集》	537
《汉魏音》	538

续表

续表

续表

书　名	出现页码
《旧五代史笺注》	421
《晋书斠注》	421
《建炎以来系年要录》	478；500；553
《建康实录》	478；565；567；644；659
《建炎以来朝野杂记》	479
《江南野史》	479
《经义考》	482
《鉴止水斋集》	483
《经苑》	483
《经典集林》	483
《笺经室丛书》	486
《九家旧晋书辑本》	489
《晋纪辑本》	489
《晋阳秋纪辑本》	489
《集古录跋尾》	527
《集古录》	527
《金石录》	527
《郡斋读书志》	531；534；537；565；570；1010；1013
《群经字类》	534
《旧五代史笺注》	550
《记事稿》	563
《简斋诗注》	572
《攈古录》	577；578；581；583；608
《积古斋钟鼎彝器款识》	578；580
《聚学轩丛书》	589
《汲冢周书》	596
《净名经集解关中疏》	643

续表

续表

续表

书　　名	出 现 页 码
《吕氏春秋》(吕览)	621～636；640～642；
《礼书通故》	649～659；904
《辽史》	692
《两汉诏令》	705
《两京遗篇》	705
《历代三宝记》	705
《六朝诗赋选》	705
《陆氏南唐书》	985
《李丞相诗集》	985
《吕氏家塾读诗记》	997
《辽文存》	1055
	M
《墓铭举例》	36
《孟子音义》	145；332
《孟子正义》	155；612
《毛诗音义》	309；310；314
《孟子集疏》	332
《明诗纪事》	360
《孟子外书》	381
《名类聚抄》(倭名类聚抄)	415；882～885；887；921
《马氏南唐书》	479；985；986；1014
《蛮书》	479
《孟襄阳诗》	556
《马氏文通》	591
《穆天子传》	594～596；610；617；975
《名原》	617；618
《秣陵集》	642；1042

续表

书　　名	出现页码
《梦坡室获古丛编》	647
《秘笈新书》	672
《明高僧传》	706
《明史》	757
《明儒学案》	761；762；764；765
《明武宗实录》	793
《明通鉴》	949~961；967；969；974~976；980~983；985；986；988~993；995；996；
《梅村诗话》	965
《名物类考》	968
《梦窗稿》(梦窗词)	970
《梦溪笔谈》	981
《明史例案》	1009；1015；1016
《秘传花镜》	1013
《明诗钞》	1047
《茗斋集》	1049
《蒙兀儿史记》	1088；1104；1107；1109
N	
《南宋四家律诗选》	170
《南北朝文钞》	265；266
《廿二史劄记》	486
《南北朝史表》	550；553
《廿二史考异》	550
《南宋群贤小集》	600；601
《念昔斋寤言图纂》	619
《南朝史精语》	705
《南齐书》	821~824；1072

续表

续表

续表

书　　名	出现页码
《青阳先生文集》	991
《清初史料》	998
《清波杂志》	1001～1004
	R
《儒林外史》	52；321
《任氏词曲丛书》	390
《阮籍集》	705
《日知录》	858～866；869～873；875；882；883；923；927
《容斋随笔》	1028；1043
	S
《王笺水经注》	19；38；337；591；627
《舒艺室全集》	31；314；315；622
《十三经音略》	35；37；107
《史记》	36；71；73；276；277；491；527；554；P603；645；996
《世说新语》(世说)	40；41；43；44
《世说佚文》	44
《十三经注疏》	47～51；56；61；65；81；85；99；101～103；105；106；112；116；118～120；144；147；157；159；183；265～268；284～287；294～303；306；307；363；365；370；372～378；380；382；385；387；390；399；401；413；432；433；474；497；579；635；703～707；754；755；757；759～770；775；779；787～792；798～820；831；833～835；838；839；844；845；847～849；852～857；904

续表

续表

续表

续表

续表

书名	出现页码
《通俗编》	198；204；207；209；213～219；223；224；226；227；229；231～240；242；244；246～249；252；253；255；257；260；262；263
《太平乐府》	263；267
《通典》	267；268；1013；1016
《唐人选唐诗》	299
《唐石经》	304
《唐书》(新唐书)	332；334；335；336；353；361～363；371；372；374；375；377；387；401
《唐六典》	366
《唐律疏议》	366
《天禄阁外史》	378
《唐类函》	375
《太平寰宇记》	380；482
《唐诗纪事》	385
《通志堂经解》	387；389
《天禄琳琅书目》	392；393；487
《太平御览》(御览)	412；705；831～840；842；845～851；862；873～877；881
《通鉴问疑》	478
《唐会要》	482
《唐石经校文》	500
《通鉴长编纪事本末》	550
《铁云藏龟拾遗》	590
《铁云藏龟》	590；591；615；961
《铁云藏龟之余》	590；596；598

续表

续表

续表

续表

续表

续表

续表

续表

书　　名	出现页码
《助字辨略》	565；566；570
《周金文存》	581；583
《周官新义》	584
《竹书纪年》	595；610
《竹书纪年校补》	595
《战国策》	597～605；610
《庄子集释》	606
《中国古文为法文者》	635
《左庵集》	642；643；645
《籀庼述林》	648；649
《邹叔子遗书》	660
《周礼正义》	660；683；684；685；687；688；692；702；703
《周礼孙疏》	661～668；670；671；673；677；678～682；686；688；689；691～696；699～701
《字诂义府合按》(字诂义府)	671
《中庸》	800；801
《张太岳文集》	878；894
《中国历代疆域战争合图》	936
《贞松堂集古遗文》(集古遗文)	959～961；966；989；991；992
《张光弼诗集》(可闲老人集)	966
《震川集》	981
《周贺诗集》	989
《朱庆余诗集》	989；990
《子史精华》	990
《张蜕庵诗集》	1008
《丈望三益集》	10481

续表

参考文献

说明：参考文献分古籍、今人著作、论文三大类。1912 年以前古籍以传统经史子集分类，每一小类内按作者年代进行编次；今人著作，按作者姓名的字母表顺序排序；论文分期刊论文与学位论文，按发表时间进行排序。

一、古籍

（一）经部

《易》类

（1）（魏）王弼、（晋）韩康伯注，（唐）孔颖达疏：《周易正义》，阮元校刻《十三经注疏》本，中华书局 1980 年版。

（2）（汉）郑玄注，（宋）王应麟辑，丁杰等校订：《周易郑注》，商务印书馆 1936 年版。

（3）（唐）李鼎祚：《周易集解》，上海古籍出版社 1969 年版。

（4）（唐）史征撰：《周易口诀议》，《四库全书》本，台湾“商务印书馆”1983 年版。

（5）（宋）朱震撰：《汉上易传丛说》，《摛藻堂四库全书荟要》本。

《书》类

（6）（唐）孔安国正义：《尚书正义》，阮元校刻《十三经注疏》本，中华书局 1980 年版。

（7）（清）阎若璩撰：《尚书古文疏证》，《四库全书》本，台湾“商务印书馆”1983年版。

《诗》类

（8）（汉）毛亨、毛苌传，（汉）郑玄笺，（唐）孔颖达疏：《毛诗正义》，阮元校刻《十三经注疏》本，北京：中华书局，1980年。

《礼》类

（9）（汉）郑玄注，（唐）贾公彦疏：《周礼注疏》，阮元校刻《十三经注疏》本，中华书局1980年版。

（10）（汉）郑玄注，（唐）孔颖达等正义：《礼记正义》，阮元校刻《十三经注疏》本，中华书局1980年版。

（11）（汉）郑玄注，（唐）贾公彦疏：《仪礼注疏》，阮元校刻《十三经注疏》本，中华书局1980年版。

《春秋》类

（12）（先秦）左丘明撰，（晋）杜预注，（唐）孔颖达等正义：《春秋左传正义》，阮元校刻《十三经注疏》本，中华书局1980年版。

（13）（先秦）穀梁赤撰，（晋）范宁注，（唐）杨士勋疏：《春秋穀梁传注疏》，阮元校刻《十三经注疏》本，中华书局1980年版。

（14）（先秦）公羊高撰，（汉）何休解诂，（唐）徐彦疏：《春秋公羊传注疏》，阮元校刻《十三经注疏》本，中华书局1980年版。

五经总义类（群经总义类）

（15）（唐）陆德明：《经典释文》，中华书局1983年版。

四书类

（16）（魏）何晏集解，（宋）邢昺疏：《论语注疏》，阮元校刻《十三经注疏》本，中华书局1980年版。

小学类

（17）（晋）郭璞注，（宋）邢昺疏：《尔雅注疏》，阮元校刻《十三经注疏》本，中华书局1980年版。

（18）（汉）扬雄撰，（晋）郭璞注：《方言》，商务印书馆1935年版。

（19）（汉）许慎撰，（清）段玉裁注：《说文解字注》，上海古籍出版社

1988年版。

(20)(魏)张揖撰，(清)王念孙疏证：《广雅疏证》，商务印书馆1929年版。

(21)(唐)释慧琳撰，(辽)释希麟撰：《正续一切经音义》，上海古籍出版社1986年版。

(22)(清)钱大昕：《恒言录》，商务印书馆1958年版。

(23)(清)翟灏：《通俗编》，上海古籍出版社1995年版。

(二)史部

正史类

(24)(汉)司马迁撰，(刘宋)裴骃集解，(唐)司马贞索隐，张守节正义：《史记》，中华书局1956年版。

(25)(汉)班固撰，(唐)颜师古注：《汉书》，中华书局1964年版。

(26)(刘宋)范晔撰，(唐)李贤等注：《后汉书》，中华书局1965年版。

(27)(晋)陈寿，(宋)裴松之注：《三国志》，中华书局1964年。

(28)(唐)房玄龄等：《晋书》，中华书局1974年版。

(29)(梁)沈约：《宋书》，中华书局1974年版。

(30)(梁)萧子显：《南齐书》，中华书局1972年版。

(31)(唐)姚思廉：《梁书》，中华书局1973年版。

(32)(北齐)魏收：《魏书》，中华书局1974年版。

(33)(唐)李延寿：《南史》，中华书局1975年版。

(34)(唐)魏徵、房玄龄等：《晋书》，中华书局1974年版。

(35)(五代)刘昫等撰：《旧唐书》，中华书局1975年版。

(36)(宋)欧阳修等撰：《新唐书》，中华书局1976年版。

(37)(元)脱脱等撰：《宋史》，中华书局1977年版。

(38)(清)张廷玉等撰：《明史》，中华书局1974年版。

(39)(清)赵尔巽等撰：《清史稿》，中华书局1978年版。

编年类

(40)(宋)刘恕:《资治通鉴外纪》,上海古籍出版社 1987 年版。

(41)(清)夏燮撰,沈仲九标点:《明通鉴》,中华书局 1959 年版。

(42)(清)毕沅:《续资治通鉴》,中华书局 1989 年版。

纪事本末类

(43)(清)谷应泰:《明史纪事本末》,上海古籍出版社 1994 年版。

别史类

(44)(春秋)左丘明撰,(三国)韦昭注:《国语》,商务印书馆 1935 年版。

杂史类

(45)(清)汤求辑,杨朝阳明校补:《九家旧晋书辑本》,中州古籍出版社 1991 年版。

传记类

(46)(清)黄宗羲:《明儒学案》,中华书局 2013 年版。

载记类

(47)(东汉)袁康、吴平辑录,乐祖谋点校:《越绝书》,上海:上海古籍出版社,1985 年。

(48)(宋)陆游:《陆氏南唐书》,商务印书馆 1934 年版。

(49)(宋)马令:《马氏南唐书》,商务印书馆 1934 年版。

地理类

(50)(北魏)郦道元撰,(清)杨守敬、熊会贞注疏:《水经注疏》,台湾中华书局 1971 年版。

(51)(清)吴汝纶:《深州风土记》,文瑞书院 1900 年版。

(52)(日本)冈千仞著,张杰明整理:《观光游记》,中华书局 2009 年版。

目录类

(53)(清)永瑢等:《四库全书总目》,中华书局 1965 年版。

史评类

(54)(唐)刘知幾撰，(清)浦起龙释：《史通通释》，上海古籍出版社1978年版。

(三)子部

儒家类

(55)(汉)扬雄撰，(宋)司马光集注，刘绍军点校：《太玄集注》，中华书局1998年版。

(56)(先秦)荀况撰，(清)王先谦集解，沈啸寰、王星贤点校：《荀子集解》，中华书局1988年版。

(57)(汉)扬雄撰，(清)王荣宝疏，陈仲夫点校：《法言义疏》，中华书局1987年版。

(58)(汉)荀悦撰：《申鉴》，商务印书馆1937年版。

(59)佚名：《孟子外书》，拜经楼丛书博古斋1780年版。

(60)(宋)朱熹：《四书章句集注》，中华书局1983年版。

法家

(61)(清)黎翔凤撰，梁运华整理：《管子校注》，中华书局2004年版。

(62)(清)王先慎撰，钟哲点校：《韩非子集解》，中华书局1998年版。

艺术类

(63)(唐)张彦远：《法书要录》，商务印书馆1926年版。

(64)(宋)董逌：《广川画跋》，中华书局2012年版。

(65)(宋)董逌：《广川书跋》，商务印书馆1937年版。

(66)(宋)米芾：《书史》，商务印书馆1937年版。

谱录类

(67)(唐)陆羽撰，程启坤、杨招棣、姚国坤点校：《陆羽〈茶经〉解读与点校》，上海文化出版社2004年版。

杂家类

(68)(秦)吕不韦辑，(清)毕沅辑校：《吕氏春秋》，中华书局1991

年版。

(69)(汉)刘安，刘文典集解：《淮南鸿烈集解》，中华书局1989年版。

(70)(汉)班固：《白虎通》，商务印书馆1937年版。

(71)(北齐)刘昼撰，傅亚庶校释：《刘子校释》，中华书局1988年版。

(72)(宋)黄伯思：《宋本东观余论》，中华书局1988年版。

(73)(宋)马永卿：《懒真子》，中华书局1985年版。

(74)(清)顾炎武：《日知录》，商务印书馆1929年版。

类书

(75)(唐)欧阳询等撰：《艺文类聚》，《四库全书》本，台湾"商务印书馆"1983年版。

(76)(宋)李昉等：《太平御览》，中华书局1960年版。

小说及小说家类

(77)(唐)段成式：《酉阳杂俎》，中华书局1985年版。

释家类

(78)(唐)道宣：《广弘明集》，商务印书馆1929年版。

(79)(宋)赞宁：《宋高僧传》，中华书局1987年版。

道家

(80)(清)郭庆藩撰，王孝鱼点校：《庄子集释》，中华书局1961年版。

(四)集部

别集类

(81)(晋)陶渊明撰，傅东华选注：《陶渊明诗》，商务印书馆1931年版。

(82)(唐)杜甫撰，(清)钱谦益笺注：《钱注杜诗》，上海古籍出版社1958年版。

(83)(唐)李商隐撰，(清)冯浩详注，钱振伦、钱振常笺注：《樊南文集》，上海古籍出版社1988年版。

(84)(唐)李商隐撰，(清)朱鹤龄注：《李义山诗集注》，上海古籍出版社 1994 年版。

(85)(唐)韦庄撰，向迪琮校订：《韦庄集》，人民文学出版社 1958 年版。

(86)(南唐)冯延巳撰，陈秋帆笺：《阳春集笺》，南京书店 1933 年版。

(87)(宋)王安石撰，(宋)李壁笺注：《王荆公诗笺注》，中华书局 1968 年版。

(88)(宋)苏轼：《东坡诗集注》，《四库全书》本，台湾“商务印书馆” 1983 年版。

(89)(宋)黄庭坚撰，(宋)任渊、史容、史季温注：《山谷集注》，上海古籍出版社 2003 年版。

(90)(宋)吕本中撰：《东莱先生诗集》，南宋乾道初沈公雅编刻 1165 年版。

(91)(宋)陆游撰，钱仲联校注：《剑南诗稿校注》，上海古籍出版社 2005 年版。

(92)(宋)谢枋得：《谢叠山集》，中华书局 1985 年版。

(93)(宋)辛弃疾：《稼轩长短句》，上海人民出版社 1974 年版。

(94)(明)张居正：《张太岳集》，上海古籍出版社 1984 年版。

(95)(清)王士祯：《渔洋山人精华录》，商务印书馆 1937 年版。

(96)(清)谭献：《复堂类集》卷三，清光绪年间刻本。

总集类

(97)(梁)萧统编，(唐)李善注：《文选注》，中华书局 1977 年版。

(98)(宋)姚铉：《唐文粹》，江苏书局 1983 年版。

(99)(清)郭麐撰：《唐文粹补遗》，江苏书局 1985 年版。

(100)(宋元)周密编，(清)查为仁、厉鹗笺：《绝妙好词笺》，世界书局 1935 年版。

(101)(元)杨朝英：《朝野新声太平乐府》，商务印书馆 1936 年版。

(102)(明)毛晋：《宋六十名家词》，商务印书馆 1933 年版。

(103)(清)彭定求：《全唐诗》，中华书局 1979 年版。

(104)(清)顾嗣立:《元诗选初集》,中华书局1987年版。

(105)(清)汪景龙、姚埙:《宋诗略》,姚氏竹雨山房刻本1770年版。

(106)(清)严可均:《全上古三代秦汉三国六朝文》,广雅书局1893年版。

(107)(清)董诰等:《全唐文》,中华书局1983年版。

诗文评类(诗文类)

(108)(南朝)刘勰撰,范文澜注:《文心雕龙注》,人民文学出版社1958年版。

(109)(清)厉鹗:《宋诗纪事》,商务印书馆1937年版。

二、近今人著作

(1)北京大学古文献研究所:《全宋诗》,北京大学出版社1995年版。

(2)北京故宫博物院研究馆:《清代文字狱档》,上海书店1986年版。

(3)卞孝萱:《现代国学大师学记》,中华书局2006年版。

(4)陈垣:《中国佛教史籍概论》,中华书局1962年版。

(5)陈寿立、胡钢:《中国现代文学简明教程》,中国国际广播电视出版社1989年版。

(6)程千帆、唐文:《量守庐学记》,生活·读书·新知三联书店1985年版。

(7)程千帆等:《日记》,江苏文艺出版社2001年版。

(8)二十五史刊行委员会:《二十五史补编》,中华书局1955年版。

(9)胡适:《白话文学史》,百花文艺出版社2001年版。

(10)黄侃:《文心雕龙札记》,中华书局2006年版。

(11)黄侃:《字正初编》,武汉大学出版社1983年版。

(12)黄侃:《文字音韵训诂笔记》,上海古籍出版社1983年版。

(13)黄侃:《黄季刚诗文钞》,湖北人民出版社1985年版。

(14)黄侃:《文选平点》,上海古籍出版社1985年版。

(15)黄侃：《日知录校记》，上海古籍出版社1985年版。

(16)黄侃：《日知录集释》，上海古籍出版社1985年版。

(17)黄侃：《蕲春黄氏文存》，武汉大学出版社1993年版。

(18)黄侃：《黄侃手批白文十三经》，中华书局2006年版。

(19)黄侃：《春秋穀梁传注疏》，上海古籍出版社1990年版。

(20)黄侃：《春秋公羊传注疏》，上海古籍出版社1990年版。

(21)黄侃：《周易正义》，上海古籍出版社1990年版。

(22)黄侃：《黄侃日记》，江苏文艺出版社2001年版。

(23)黄侃：《黄侃日记(重辑本)》，中华书局2007年版。

(24)[日]吉川幸次郎著，钱婉约译：《我的留学记》，光明日报出版社1999年版。

(25)陆昕：《黄侃》，黄山出版社2013年版。

(26)司马朝军、王文晖：《黄侃年谱》，湖北人民出版社2004年版。

(27)唐圭璋：《全宋词》，商务印书馆1940年版。

(28)王学泰：《中国古典诗歌要集丛谈》，天津古籍出版社2004年版。

(29)王学珍、郭建荣：《北京大学史料》，北京大学出版社2000年版。

(30)武汉老龄科学研究院、武汉成才大学：《黄侃纪念文集》，湖北人民出版社1989年版。

(31)姚永铭：《慧琳〈一切经音义〉研究》，江苏古籍出版社2003年版。

(32)叶恩贤：《黄侃传》，湖北人民出版社2006年版。

(33)章太炎，马勇编：《章太炎书信集》，河北人民出版社2003年版。

(34)章炳麟：《太炎文录续编》，上海人民出版社2014年版。

(35)中国海峡两岸黄侃学术研讨会筹备委员会：《中国海峡两岸黄侃学术研讨会论文集》，华中师范大学出版社1993年版。

(36)郑汉远：《黄侃学术研究》，武汉大学出版社1997年版。

(37)张晖：《量守庐学记续编》，生活·读书·新知三联书店2006年版。

三、论文

（一）期刊论文（1950年—2013年6月底）

（1）刘太希：《黄季刚先生》，《大学生活》，1957（10）。

（2）彭灵乾：《清代古音学的殿后人——黄侃》，《中国语文》，1958（5）。

（3）易叔平：《黄季刚挖苦胡适》，《艺文志》，1967（26）。

（4）刘道平：《章太炎师徒三代剪影——章太炎、黄侃、刘赜》，《春秋》，1969年10卷4期。

（5）虎思：《博通经史的黄季刚》，《湖北文献》，1975（35）。

（6）康侨：《黄季刚的故事》，《中外杂志》，1976（4）。

（7）周邦道：《黄季刚先生》，《中华国学》，1977（9）。

（8）关志昌：《黄侃（1886—1935）》，《传记文学》，1979（5）。

（9）殷孟伦：《黄侃先生汉语论著在汉语研究史上的地位》，《山东大学文科论文集刊》，1981（1）。

（10）李一氓：《关于黄侃的词》，《读书》，1982（1）。

（11）张皓：《黄侃〈文心雕龙札记〉简论》，《黄石师院学报》，1984（2）。

（12）孙洵：《黄侃生平及其在古声韵方面的贡献》，《文博通讯》，1984（6）。

（13）孙洵《一代国学大师黄侃》，《晋阳学刊》，1985（1）。

（14）张闻玉：《正确评价黄侃古音学——纪念黄侃先生一百周年诞辰》，《毕节师专学报》，1985（2）。

（15）黄孝德：《论黄侃先生的辞书观》，《武汉大学学报》，1985（6）。

（16）黄孝德：《黄季刚先生纪念会和学术讨论会综述》，《武汉大学学报》，1986（1）。

（17）黄建中：《读黄侃季刚先生批改的〈尔雅义疏〉》，《南京大学学报》，1986（1）。

(18)李开：《论黄侃先生的字源学说和方法》，《南京大学学报》，1986(1)。

(19)王庆元：《黄季刚先生遗著知见录》，《武汉大学学报》，1986(1)。

(20)谢栋元：《黄季刚先生与训诂学》，《南京师大学报》，1986(1)。

(21)严学窘：《方兴未艾的黄学——纪念黄侃先生诞生一百周年》，《南京大学学报》，1986年(1)。

(22)赵振铎：《语言学家黄侃》，《南京大学学报》，1986(1)。

(23)周大璞：《黄季刚论文字声韵训诂的关系》，《武汉大学学报》，1986(1)。

(24)姜聿华：《黄侃的古声十九纽》，《齐齐哈尔师范学院学报》，1986(3)。

(25)毛毓松：《通以声音、明以训释——读黄侃〈经传释词〉批语》，《广西师范大学学报》，1986(4)。

(26)尉迟治平：《黄侃〈蕲春语〉音注》，《南京大学学报》，1986(增刊)。

(27)崔枢华：《读黄季刚手批〈尔雅义疏〉——兼论〈尔雅义疏〉删节本》，《北京师范大学学报》，1987(5)。

(28)周勋初：《黄季刚先生〈文心雕龙札记〉的学术渊源》，《文学遗产》，1987(1)。

(29)堵述初：《鲁迅、苏曼殊与黄侃》，《绍兴鲁迅研究专刊》，1987(6)。

(30)高文：《黄侃革命轶事录》，《人物》，1988(3)。

(31)王宁：《论章太炎、黄季刚的〈说文〉学》，《汉字文化》，1990(4)。

(32)刘国恩：《黄侃与雅学》，《辽宁大学学报》，1990(4)。

(33)李长仁：《试论黄侃上古音的研究方法》，《松辽学刊》，1991(2)。

(34)经盛鸿：《黄侃与刘师培》，《文史杂志》，1992(5)。

(35)杨合鸣:《〈经传释词〉黄侃批语略评》,《武汉大学学报》,1992(6)。

(36)阿木:《国学大师黄季刚》,《文汇读书周报》,1993年2月13日第3版。

(37)程翔章:《黄侃词论略》,《黄冈师范学院学报》,1994(2)。

(38)刘世俊:《论黄侃的训诂学定义》,《宁夏大学学报》,1994(2)。

(39)沈光海:《浅论黄侃治〈说文解字〉之方法》,《湖州师范学院学报》,1994(3)。

(40)苏瑞:《黄侃先生对汉魏六朝词语的研究》,《古汉语研究》,1995(1)。

(41)曾晓明:《黄侃〈文心雕龙札记〉与清代文论》,《社会科学家》,1995(1)。

(42)卢烈红:《黄侃的语源学理论和实践》,《武汉大学学报》,1995(6)。

(43)沈祥源:《黄侃诗文概谭》,《武汉大学学报》,1995(6)。

(44)陈平原:《"当年游侠人"》,《读书》,1995(11)。

(45)刘国恩:《黄侃论〈尔雅〉公案考》,《沈阳教育学院学报》,1996(2)。

(46)王宁:《既往对未来的召唤》,《古汉语研究》,1996(2)。

(47)高明生:《学者、大师、革命家黄侃》,《湖北方志》,1996(5)。

(48)刘作忠:《国学大师黄侃其人其事》,《文史精华》,1997(3)。

(49)王庆元:《试释黄侃论辞书训诂与文义训诂的区别》,《武汉大学学报》,1997(3)。

(50)赵诚:《传统语文学向现代语言学的发展——兼论黄侃的学术贡献》,《古汉语研究》,1998(2)。

(51)程翔章:《拜伦赞大海去国行哀希腊三诗究竟为谁译》,《黄冈师范学院学报》,1998(3)。

(52)徐红、张春泉：《黄侃〈蕲春语〉音系同音字汇》，《湖北师范学院学报》，1998(5)。

(53)黄群建，徐红：《黄侃〈蕲春语〉音系的语音特点》，《湖北师范学院学报》，1999(1)。

(54)黄群建，孙杰：《黄侃〈蕲春语〉疏证选例》，《湖北师范学院学报》，1999(1)。

(55)谢茂权：《黄侃的“三怕”》，《民国春秋》，1999(3)。

(56)杨光荣：《黄侃与现代训诂学》，《语文研究》，2000(2)。

(57)高文：《学者、大师、革命家黄侃》，《炎黄春秋》，2000(3)。

(58)曾昭聪：《黄侃在形声字声符示源功能研究方面的贡献》，《古籍整理研究学刊》，2000(6)。

(59)张志强：《黄侃日记——国学大师的心迹流露》，《中国教育报》，2002年1月17日第7版。

(60)王先霈：《黄侃与湖北的人才》，《语文教学与研究》，2002(2)。

(61)张晖：《性情与学问：读新版〈黄侃日记〉》，《东方文化》，2002(2)。

(62)王立军：《论章黄学派的汉字系统观念》，《聊城大学学报》，2002(3)。

(63)叶之青：《黄侃读书的两个“恨”》，《中国教育报》，2002(5)。

(64)程章灿：《黄季刚先生与酒》，《文史知识》，2002(6)。

(65)朱铭：《绝妙的数字诗》，《咬文嚼字》，2003(1)。

(66)陈新雄：《梅祖麟〈有中国特色的汉语历史音韵学〉讲话质疑》，《南京师范大学文学院学报》，2003(2)。

(67)华明：《国学大师黄侃》，《湖北方志》，2003(2)。

(68)王宁：《师古而非复古，坚守而不保守——论章炳麟黄侃国学研究和教育中的使命意识、独立思想和严谨学风》，《南京师范大学文学院学报》，2003(2)。

(69)余国庆：《阐幽释微，画龙点睛——读〈文选平点〉札记》，《古籍整理研究学刊》，2003(3)。

(70)王宁、黄易青：《黄侃先生古本音说中的声韵“相挟而变”理论———兼论古今音变的“条件”》，《陕西师范大学学报》，2003(4)。

(71)郑志良：《吴梅与黄侃失和事实考论》，《南京师范大学文学院学报》，2004(1)。

(72)李运富：《章太炎黄侃先生的文字学研究》，《古汉语研究》，2004(2)。

(73)黎千驹：《论黄侃先生(说文)学研究的成就》，《湖南城市学院学报》，2004(4)。

(74)袁津琥：《从〈黄侃日记〉分析其早逝的原因》，《文汇读书周报》，2004年10月29日。

(75)张晖：《我们怎样理解黄侃》，《读书》杂志，2006(10)。

(76)张勇：《〈深州风土记〉中的表》，中国地方志，2007(1)。

(77)郑逸梅：《南社社友事略：黄季刚》，见《南社丛选》，解放军文艺出版社2007年版，第8册。

(78)沈卫威：《文学的古典主义复活》，《文艺争鸣》，2008(5)。

(79)朱元曙：《章太炎接受国民党部馈赠一万元事辨析》，《南京师范大学学报》，2009(2)。

(80)张亚权：《汪辟疆先生藏九教授结社题诗扇面考论》，《中国典籍与文化》，2009(7)。

(81)徐有富：《黄侃与目录学》，《古典文献研究》，2009(20)。

(82)任新：《〈黄侃日记〉中所见治学法略说》，《内蒙古大学学报》(社会科学版)，2011(4)。

(83)柳作林：《国学大师黄侃的传奇人生》，《书屋》，2013(8)。

(84)孙德贤：《黄侃的早逝与章太炎的谶语——从〈黄侃日记〉分析其早逝原因》，长春教育学院学报，2014(12)。

(85)孙德贤:《〈黄侃日记〉研究现状》,《云南社会主义学院学报》,2014(3)。

(二)学位论文(2005 年—2011 年)

(86)李婧:《黄侃文学研究》,复旦大学博士毕业论文,2011 年。